KB271450

토론 vs. TV토론

토론 vs. TV토론

오미영

머리말

최근 사회 변화의 급격한 물살을 실감하게 만드는 것 중 하나가 토론 문화의 확산이다. 특히 참여정부 출발 이후 탈권위주의 현상과 더불어 수평적 토론방식을 강조하는 사회적 분위기가 확산되면서, 토론이 필수적인 의사결정 과정으로 간주되고 있다. 미디어를 중심으로 정치사안을 비롯한 각종 공적 토론이 활발히 이뤄지고 있음은 물론이다. '심야토론' 과 '100분토론'이 이미 방송사 간판 프로그램으로 완전히 정착했고, 24시간 뉴스와 토론 중심 채널 전문화를 표방하는 라디오까지 등장했다. 이처럼 정치와 미디어 영역에서 뜨겁게 일기 시작한 토론 열기는 일반인 생활에 적지 않은 영향을 미치기 시작했다. 우선 대학의 수시 모집이 그렇다. 심층 구술면접이 중요한 변수로 등장하고 있는 가운데 일부 대학은 지원자의 토론 참여 능력을 측정함으로써 선발의 중요한 요소로 삼고 있다.

이제 막 우리나라에서 일기 시작한 토론에 대한 관심은 다분히 현실적인 필요성에 근거한다. 유교에 바탕을 둔 문화적 뿌리를 지닌 우리나라에서는 오랜 기간 말하기를 중요시하지 않았다. 말로써 자신을 드러내기보다는 정서적으로 마음이 통하는 관계를 존중해왔던 것이다. 그러던 것이 세계화 추세와 더불어 무한경쟁 시대에 돌입하면서 서구화된 가치관을 실행하지 않을 수 없게 되었고, 이를 위해선 무엇보다 의사 표현 능력 향상이 시급히 요구되었다. 가장 큰 요인은 급변하는 기업문화이다. 최근 몇 년 사이 기업의 풍속도는 급속히 달라졌고 이제 더 이상 의사 표현 능력을 갖추지 못한 사람은 성공적인 사회생활을 기약하기가 어렵게 되었다. 문제는 지금껏 우리네 교육현장에서 이를 제대로 키워준 적이 없으며, 그럼에도 불구하고 치열한 경쟁사회 속에서 생존을 위해 각자 스스로 이를 갖추지 않으면 안되게 되었다는데 있다.

사회생활에서 갖는 '말의 힘'을 새롭게 인식하면서 경쟁시대에 '남과 차별화 된 나'를 드러내고자 함은 오늘날 자연스러운 현상으로 자리잡았다. 각종 스피치 강좌들이 인기를 끌고, 어린 학생부터 어른까지 다른 사람 앞에서 자기 주장을 잘 하는 사람이 되기 위해 맹훈련하는 풍경은 더 이상 낯설지 않다. 의사 표현 능력이 한 개인이 지닌 개성에 그치지 않고 대단한 사회적 경쟁력이자 자산으로 떠오르고 있는 것이다. 더구나 엄청난 정보량이 유통되는 현대사회는 커뮤니케이션 활동을 크게 증대시키면서 그 어느 때보다 효율적인 커뮤니케이션 행위와 방법을 요구하고 있다. 그러므로 이 시점에 토론이 각광받는 것은 지극히 당연한 일이다. 토론 문화의 확산은 분명히 이 점과 관계가 깊다. 게다가 토론은 우리가 당면한 사회 문제의 해결책을 얻는데 매우 유용한 도구이며, 이성적인 토론 절차야말로 최선의 대안을 구할 수 있는 최상의 방법이다. 차분하고 능동적으로 자신의 의사를 표현하되 서로 의견이 다를 수 있다는 사실을 분명히 인식하고 합의 결과를 따르게 하는 절차인 토론은 소모적인 다툼 없이 목표를 이루게 한다는 점에서 일과 인생을 성공으로 이끄는 비결이 되기도 한다.

그렇다면 이제 우리에겐 '토론이란 과연 무엇이며 어떤 사람이 토론을 잘 하는가?'에 대한 답변이 명백히 제시될 필요가 있다. 하지만 유감스럽게도 주변에서 이러한 궁금증을 쉽게 해소하기 어려운 실정이다. 마땅한 토론관련 학술서적이나 교과서를 찾기 어려운 현실에서 이 책이 부족하나마 안내서가 되기를 자처하는 이유이다. 나아가 우리나라 대학 교육에서 실제로 매우 필요하지만 결여되어 있는 토론학습의 중요성을 일깨우고 교육 방법을 다 함께 고민하는 계기가 되어 향후 관련 연구에 조금이나마 도움이 될 수 있다면 더할 나위 없이 고마운 일이다.

1장은 토론과 토론 능력에 대한 보편적 지식 및 이론에 대한 설명과 함께 간과하기 쉬운 비언어적 능력에 대해 폭넓은 이해를 구하고자 하였다. 2장에서는 TV토론을 비중 있게 다루는 한편 영상미디어로서 TV가 요구하는 토론 능력이 무엇인가에 대해 접근하고자 하였다. 실제로 TV토론은 오늘날 우리 사회에서 가장 대표적인 토론 형태로 정착하였고 그 중요성이 나날이 크게 인식되고 있다. 특히 정치적으로 미치는 파장이 매우 큰 가운데 미디어 선거의 거대한 축을 형성하고 있다. 비단 이러한 정치적 이유를 떠나 단순히 의사 표현 능력과 연결짓더라도, 충실한 메시지 전달 능력이 매우 중요한 TV토론의 특성을 세심하게 살피는 일은 여러모로 도움이 되리라 본다. 뒷 부분에는 실제 토론을 계획하고 참여하는데 도움이 될만한 참고자료와, TV토론 출연자의 커뮤니케이션 능력을 평가한 실증 분석 내용을 부록으로 담았다(이는 필자가 박사학위 논문 자료로 삼은 것임을 밝혀둔다).

정보화 시대일수록 토론의 역할은 중요하다. 구슬이 서 말이라도 꿰어야 보배이듯, 인터넷의 범람하는 정보는 비판적 사고와 논리를 바탕으로 토론하는 과정을 거칠 때에야 비로소 실질적인 지식으로 소유할 수 있기 때문이다. 토론의 중요성을 깨닫는 작은 일이, 과다한 정보에 짓눌린 채 치열한 생각의 고민 없이 살아가기 쉬운 세태를 반성하며 진지한 사색인으로서 첫 걸음을 내딛는 계기가 되기를 소망한다.

2004년 초봄
오 미 영

차 례

차 례

차 례

표차례

표차례

그림차례

들어가기에 앞서 – 설득을 알면 토론이 보인다

사회적 동물인 인간에게 커뮤니케이션 행위는 필수적이다. 누구나 예외 없이 커뮤니케이션을 할 수밖에 없는 상황에서 살아간다. 이런 까닭에 보다 나은 커뮤니케이터가 되고자 하는 욕구는 오랜 역사를 통해 지속되어온 자연스러운 것이다. 그 가운데 특히 자신이 원하는 것을 상대방에게 얻고자 하는 설득은 이 책에서 중요하게 다루고자 하는 토론 및 TV토론과 매우 관계가 깊다.

설득에 대한 탐구는 이미 오래 전 고대 그리스 시대 철학자들로부터 시작되었다. 이 때 정립된 학문의 체계가 바로 '수사학(Rhetoric)'이다. 수사학을 시대와 장소를 초월한 보편적 규범을 제시하는 과학적 이론으로 발전시킨 학자는 아리스토텔레스이다. 아리스토텔레스는 설득의 기초를 다음의 3요소로 설명하고 있다. "누가 말하는가?" 즉, 화자의 신뢰도에 대한 문제인 에토스(ethos) / "청자를 얼마나 감정적으로 유도할 수 있는가?"에 대한 문제인 파토스(pathos) / "논리적으로 올바른가?"에 대한 문제인 로고스(logos)가 그것이다. 수사학에는 논거 발견술(inventio), 논거 배열술(dispositio), 표현술(elocutio), 기억술(memoria), 연기술(actio)의 5가지 중요한 수사적 기술[1]이 거론된다. 이들 기술 사이에 발생하는 유기적이고 점진

---

1) 그러나 고대 이후 수사학 발전에 기여한 것은 이 가운데 논거 발견술, 논거 배열술, 표현술의 3가지이다. 기억술과 연기술의 경우 사회가 구술문화 중심에서 문자문화

적인 구조화 과정은 곧 설득 과정[2]으로, 수천년이 지난 오늘날에 이르기까지 커뮤니케이션의 효과적 실천을 위한 기본 모델이 되고 있다. 아래 그림은 이를 보여주는 것이다.

효율적 커뮤니케이션을 위한 5가지 요소

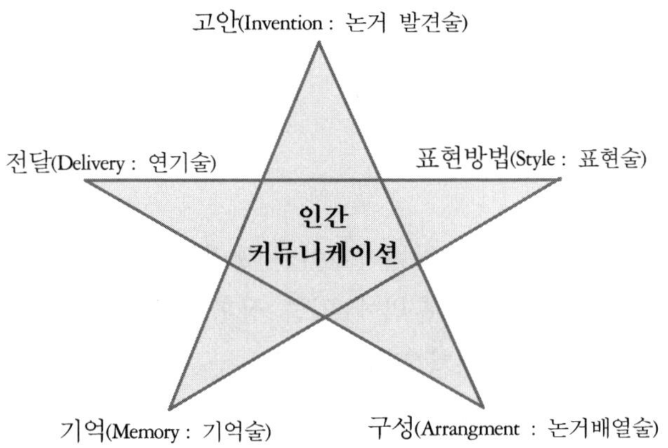

출처 : Harper, N., *Human Communication Theory: The history of paradigm*, NJ : Hayden, 1979, p. 3.

수사적 기술, 즉 설득 기술에 대해 좀더 자세히 살펴보자.

첫째, 논거 발견술은 상상력의 기술이다. 여기서 상상력이란 텍스트의 의미를 파헤치고 설명하는 것이다. 메시지를 전달함에 있어 효과적인 논거를 발견하는 능력을 뜻한다.

중심으로 이동하면서, 그리고 수사학이 '말해진 담론'이 아니라 '쓰여진 작품'을 대상으로 삼으면서 중요성이 상실되었다.

2) 롤랑 바르트(R. Barthes)는 이러한 다섯 가지 기술을 일종의 '수사학 기계(rhetoric machine)'라고 비유하고 있다. 즉 기계 투입구에 여러 사실들, 말하고자 하는 주제 등을 입력하면 다섯 가지 과정이 일련의 공정과정으로 작동, 배출구로 구조화되고 설득을 위해 완전히 무장된 완성담론이 나온다는 것이다.

둘째, 논거 배열술은 담론의 구성과 관련된 기술이다. 말해야 할 부분의 적절한 위치와 서열을 할당하고 유용하게 배분하는 기술이다. 아리스토텔레스는 머리말 - 진술부 - 논증부 - 맺음말의 네 단계를 제시하였는데 일반적으로 진술부는 육하원칙의 서술방식을, 논증부는 자신의 논거를 제시하는 확증(confirrmation)과 상대방 논거를 반박하는 논박(refutation)으로 나뉜다. 맺음말은 파토스와 로고스가 결합되어 다분히 감정적인 호소가 담기게 된다. 그러나 논거 배열은 전달자의 개성에 따라 얼마든지 달라질 수 있다.

셋째, 표현술은 논거 발견술이나 논거 배열술에 의해 확립된 담론의 뼈대에 살을 붙이고 구체적으로 가시화하는 기술이다. 즉 담론의 형식에 관한 것으로, 다루고자 하는 주제나 듣는 청중에게 적합하면서 동시에 화자 자신의 에토스가 드러나야 한다.

넷째, 기억술은 청중과 공감대를 형성하면서 자유로운 분위기를 조절하는데 유용한 기술이다. 기억할 수 있는 능력은 자연적 재능이자 습득될 수 있는 하나의 기술이다.

다섯째, 연기술은 비언어적 커뮤니케이션을 효과적으로 활용하는 기술이다. 전달하는 음성의 크기와 안정성, 개연성, 절제된 제스처와 호감을 주는 자세 등은 연설자는 물론 연설하는 내용에 더욱 신뢰감을 부여한다.

설득의 개념은 아리스토텔레스이래 수많은 학자들이 제시해왔지만 "커뮤니케이션의 한 형태로서, 전달자(송신자, 화자)가 메시지라는 자극이나 수단을 이용해 수용자(수신자, 청자) 의견이나 태도, 행동에 영향을 주거나 그것들을 변화시키는 과정(행위)"으로 이해되는 것이 가장 일반적이다. 따라서 섀넌과 위버(Shannon & Weaver)가 고안한 유명한 수학적 모델 <S(sender/source) - M(message) - C(channel) - R(receiver) - E(effect)>가 설득 개념에도 그대로 적용된다고 볼 수 있다. 설득 커뮤니케이션 상황에서 중요한 3가지 요소-전달자, 수용자, 메시지-는 이미 오래 전 아리스토텔레스의 에

토스, 파토스, 로고스 언급에 나타나 있는 바와 같다.

현대에 이르러 설득에 대한 체계적 연구는 2차 대전 기간 중 호블랜드(Hovland)의 실험 연구에서 시작되었다. 예일대학 심리학자인 호블랜드는 미국 국방성 실험연구 책임자로 일하면서 군사 사기에 영향을 미치는 사회심리학적 변인에 관심을 갖고 라스웰(Lasswell)이 제시한 "누가 무엇을 누구에게 어떤 효과를 가지고 말하는가?"라는 문제를 바탕으로 설득효과를 연구했다. 연구 결과 설득자가 수용자의 태도를 변화시킬 수 있다면 행동도 변화시킬 수 있다는 결론을 얻게 되면서 태도의 중요성이 부각되었다. 태도 변화를 위한 설득 과정은 주의(또는 주목, attention) - 이해(comprehension) - 수용(acceptance) - 보유(retention) - 행동(action)의 5단계를 거치는 것으로 파악되었으며, 이 가운데 특히 수용과정에 관심이 모아졌다. 요컨대 메시지가 수용되는가 혹은 거부되는가에 영향을 미치는 가장 중요한 요소가 무엇인가 하는 것이다. 수용과 관련한 요소는 결국 커뮤니케이션 모델 가운데 S - M - C - R 부분이다. 이를 정리해보면 다음과 같다.

① 전달자

수용과정에서 전달자에게 중요한 요소는 에토스와 관련한 신뢰성(혹은 공신력)과 매력이다. 신뢰성을 좌우하는 것은 사회적 평판으로, 메시지의 즉각적 수용이나 거부에 영향을 미친다. 그러나 그것이 곧 신뢰성 유지와 큰 관련을 갖지는 않는다. 또한 신체적, 성격적 매력이 있는 전달자는 그렇지 않은 사람에 비해 높은 설득력을 지닌다. 지난 1960년 미국 대통령 선거에서 케네디가 당선된 데에는 외모, 대화방식, 태도에 있어서 닉슨보다 더 호감 있는 커뮤니케이터라는 인식을 주었기 때문이다. 유사성과 친밀성을 주는 전달자는 대체로 호감과 설득력을 증가시킨다.

② 메시지

메시지는 설득의 핵심으로 간주된다. 상황적으로나 문법적으로 청자에게 잘 이해되는 것이 중요하다. 또한 제시되는 순서에 따라 효과에 차이가 있다(경우에 따라 맨 처음, 혹은 맨 나중에 제시하는 것이 나을 수 있다). 메시지 내용은 수용자의 신념과 일치할 때 받아들여지기 쉽다. 그 반대의 경우엔 받아들이기 힘들다. 또한 특정한 주제에 대해 한 측면으로 메시지를 제시하는 것보다 두 가지 측면으로 제시하는 것이 장기적으로 효과가 있다. 적절한 위협(fear) 소구의 사용은 태도와 행동을 지속적이고 의미 있게 변화시킬 수 있으나, 너무 많은 공포를 유발시킬 경우 수용자에 의해 거부되는 '부메랑 효과'를 가져올 수 있다.

③ 채널

미디어를 이용한 소구보다 면대면 소구가 훨씬 효과적이다. 미디어를 이용할 경우 시청각 매체를 통한 메시지가 시각 혹은 청각 매체를 통한 메시지보다 수용이 잘 된다. 그러나 일정 수준 이상으로 메시지가 복잡해지면 글을 사용하는 인쇄매체가 더 효과적이다.

④ 수용자

일반적으로 교육수준이 높고 자존심이 강한 사람은 메시지를 수용하는데 적극적이지만 비판 능력이 높아 설득이 어렵다. 반면 자존심이 낮은 사람은 설득과정에서 영향 받거나 태도를 바꾸기 쉽다. 당면 과제에 관여하고 있는 정도도 중요한데, 만약 깊이 관여하게 되면 자신의 입장과 반대되는 데이터에는 반박을, 일치하는 데이터에는 지지를 보낼 수 있다. 설득에서 수용자가 차지하는 역할의 중요성은 점점 강조되고 있다. 라슨(Larson)은 수없이 많은 설득의 개념을 정리하면서 "상징의 사용을 통해 전달자와 수용자간 동일시 상태를 공동으로 창조하는 과정"[3]이라는 정의를 내리고 있다. 이는 수용자 자신의 내적 상태가 전달자 의도나 메시지 내용 못지 않게 중요하다는 사실을 말해주는 것이다. 이밖에 설득과 관련한 본격 연구로는 다음과 같은 것들이 있다.

로키치(Rokeach)의 위계이론 : 신념과 태도는 단기적 행동 변화를 불러

---

3) Larson, C., *Persuasion : reception and responsibility*, Belmont, CA: Wadsworth, 1998.

올 수 있지만 가치는 장기적인 행동의 표준 틀을 제공해준다는 이론. 설득은 이들 3개 요소의 위계에 영향을 받는다.

학습이론 : 설득을 특수화된 학습으로 정의하는 이론. 이는 다시 스키너(Skinner)의 조작적 조건화 이론과 반두라(Bandura)의 사회학습이론으로 나뉜다.

조작적 조건화 이론 : 새로운 형태의 자극-반응(stimulus-response : S-R) 모델로 제창됨. 특정 태도를 가짐으로써 얻는 결과는 그러한 태도를 갖는 강도를 바꾸게 할 수 있다는 것으로, 상황 조작을 통해 행동이 통제될 수 있다는 이론. 강화(reinforcement)된 반응이나 행위는 어린이 사회화 과정에 중요하며, 정부나 학교 등 공공기관에서 특정 행동을 조성하는데 이용될 수 있다.

사회학습이론 : 사람들은 자신의 행동에 대해 직접적 보상이나 처벌을 받게 되고 그 결과 사회의 규칙을 학습하여 행동의 근거로 삼는다(외부적 강화 요인). 또는 자신에 대한 가치를 세우고 지킬 때 보상을 받는다고 믿는다(내부적 강화 요인).

긴장감소 이론 : 일치이론이라고도 불린다. 사람들은 본질적으로 심리적 긴장감을 원치 않는다는 가정을 기반으로 한다. 이는 다시 다음의 두 가지로 나뉜다.

균형이론 : 사람들 사이에 긴장이 발생할 경우, 자기 스스로 설득을 하든가 신념을 바꾸거나 혹은 타인을 설득함으로써 이를 해소한다.

인지부조화 이론 : 사람들은 심리적 긴장 상태를 경험하면 어떤 방식이든 이를 감소시키려고 노력한다. 예컨대 자신의 태도와 상반되는 행동을 하게 될 경우라도 태도를 바꾸는 경우는 드물며(불충분한 정당화), 노력이 정당화되지 못할 경우 달성하고자 했던 목표 자체를 다른 것으로 바꾸고(노력의 정당화), 일단 결정한 이후에는 자기의 선택을 합리화하기 위해 대상의 장점만을 열심히 추구한다(의사결정 후의 부조화).

제1장 토론에 대한 이해

제1절 토론이란 무엇인가?

토론의 사전적 정의는 "어떤 문제나 서로 다른 의견을 내놓고 여러 사람이 각자 자신의 의견을 말하여 좋은 결론을 얻으려고 하는 논의"[4]이다. 토론을 뜻하는 영어의 'Debate'는 '분리하다', 또는 '제거하다'라는 의미와 '전쟁'이라는 의미가 합성된 라틴어 'Debattuere'('to beat', '치다')에서 기원했다. 토론은 말로 하는 것이지만 '전쟁'의 의미가 담겨 있다.[5]

토론은 '토의(discussion)'와도 구별된다. 토론은 엄격한 규칙과 규율을 전제로 하나, 토의는 자유로운 의사 개진과 대담으로 이뤄진다. 토론은 긍정과 부정의 의견 대립 상황을 전제하여 자신의 의견을 분명히 밝히고 타인을 설득하는 것이 목적이다. 이에 비해 토의는 집단적 협의과정을 통해 해답을 구하는 것이다. 토론이 이성적이라면 토의는 감성적이다. 토론은 주어진 논제에 대해 분별력 있는 판단에 도달하는 과정으로 특정한 주제에 대해 체계적으로 주장할 수 있는 모든 과정을 포함하는 것이다. 이러한 특성을 바탕으로 서구에서는 일찍이 토론을 학문(수사학)의 한 분야로 연구해 왔다. 서구의 정치적·사회적 민주화, 나아가 문명 발달은 효과적인 정보교환과 타인의 주장 및 견해 수용을 둘러싼 토론 연구와 실천에 힘입은 바가 적지 않다.

---

4) 국어국문학회 감수, <밀레니엄 국어사전>, 민중서관, 2000.
5) 때문에 보다 적절한 우리말 표현은 '논쟁'이라고 볼 수 있으나, 이미 '토론'이라는 용어가 보편화되어 있어 그대로 사용하는 것이 무방하다. 강태완, 김태용, 이상철, 허경호, <토론의 방법>, 커뮤니케이션북스, 2002, p. 16 참고.

1. 토론의 개념

토론 개념을 알기 위해 토론이 지닌 특징을 먼저 살펴보자. 토론의 특징은 크게 세 가지로 요약할 수 있다. 논증적인 측면과 커뮤니케이션적 측면, 형식적 측면이 그것이다. 프릴리(Freeley)는 '논증을 통해 어떤 논제에 대해 분별력 있는 판단에 도달하는 과정'이라고 토론을 정의6)함으로써 이 가운데 논증적 요소를 특히 강조하고 있다. 논증(argument)은 행동이나 믿음, 태도, 가치 등을 정당화하기 위해 추론을 제공하는 행위를 말하는 것으로서, 인간생활에서 야기된 갈등을 해결하는 사회적 수단이자 언어적 수단이다.

1) 논증의 중요성

논증은 토론의 핵심이자 바탕으로, 논증능력은 토론에서 제시된 쟁점을 파악하고 이에 대한 자신의 논리적 입장을 일관되고 명료하게 제시하는 능력이다. 논증능력은 이와 동시에 상대 논리의 오류와 허점을 파고들 수 있는 능력이기도 하다. 이를 위해서는 토론의 주요 개념을 명확하게 이해하고 토론 주제나 논쟁점을 파악하여 논제와 관련된 주장을 펼칠 수 있는 능력이 요구된다. 논리적 일관성, 정확하고 객관적인 자료를 통해 납득할 만한 증거를 제시하는 능력, 정곡을 찌르는 명료한 주장을 펼칠 수 있는 능력 등이 이에 속한다. 상대의 오류와 허점을 파고들 수 있는 능력은 곧 상대방 주장의 핵심을 파악하고 논리적 오류7)를 도출하며, 증거가 제시된 주장과 증거가 없는 단언을 구분할 수 있는 분석력에 해

---

6) Freeley, A., *Argumentation and debate (9th ed.)*. Belmont, C. A. : Wadworth, 1996, p. 3.

7) 오류는 형식적 오류와 비형식적 오류 두 가지로 나뉜다. 형식적 오류는 타당한 추리의 규칙을 위반해 빚어지는 오류이며, 비형식적 오류는 논지에 대해 잘못 제시된 근거에서 비롯되는 논리의 오류이다. 비형식적 오류에는 언어를 잘못 사용하거나(언어적 오류) 주제와 무관한 내용을 부주의로, 혹은 고의로 사용하는 경우(부적합성의 오류)가 포함된다. 여훈근, <현대 논리학>, 민영사, 1995, 참조.

당된다.

논증능력이 중요한 것은 앞서 밝힌 대로 토론이 대립의 개념을 갖고 있기 때문이다. 곧 토론은 적절한 판정자로 하여금 따르거나 따르지 않도록 하기 위해 주장을 발전시키고 지원하며, 비판하고 수정하는 의사소통 과정8)이기 때문에, 어느 한쪽이 주장 진술과 그것을 뒷받침하는 논거를 제시해 논증하면 반대쪽이 주장에 대한 비판을 통해 반박하는 상호작용을 필요로 한다. 이러한 논쟁은 흔히 정서적인 소구보다는 합리적 소구를 중시하는 설득 커뮤니케이션으로 간주된다. 에토스와 파토스도 인정하지만 기본적으로 로고스를 가장 강조하는 의사소통 과정이다.9) 이러한 의미에서 논쟁은 강제력을 이용하는 위협은 물론, 에토스와 파토스를 주로 이용하는 '선전'과도 다른 것이다.

일반적으로 논증은 사실(논증이 기초로 하는 자료나 정보) — 주장(정당화시키고자 하는 결론이나 목적) — 논거(사실로부터 주장으로의 논리적 이동이 적법한가를 평가하는 기준)의 세 가지 요소를 만족시켜야 한다. 여기서 주장은 다시 가치적/사실적/인과적/정책적 주장으로 구분되며, 근거는 개인 경험/전문가 증언/예증/유추/통계 등이 바탕이 된 근거로 구분된다.10) 이를 보다 자세히 알아보면 다음과 같다:

① 주장
 • 가치적 주장 : 좋고 나쁨, 옳고 그름, 도덕적 혹은 비도덕적, 실제적 혹은 비실제적인 것에 대한 질문에 가치 판단을 제시하는 주장.
 • 사실적 주장 : 말하는 대상의 본질이 지닌 참과 거짓에 대한 판단을 제시하는 주장.

---

8) Rieke, R., & Sillas, M., *Argumentation and critical decision making,* 3rd ed., New York : John Wiley & Sons. 1993, p. 33., 이효성, <대통령선거와 텔레비전 토론>, 나남, 1997, p. 57에서 재인용.

9) Jensen, J., *Argumentation : Reasoning in communication.* New York : D. Van. Nostrand., 1981, p. 6.

10) Hischberg, S., *Essential strategies of argument*(Boston, MA : Allyn & Bacon, 1996).

・인과적 주장 : 원인과 결과에 대한 판단을 제시하는 주장.
・정책적 주장 : 특정한 제안이 문제를 해결하는 최선의 방법이라는 주장.

② 근거

・개인 경험 : 개인 경험을 토대로 근거를 제시하는 방법으로 주관적임.
・전문가 증언 : 논제와 관련해 공신력이 높은 전문가를 이용, 논증의 권위를 높이는 방법.
・예증 : 주요 명제에 대한 비슷한 구체적인 사례를 실제적 또는 가상적으로 소개하는 방법.
・유추 : 비유할 대상의 유사성에 근거해 추론을 이끌어내는 방법.
・통계 : 현상이나 대상, 혹은 사람들의 의견을 양적・수적 자료로 나타내는 방법.

한편 프릴리는 대통령 선거토론과 같은 정책성 토론은 필수 쟁점으로 '정당화(justification)', '방안(plan)', '이익(advantage)'의 세 가지 요소를 반드시 지녀야 한다고 말하고 있다. '정당화'란 화자가 논제에 대한 찬성여부를 정당화하는 논리를 펴는 개념으로 지속성과 심각성이 어느 정도인가를 진단하는 것이며, '방안'은 제시된 논제에 대한 실행 가능성 및 해결 가능성 차원, '이익'은 제시된 방안이 사회에 초래하는 이익이나 불이익에 대한 내용이다.

우리나라에서는 제15대 대선 토론에서 김대중 후보가 타후보에 비해 실행 가능성 논제 유형의 주장을 훨씬 많이 펼침으로써 정책토론에 보다 충실한 면모를 보였으며, 제 16대 대선 토론에서는 정당화와 관련한 논제 유형(우리 사회 문제의 지속성과 심각성에 대한 언급)이 전체 후보 발언의 절반 정도를 차지한 것으로 파악되었다. 한편 주장 측면에서 우리나라 후보들은 정책적 주장보다 가치적 주장을 더 많이 펼쳤고, 주장의 근거로써 사실 및 사건 유형을 가장 많이 사용했다(예증이나 개인적 경험 유형이 그 뒤를 이음). 특히 주목할 부분은 당선자에 대한 분석으로, 당선자들은 특정 논거를 통한 논증에 치중하지 않고 다양한 논거의 유형을 사용해 주장을 제기하였으며 논리적 오류의 횟수가 비교적 적었다.[11]

2) 논증의 특징과 발전단계

논증의 특징은 다음 네 가지로 요약된다:

① 서로 다른 관점 : 주어진 이슈에 대한 서로 다른 관점은 토론 논제가 된다.
② 상호작용 : 논제를 둘러싼 찬성과 반대 입장 사이에 충돌의 상호작용이 일어난다.
③ 논거의 구성 : 논리적 충돌은 양측의 논제 근거를 제시하는 방식으로 전개된다.
④ 주장의 점검 : 상대방 주장을 교차 조사하는 절차로 이어진다.

일반적으로 논증은 다음의 4 단계를 거친다:[12]

① 논지발전 : 토론은 주제와 관련한 입장을 분명하게 언명하고, 적절하게 설명하며 증거와 근거 통해 합리적으로 지지해야 한다는 점에서 논지를 진전시키고 지지하는 발전과정이다. 이 과정을 통해 특정한 주장이 지닌 가치가 점검 받는다.
② 논점 충돌 : 토론은 의견 충돌을 특징으로 한다. 이 때 충돌이란

---

11) 김인영, TV토론에 나타난 후보자의 논증에 관한 연구 - 제 15, 16대 대통령 선거 TV토론을 중심으로 -, 2003년 한국스피치커뮤니케이션학회 가을 정기학술대회 발표논문 참조.
12) Branham, R., *Debate and Critical Analysis : The Harmony of Conflict*. Hillsdale, N.J. : Lawrence Erlbaum Associates, Publishers. 1991 참조.

단순한 의견 불일치가 아니라 두 개의 경쟁하는 논증적 입장에 내재한 갈등이 드러나는 것을 의미한다. 토론자는 자신의 의견이 상대방과 어떻게 다른지 반드시 제시해야 한다. 충돌 없는 논의는 토론이 아니다.

③ 논점 확장 : 토론에서 반응에 대한 반응이 꼬리를 물고 이어지는 연쇄 충돌을 의미한다. 토론의 가장 큰 특징은 다수의 발언기회를 통해 경쟁하는 논점간 충돌을 연속적으로 확장하는데 있다. 이것이 자신의 관점을 일방적으로 전달하는 스피치와 다른 점이다.

④ 관점 획득 : 토론을 통해 토론자는 물론 수용자까지 논제가 안고 있는 광범위한 문제들을 보다 더 잘 이해할 수 있는 기회를 얻는다

3) 토론의 역할과 장점

토론의 역할은 다음과 같이 광범위하다:

① 토론은 민주사회에 효과적으로 참여할 수 있게 준비해준다.
② 토론은 리더십을 준비할 수 있게 한다.
③ 토론은 논증훈련을 할 수 있는 기회를 제공한다.
④ 토론은 중요한 현실문제에 대해 조사하고 심층적으로 분석할 수 있게 한다.
⑤ 비판적 사고를 능숙하게 펼칠 수 있게 한다.
⑥ 지식을 통합하는 기능을 한다.
⑦ 목적에 따른 탐구능력을 키울 수 있도록 한다.
⑧ 질 높은 교육을 실현시켜 준다.
⑨ 면학열을 높이고 재빠르면서 분석적인 응답 능력을 키워준다.
⑩ 비판적으로 들을 수 있는 능력을 키워준다.
⑪ 글쓰는 능력을 키워주기도 한다.

⑫ 성숙한 판단을 내릴 수 있게 한다.

⑬ 비판에 맞서 자신의 입장을 지킬 수 있는 용기를 북돋아준다.

⑭ 효과적인 스피치구성과 전달 능력을 키워준다.

토론은 단지 어떤 주제가 더 중요한가를 알게 하는 것이 아니다. 해당 주제에 어떤 양분된 이견이 있는지, 각각의 관점이 타당성을 입증하는 근거가 무엇이며 이 근거에 입각했을 때 어떤 관점이 유리하고 어떤 관점이 불리한지 등을 판단할 수 있게 한다. 예를 들어 대통령 후보 토론회에서 궁극적으로 '누가 대통령이 되어야 마땅한가?', '왜 내가 지지하는 후보가 상대 후보보다 나은가?' 등을 결정하게 한다. 토론은 개별적인 이슈에 대한 타당성 여부를 부각시킬 뿐 아니라, 이 이슈에 내재된 근거를 토대로 궁극적으로 우리가 어떤 입장을 취해야 할지 판단할 수 있게 해준다. 이처럼 토론은 인간의 삶과 사회 유지를 위해 필요한 합리적 결정에 도달하는 과정으로서 매우 중요하다. 실생활에서 사람들은 내적으로는 자기 자신과, 외적으로는 다른 사람과 논쟁(토론)을 벌이고 그 결과를 바탕으로 나름대로 합리적인 결정을 내리게 된다. 사회적으로는 토론이라는 지적 경쟁을 통해 생산적인 탐구 활동이 고무되기도 한다. 토론이 반드시 특별한 목적만을 위해 쓰이는 것은 아니다. 토론 학습을 하면 논증기술, 비판적 사고능력, 커뮤니케이션 기술, 분석과 추론능력 등을 향상시킬 수 있기 때문에 교육적 효과도 거둘 수 있다. 맥베스(McBath)는 토론의 장점을 다음의 네 가지로 설명한다.[13]

첫째, 토론에 참여한 논쟁자들은 다른 사람에게 알려지지 않은 사실, 해석 또는 판단을 제공할 수 있다.

둘째, 정보를 동원하고 아이디어들이 경쟁하는 가운데 새로운 아이디어가 출현할 수 있다.

---

13) Jensen, J., op. cit., pp. 10-11.

셋째, 논증들이 증거와 일관성의 엄격한 검증에 놓이게 되기 때문에 오류가 드러날 수 있다.

넷째, 논쟁자들이 상투적이고 비생산적인 분석양식에서 벗어날 수 있다.

토론을 통해 참가자들은 말하는 능력이나 기술과 함께 사실, 자료, 정보, 의견 등을 분석·종합하려는 능력과 기술을 향상시킬 수 있고 지적·정서적 위험에 자신을 노출시키면서 용기를 키울 수 있다. 그러나 부정적인 영향도 있는데, 오직 두 가지 대안에만 초점을 맞춤으로써 참가자들로 하여금 선택 가능한 다수의 대안들에 대해 둔감하게 만들 수 있다. 이미 마련된 명제 혹은 고쳐되어야 할 명제에서 출발하는 토론은 그 외 대안이 될 수 있는 모든 점을 고려하지는 않기 때문이다. 또한 반대 의견 소지자와의 일치점을 강조하기보다는 다른 점을 분명히 드러내도록 강요함으로써 불일치를 드러내고 강조하는 경향이 있다.

2. 토론의 요소

토론의 요소에 대해 알기 위해 우선 아우어(Auer)의 정의를 살펴보자. 아우어는 수용자에 대한 설득과 토론의 형식적 특성을 중심으로 토론 개념에 접근하면서 청중의 판결, 진술된 명제, 대등한 경쟁자, 동등하고 적절한 시간, 대결의 다섯 가지 요소를 반드시 갖추어야 한다고 밝혔다.[14] 한편 제미슨과 버드셀(Jamieson & Birdsell)은 이에 덧붙여 규칙의 지배라는 요소를 추가했다. 이를 자세히 살펴보면 다음과 같다.[15]

① 대결 : 토론에서는 서로 반대 입장을 주장하는 사람들이 그들의

---

14) 이효성, 앞의 책에서 재인용.

15) Jamieson, K., & Birdsell, D., *Presidential debates: The challenge of creating an informed electorate*, New York : Oxford University Press, 1988, pp. 11-15.

차이를 논박하기 위해 얼굴을 맞대고 대결한다. 이런 직접적인 대결을 통해 토론은 생기를 얻는다. 주장을 잘못 제시하면 즉각 반박을 받는데 준비가 안된 토론자는 곤경에 빠지거나 청중에 의해 거부되는 위험에 처한다. 일방적인 연설과 달리 토론에서는 반대자에게 청중 앞에서 재해석한다든지 반박, 이의를 제기할 기회를 주기 때문에 왜곡하거나 속이거나 회피하면 오히려 궁지에 몰릴 위험이 따른다. 따라서 진실된 명제나 사실이나 논리에 더욱 소구할 수밖에 없다.

② 규칙 지배 : 토론은 특정한 절차, 시간제한, 조직 등과 같이 어떤 규칙에 지배되는 활동이며 정도에 차이에 있지만 모든 토론은 구조화되어 있다고 볼 수 있다. 토론을 지배하는 규칙들은 사전에 협상되어 청중에게 확실하게 명시되고 토론자들에 의해 받아들여진다. 발언교대의 전반적인 구조와 발언순서, 길이 등이 구체화되며 사회자 등 다른 참가자들의 역할도 명확하다. 토론은 암시적인 규칙에 의해서도 지배된다. 즉 토론에서는 이성이 감성보다 우위를 점한다든지, 논증이 주장보다 우월한 것으로 평가된다든지, 증거의 검증이 이뤄진다든지 하는 것이 바로 그것이다. 이들 암시적인 규칙이 심판자들로 하여금 선동이나 주장을 거부하고 논리가 정연한 것을 택하게 한다.

③ 동등하고 적절한 시간 : 토론의 모든 당사자는 동등한 지위를 가지고 토론에 임하기 때문에 힘이 좀더 있는 측이나 그렇지 않은 측이나 마찬가지로 같은 규칙의 지배를 받는다. 동등한 시간 배분의 원칙은 그래서 매우 중요하다. 또한 발언 시간은 동등할 뿐만 아니라 적절해야 한다. 이는 토론 참석자들에게 자신의 입장과 논지, 증거를 충분히 제시하고 설명할 수 있는 정도의 적절한 시간이 주어져야 함을 의미한다. 그렇지 않다면 토론이 합리적인 논의의 장이 되기보다는 구호성 주장을 늘어놓는 자리가 되고 말 것이며 청중은 논리에 의해서가 아니라 구호에 의해서 토론의 우열을

판가름하게 된다.

④ 대등한 경쟁자 : 토론에 참가하는 경쟁자들은 서로 필적할 만한 대등한 수준에 있어야 한다. 그래야만 쟁점에 대해 제대로 검증할 수 있기 때문이다. 즉 토론의 본래 목적은 쟁점을 판가름하기 위한 것이지, 어느 토론자가 더 나은가를 판가름하기 위한 것은 아니라는 것을 의미한다.

⑤ 진술된 명제 : 일반적으로 토론에서는 어떤 뚜렷한 한 가지 명제가 주어지고 이 명제에 대해서만 찬반의 주장을 개진하게 된다. 이렇게 동일한 명제를 가지고 토론을 해야 토론자들은 그들의 논의 교환에 초점을 맞출 수 있으며 그러기 위해서는 논지에 벗어나는 일은 극소화하고 의제를 바꾸는 일은 통제되어야 한다.

⑥ 청중의 판결 : 토론 참여자들은 그들의 논쟁 결과에 대해 청중들의 판결을 받는다. 토론 후에 청중은 어느 쪽이 더 뛰어난 논증을 했는지 우열을 판가름하게 된다. 전통적인 토론에서는 대개 일단의 판정자들이 선정되어 토론을 지켜본 후 우열을 판가름한다. 정치토론의 경우 유권자들이 판정자가 된다고 볼 수 있다.

토론은 논쟁의 한 모델이자 적용이기 때문에 기본적으로는 논쟁의 형식을 띠지만, 논쟁 당사자가 형식화된 구체적 절차에 따라 주장을 제시한다는 특징을 갖는다. 전통적인 토론에서는 토론자들끼리 서로 질문하고 답변하고 반박하는 등 토론자들이 직접 대결한다. 토론에서는 명제나 쟁점에 관한 사실, 가치, 정책 등의 주장에서 상호 배타적인 두 가지 대립적인 입장으로 구체화된다. 일반적으로 양측 토론자들은 자신의 요점을 제시하고 반대측 토론자의 반론에 응답하는데 동일한 시간과 기회를 가지며, 심판 혹은 제3자는 양측 토론자들의 주장을 심판한다. 토론과정에서 중요한 것은 토론자들이 상대방의 견해를 바꾸고자 노력하지 않고 제3자의 의사결정에 영향을 미치고자 노력하는데 있다. 토론자들은 제3자의 의사결정이 구속력을 갖기 때문에 그것에 커다란 가치를 부여하고

있다.16)

법정에서든 의회에서든 공공토론장에서든 대학의 토론경연대회든 중요한 것은 토론 참여자들이 서로를 설득하려는 것이 아니라 제3자의 선택을 받으려는 것이다. 제3자는 양쪽의 주장을 듣고 의사결정을 내려야 하며, 이 때 어느 한 쪽의 주장을 수용하거나 거부하게 된다.

3. 토론의 형식

토론은 크게 문제 인식과 해결방안의 차이를 논하는 정책 토론과, 가치관과 사고방식의 차이를 논하는 비정책 토론(혹은 가치 토론)으로 나뉜다. 둘 사이의 차이점은 해결방안의 존재 유무이다. 정책 토론에는 집행방안이 반드시 내재되어야 하지만 가치토론은 그것이 당초 불가능하다. 따라서 가치 토론의 논제는 대개 특정 가치를 지향하거나 특정 가치가 다른 가치보다 낫다는 것을 주장하거나, 혹은 특정 가치를 거부하는 형태로 토론이 펼쳐진다. 토론 진행을 위해 채택할 수 있는 형식은 통상 다음 네 가지로 분류된다.17) 각각의 특징을 알아보자.

1) CEDA(Cross Examination Debate Association) 형식

정책토론의 가장 보편적 형태로서, 미국 전국토론대회가 1947년이래 채택해온 형식에 토론자간 교차 질문을 가미하는 직접 의사소통 강조 방식으로 발전해왔다. 현재 미국 내 대학간 토론대회에서 가장 널리 사용되고 있다. 각 팀은 두 사람으로 구성되며 토론자 개개인은 각각 세 번의 발언기회(입론/반박/교차조사)를 갖는다. 필수 쟁점 사항은 중요성, 지속성, 해결성의 세 가지이다. 진행 순서대로 정리하면 다음과 같다.

---

16) 이동신 · 박기순 편저, <정치 커뮤니케이션 원론>, 법문사, 1996, p. 99.
17) 강태완, 김태용, 이상철, 허경호, 앞의 책, pp.57~81 참조.

〈표 1〉 CEDA 형식의 발언 순서와 시간

내용 및 순서	소요 시간(60분)	총 소요시간(72분)
입론/긍정측 첫 번째 토론자	8	10(혹은 9)
교차조사/부정측 두 번째 토론자	3	3
입론/부정측 첫 번째 토론자	8	10(혹은 9)
교차조사/긍정측 첫 번째 토론자	3	3
입론/긍정측 두 번째 토론자	8	10(혹은 9)
교차조사/부정측 첫 번째 토론자	3	3
입론/부정측 두 번째 토론자	8	10(혹은 9)
교차조사/긍정측 두 번째 토론자	3	3
반박/부정측 첫 번째 토론자	4	5(혹은 6)
반박/긍정측 첫 번째 토론자	4	5(혹은 6)
반박/부정측 두 번째 토론자	4	5(혹은 6)
반박/긍정측 두 번째 토론자	4	5(혹은 6)

※ 교차조사는 상대방 논리에 나타나는 문제를 부각시킬 수 있는 심문과정임. 준비시간은 팀당 10
분씩으로 총 소요시간에 포함됨.

2) 링컨-더글러스 토론(Lincoln-Douglas debate) 형식

1858년 미국 일리노이주 상원의원 선거 캠페인 중 미국 역사상 가장
큰 가치관 충돌의 예로 꼽히는 에이브러햄 링컨과 스테픈 더글라스 사이
의 노예제도 관련 토론에 기원을 두고 있다. 양쪽에서 한 사람씩 토론에
참가하여 가치 토론을 벌이기에 가장 적당한 형태이다. 토론 가운데 가
치 평가의 대상을 규정하고 토론을 위한 주요 평가 개념을 정의하며, 평
가 항목과 기준을 설정하고 가치 구조의 설정과 정당화를 기하는 것이
필수적으로 요구된다. 진행 순서는 다음과 같다.

〈표 2〉 링컨-더글라스 토론 형식의 발언 순서와 시간

내용 및 순서	총 소요시간(32분)
긍정측 입론	6
부정측의 교차조사	3
부정측의 입론	7
긍정측의 교차조사	3

긍정측의 반박	4
부정측의 반박	6
긍정측의 반박	3

※ 1:1 토론이기 때문에 개인적 능력과 이미지가 승패에 영
향을 미칠 확률이 높다. 따라서 비록 시간은 짧지만 교차
조사의 중요성이 매우 큰 것이 특징임.

3) 의회토론(Parliamentary debate) 형식

1820년대 옥스퍼드와 케임브리지 학생회가 행하던 토론 형식에 기초
한 것으로, 영국 의회의 특징을 반영하는 형태이다. 한 팀당 2인이 참여
하며 그 가운데 1인(수상과 야당 당수)이 두 번의 발언기회를, 나머지 1인
(여당 및 야당 의원)은 한 번의 발언 기회를 갖는다. 때로는 세 명의 토론
자가 참여해 각각 한 번씩 발언 기회를 갖는 형식으로도 진행된다. 사회
자(국회의장)가 있다. 진행 순서는 다음과 같다.

〈표 3〉 의회토론 형식의 발언 순서와 시간

내용 및 순서	총 소요시간(40분)
입론/수상	7
입론/야당 당수	8
입론/여당 의원	8
입론/야당 의원	8
반박/야당 당수	4
반박/수상	5

4) 칼 포퍼 토론(Karl Popper debate) 형식

철학자 칼 포퍼의 "비판적 사고란 대화와 공적 토론의 협동과정이며,
지식이란 예측과 반증을 통해 진보한다"는 정신을 바탕으로 삼아 1994년
만들어졌다. 서구에서 주로 고등학생들에게 비판적 사고와 자기 표현, 다
른 의견에 대한 관용의 자세를 길러주기 위한 훈련으로 사용되고 있다. 3
인이 한 팀을 이루어 준비하기 때문에 팀플레이가 매우 중요하다. 각 팀

은 입론 1회, 반론 2회를 펼치며 매 스피치마다 교차조사가 진행되는 것이 특징이다. CEDA 형식과 마찬가지로 증거에 의거한 주장을 중시한다. 진행 순서는 다음과 같다.

<표 4> 칼 포퍼 형식의 발언 순서와 시간

내용 및 순서	소요시간(44분)
입론/긍정측 첫 번째 토론자	6
교차조사/부정측 세 번째 토론자	3
입론/부정측 첫 번째 토론자	6
교차조사/긍정측 세 번째 토론자	3
반론/긍정측 두 번째 토론자	5
교차조사/부정측 첫 번째 토론자	3
반론/부정측 두 번째 토론자	5
교차조사/긍정측 첫 번째 토론자	3
반론/긍정측 세 번째 토론자	5
반론/부정측 세 번째 토론자	5

※ 준비 시간은 각 팀당 8분씩임.

제 2 절 누가 토론을 잘 하는가?

1. 토론 능력에 대한 고찰

앞서 인용한 프릴리의 정의대로 토론을 '논증을 통해 어떤 논제에 대해 분별력 있는 판단에 도달하는 과정'이라고 볼 때, 토론 능력은 이러한 과정을 이끌어내는 커뮤니케이션 능력임이 분명하다. 따라서 토론 능력을 말하기 위해서는 먼저 커뮤니케이션 능력에 대해 알아야 한다. 그러나 지난 1970년대 이후 지속된 커뮤니케이션 능력에 대한 많은 연구들은 일치된 합의를 이루지 못하고 수많은 논의만을 생산해왔을 뿐이다. 이는 커뮤니케이션 능력이란 개념 자체가 워낙 복잡한데다 상황이나 조건에 따라 개입되는 요소가 많으며, 연구자마다 측정 방법이나 측정 상황, 측정 대상이 다르기 때문이다.

1) 능력의 개념

일단 여기서 능력에 대한 가장 일반적인 정의를 찾아보자. 그간 교육학과 언어학, 심리학, 수사학 등의 분야에서 커다란 관심을 기울이며 밝히고자 했던 능력의 개념은 일반적으로 '어떤 일을 수행할 수 있는 자질(ability)이나 적합성(fitness)'으로 인식되는 경우가 가장 많다. 그러나 이를 보다 자세히 알기 위해서는 매우 광범위한 스펙트럼에 걸친 이해가 필요하다. 예컨대 스피츠버그와 쿠파치(Spitzberg & Cupach)는 능력을 '어느 한 개인이 소유한 지식이나 자질, 그가 수행하는 행위, 그에게 부여된 인상이나 속성을 포함해 동기·기술·맥락·결과 등의 수많은 관계 구성요소를 포함하는 전반적인 상호작용 과정'[18]이라고 말하고 있다. 능력의 이러한 포괄적인 특성은 그 개념과 범위를 둘러싸고 학자들 사이에 의견 대립을 낳기에 충분했다. 그 간의 주요 쟁점들을 크게 나누어 보면 다음의 세 가지 차원으로 정리된다.

첫째, 능력은 인지적인 것인가? 아니면 행동적인 것인가?
둘째, 능력은 장기적 성향인가? 아니면 단기적 상태인가?
셋째, 능력은 언어적인 것인가? 혹은 대인적인 것이거나 관계적인 것인가?

이러한 논의를 둘러싼 연구는 또다시 더욱 광범위한 논의로 진전이 되어왔다. 즉, 능력은 인지적일 뿐 아니라 행동적인 요소를 포함하는 것

---

18) Spitzberg, G., & Cupach, W., *Handbook of interpersonal competence research*. N.Y. : Springer-Verlag, 1989 참조.

이기 때문에 '능력 있다'는 평가를 얻기 위해서는 관련 지식과 방법을 알고 행동해야 하며, 행동한 것을 알아야 한다는 것이다. 또 능력은 특정 상황에 영향을 받지 않는 선천적이고도 기질적인 성향인 동시에 특수한 상황이나 대상에 의존하는 개인 상태이기도 하다. 이와 더불어 능력이란 타인을 비롯한 자신의 주변 상황에서 적절하게 타인과 협력함으로써 상호작용의 목적을 달성하는 것으로서, 언어적 능력이자 대인적 능력, 관계적 능력을 포함한다는 것이다.[19]

이를 토론 능력에 적용시키면 다음과 같다[20]:

첫째, 토론에 대한 전반적 지식을 갖추는 것과 함께 토론을 잘 할 수 있는 방법을 알아야 하며 실제 토론을 잘 해야 하고, 자신이 토론을 잘 했는지의 여부 또한 알아야 한다.

둘째, 선천적으로 토론을 즐기고 잘 해야 하며, 특정하고 구체적 상황에서도 자신의 토론 능력을 드러낼 수 있어야 한다.

셋째, 토론에서 자신의 견해를 언어적으로 잘 표현하는 능력과 토론 상황에 적응하고 효과적으로 이끌어 가는 대인 능력, 상호작용의 목적을 달성하고 협력과 만족을 달성할 수 있는 관계적 능력을 지녀야 한다.

토론 능력은 이처럼 매우 복합적이다. 논증능력을 포함해 커뮤니케이션 기술, 토론에 대한 태도까지 광범위한 영역을 다루어야 하지만, 문제는 이러한 영역의 구체적인 하위 차원이 무엇인가에 대한 규명이 지금껏 제대로 이뤄지지 않았다는데 있다.[21] 그 이유는 다시금 커뮤니케이션 능

---

19) 장해순, <갈등관리 전략에 대한 상호인식과 커뮤니케이션 능력이 상호관계에 미치는 영향>, 경희대 박사학위 논문, 2003, pp.14~20.

20) 강태완, 장해순, 대학생들의 토론학습 동기와 인지욕구가 토론능력, 상호작용 관여 및 논쟁성에 미치는 영향, <한국언론학보> 47권 6호, 2003, p.253 참조.

21) 이와 관련, 박세환과 허경호는 커뮤니케이션 기술능력, 비판적 사고능력, 듣기 능력, 조사능력의 네 가지 차원을 토론능력 구성요소로 제시한 바 있다. 토론능력의 구성 개념 및 척도의 타당성 연구, <한국언론학보>, 46권 1호, 2001, pp.147~193 참조.

력 자체가 매우 포괄적인 것이라는 데 기인한다. 커뮤니케이션 연구자들 사이에 지금까지 논의되어온 커뮤니케이션 능력 개념을 바탕으로 좀더 깊은 이해를 구해보자.

2) 커뮤니케이션 능력(communication competence)

(1) 커뮤니케이션 능력과 상황

애초 커뮤니케이션 분야 학자들의 능력 연구는 교수법 향상을 위한 다분히 실용적인 필요성과 관심에서 비롯되었다. 그러나 지금까지의 어떤 연구도 커뮤니케이션 능력의 구성요소에 관한 상세한 정보를 결여하고 있으며, 다른 중요한 구성요소와의 관계에 대해서도 설명을 하지 못하고 있는 실정이다. 요컨대 능력의 구성요소가 분명히 파악되지 않아 본질을 이해하는데 필요한 중요한 개념적 정의가 이뤄지지 못하고 있다.

그러나 '능력'을 뜻하는 원문인 'competence'는 형용사형인 'competent' 에 잘 나타나있듯이 '적당한/알맞은/적절한 능력'이라는 뜻을 내포하고 있으며, 이것이 'ability'와 차별된다는 점을 주목할 필요가 있다. 커뮤니 케이션 능력에 대한 다양한 정의들 가운데에는 '적절한', '적합한' 혹은 '적당한'이라는 표현이 일관되게 등장하고 있음을 주목해야 한다. 예를 들어 쿨리와 로치(Cooley & Roach)는 "일반적 의미에서 커뮤니케이션 능력 은 '주어진 상황 안에서 적합한 커뮤니케이션 패턴에 대한 지식을 갖는 것'이자, '그 지식을 사용할 줄 아는 것'으로 정의할 수 있다"[22]고 말하고 있다. 커뮤니케이션 능력은 언제나 일률적인 것이 아니라 상황에 따라 적절히 융통성과 유연성 있게 적용할 줄 아는 지식이자, 그것을 사용할 줄 아는 능력이라는 것이다. 곧 상황이 커뮤니케이션 능력에 막대한 영향력을 지닌다는 의미를 파악할 수 있다. 이를 그림으로 나타내면 다음과 같다.

---

22) Cooley, R., & Roach, D., "Theoretical Approaches to Communication Competence", in Bostrom, R.(ed.), *Communication - A Multidisciplinary Approach*. Beverly Hills : Sage, 1984, p. 25.

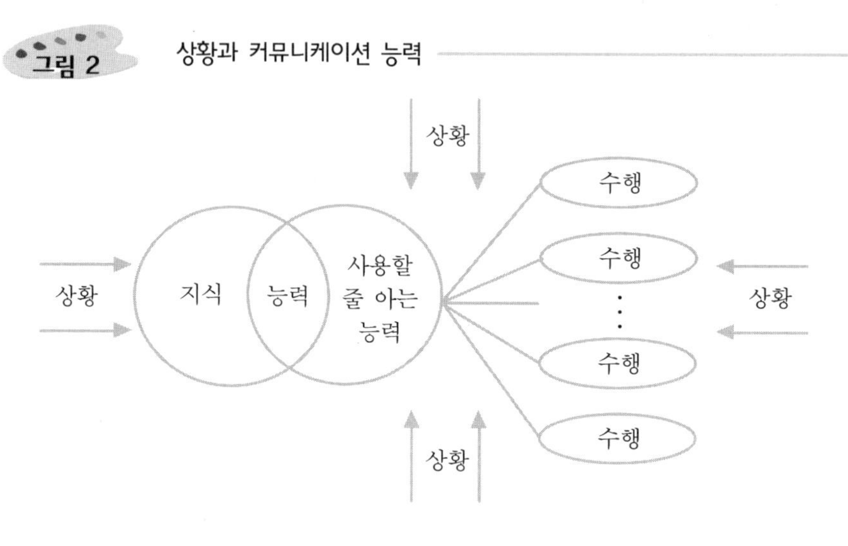

한편 능력은 누구에게나 일반적인 의미로만 접근할 수는 없다. 예컨대 연령과 성별에 따른 개인의 생리학 및 심리학적 특성을 고려하지 않은 채 일률적으로 능력을 논할 수 없는 것처럼 개개인의 능력을 구성하는 요소가 각기 다르기 때문이다.

사회적·문화적 관련성 역시 능력에 있어 중요한 고려 대상이 되어야 한다. 커뮤니케이션 능력은 아동의 정상적인 성장 과정에서 자연스럽게 갖춰지는 것임에는 틀림없으나, 사회적·문화적 측면에서의 관련성을 무시할 수 없다. 즉 그에 따른 상황이나 규범, 가치, 신념, 태도 등등의 요소들은 한 개인이 지니는 커뮤니케이션 능력과, 그것을 측정하는 관찰자가 많은 영향을 받는 영역들이다.

또한 교육분야 연구에서 커뮤니케이션 능력이 이슈가 된 이래 능력은 언제나 비교 문화적 측면을 포함하는 것으로 간주돼 오고 있다. 능력은 문화에 의해 구속되며, 따라서 한 문화권에서 능력 있다고 이해되는 것이 다른 문화권에서도 반드시 그렇게 이해되지는 않는다. 다시 말해 커뮤니케이션은 문화적으로 정의된 상황에서 발생하며 문화적으로 결정된 규범에 의해 수반된다. 개인은 모든 관련된 상황에서 행동의 규범을 정의하는 문화 내에서 작동하는 존재로서 각 세대로 계승되는 가치와 신념, 태도 등을 공유한다. 실제로 한 문화권 내에서 규범적 지식을 습득하는 능력을 갖춘 사람이라 할지라도 다른 가치와 태도, 신념 등을 지닌 타문화권 규범의 시각으로 볼 때 동일한 능력으로 평가받지 못한다. 즉 관찰자 입장에서 무능력한 사람으로 판정 받을 수 있는 것이다.[23] 이는 문화의 차이에서 발생하는 상황적 규범에 익숙하지 않기 때문으로, 문화적 관련성을 제외한 능력 측정은 적절하지 않다는 것을 말해준다. 물론 같은 문화권 내에서도 문화적 차이는 존재한다. 특히 미국과 같이 다문화적인 현실을 지닌 나라에서는 이 문제를 깊이 고려해야 한다.[24] 집단 간 커뮤니케이션 행동에 대한 문화적 영향의 폭과 깊이가 다르며 커뮤니케이션의 특징도 이에 따라 달리 나타나기 때문이다.[25]

(2) 수행(performance)의 중요성

만약 능력이 곧 행동화 될 수 있다면, 즉 능력과 수행이 일치한다면 '내용을 알면 커뮤니케이션 할 수 있고, 커뮤니케이션 할 수 있다면 내용을 이해할 수 있다'는 가설이 증명되어야 한다. 그러나 아는 것과 행동하

---

23) 개인의 행동은 문화적 배경에 근거하는 동시에 문화가 제공하는 가치관 및 정체감과 깊은 관련이 있다는 수많은 학자들의 연구결과가 이를 입증한다.

24) 그러나 미국내 커뮤니케이션 학자들은 주로 백인계 중산층을 한정해 능력의 표준으로 삼는 연구에 치우쳐 이에 대한 반론을 낳기도 했다. 라보브 등은 도시 흑인 사회에서의 학교규범과 거리규범 사이의 커다란 불일치를 밝혀냄으로써 이 문제를 지적했고(Labov, W., Cohen, p., Robins, C. & Lewis, J., *A study of the non-standard English of Negro and Puerto-Rican speakers in New York City: Volume I & Volume II*, New York : Columbia University, 1968) 듀몽 등은 오클라호마 북동부지역 시골에 사는 체로키족에 대한 연구를 통해 숫적으로 열세인 소수민족에게 더 뚜렷이 나타나는 문화적 차이를 기술했다. 이들 소수민족은 도시민들과는 물론 동일지역 내 거주 백인들과도 많은 차이를 보이는 것으로 밝혀졌다.(Dumont Jr., R., & Wax, M., "Cherokee school society and the intercultural classroom", *Human Organization*, 1969, p. 28.)

25) 하지만 단일 민족으로 구성된 우리나라의 경우 모국어를 사용하는 커뮤니케이션 능력에 있어 비교 문화적 측면을 고려하지 않아 발생하는 문제는 거의 없다고 보아도 무방할 것이다.

는 것은 별개이다. 이는 바로 언어학 분야인 언어발달과 읽기 연구 및 스피치와 작문을 교육하는 과정에서 오래 전부터 대두되어온 궁금증으로, 학자들은 오랫동안 낭독이 곧 읽기 능력의 지표라고 생각했으나 어린이들이 이해를 못하면서도 낭독을 잘 할 수 있다는 사실에 입각해 오류를 시정하고 이해와 행동이 별개라는 점을 인정하게 되었다. 커뮤니케이션 능력에 대한 인식에도 같은 종류의 오류가 발생해 혼란의 주요 원인이 되어왔다. 예컨대 사람에 따라서는 말할 줄 아는 것보다 많이 알며, 아무 뜻도 모르는 시를 암송할 수도 있다. 스피치와 작문을 잘 하면서도 시험 성적은 나쁜 학생이 있는가 하면 그 반대의 경우가 있는 것도 마찬가지 예이다.

따라서 능력과 수행이 구분되어야 하고 둘 사이의 관계가 중요하게 설명되어야 하지만 아직까지 이에 대한 커뮤니케이션 학자들의 만족스러운 설명은 없는 편이다. 단지 '실제 경우에 있어 실제 행동이 되는 것을 수행으로 간주한다'는 데 의견의 일치를 보이고 있을 정도이다. 수행은 실제 행동이라는 측면에서 가시적이고, 능력에 비해 접근이 용이하므로 관찰자 입장에서의 추정과 측정이 가능하다. 때문에 한 개인이 능력 있다고 추정하는 근거는 수행에서 비롯되는 경우가 많다. 커뮤니케이션 능력을 행동적 관점에서 바라본 학자들이 주류를 이루는 것은 이 까닭이다.

일례로 와이먼과 백런드(Wiemann & Backlund)는 커뮤니케이션 능력을 "면대면 상황의 만남의 과정에서 성공적인 대인커뮤니케이션의 목적을 달성하기 위해 상호작용 주체가 가능한 커뮤니케이션 행동을 선택하는 것"26)이라고 했으며 라슨 등(Larson et al.)은 "행동하는데 필요한 지식이자 주어진 상황 하에서 사회적으로 적합한 행동"27)이라고 했다. 이러한 행

---

26) Wiemann, J., & Backlund, P., "Current theory and research in communicative competence", *Review of Educational Research*(vol. 50, 1980), p. 186.

27) Larson, C., Backlund, P., Redmond, M., & Barbour, A., Assissing functional communication (ERIC : Ed 153275), March 1978, p. 24.

동적 관점은 능력을 단지 수행의 구성물로 사용한다는 지적을 받고 있기는 하지만, 능력의 개념 자체가 이론적으로 명확하지 않은 현실에서 수행에 대한 언급에 능력을 포함시켜 논의하는 것은 어느 정도 불가피한 일로 보여진다.

커뮤니케이션 능력은 수행과 동일한 것은 아니지만 일관된 특징적 행동이 존재할 때라야 관찰자로부터 '능력 있다'는 판단을 얻는 것은 분명하다. 맥크로스키(McCroskey)는 다음의 네 가지 행동이 커뮤니케이션 능력을 인정받기 위해 필요하다고 말하고 있다.[28]

첫째, 사회에서 정상적으로 통용되는 범위 내에서 적당한 행동적 기술을 습득해야 한다(대개의 경우 초등학교 교육과정에서 습득이 가능하다).

둘째, 커뮤니케이션 과정 및 커뮤니케이션 행동이 처하게 되는 상황적 구속에 대해 적절한 수준의 인지적 이해가 있어야 한다. 이러한 인지기술은 시스템화된 교육과정의 훈련 없이는 습득이 불가능하며, 이를 갖출 경우 대부분의 사람들이 거의 모든 상황에서 커뮤니케이션 능력을 발휘해 행동할 수 있다.

셋째, 자신 내부의 부정적 반응으로 인해 커뮤니케이션 기술의 발현이 억제되는 사람은 커뮤니케이션에 대한 긍정적인 감정 반응을 개발해야 한다. 대부분의 사람들은 초등학교 입학 무렵이면 이러한 긍정적인 정서를 갖추는데 별 지장이 없는 반면, 상당수의 사람들이 자신의 전 생애를 통해 개발에 이르지 못하기도 한다.

넷째, 능력 있는 행동은 반드시 습관화되어야 한다. 커뮤니케이션 기술을 배운다고 해도 사용하지 않으면 잃게 된다.

지금까지의 논의들을 토대로 능력과 수행이 커뮤니케이션 능력으로 발현되는 과정을 그림으로 표현하면 다음과 같다.

---

28) McCroskey, J. "Communication Competence : The Elusive Construct", in Bostrom. R.(ed.), op. cit., pp. 266-267.

 **그림 3** 능력으로부터 수행까지의 발현 과정도

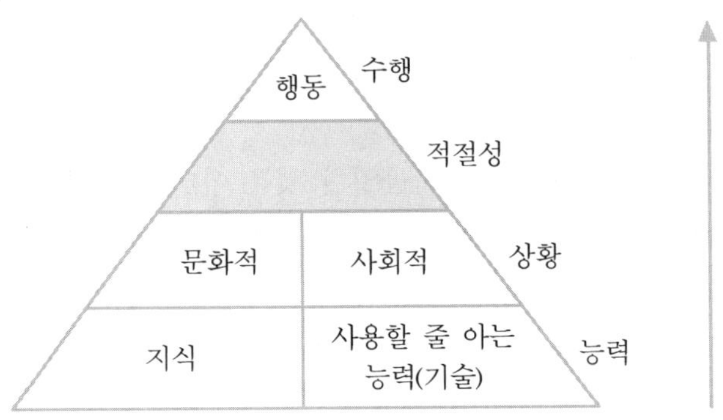

3) 커뮤니케이션 능력에 대한 세 가지 관점

커뮤니케이션 능력과 관련해 지금까지 실시되어온 연구들은 대부분 대인 커뮤니케이션 분야에서 이뤄져 왔다. 커뮤니케이션 능력에 대해 관심을 갖는 가장 큰 이유 자체가 대인 상황에서 보다 효과적으로 자신의 생각이나 의견을 전달하기 위한 것이기 때문이다. 연구자들은 특히 효과적인 대인 기능에 기여하는 커뮤니케이터의 커뮤니케이션 스타일과 성격, 혹은 기술 사이에 존재하는 차이점에 초점을 맞춰 왔다. 이후 인지적, 행동적 그리고 관계적인 관점에 따른 연구가 뒤를 이었다. 물론 연구자의 관점에 따라 접근하는 방법에 다소 차이가 있다. 그 가운데 사이퍼(Sypher)의 분류를 보자. 사이퍼는 커뮤니케이션 능력 측정을 특성 / 행동 기술 / 사회적 인지의 세 가지 관점으로 나누어 설명하고 있다.[29] 이를 도표로 정리하고 각각에 대해 자세히 알아보기로 한다.

---

29) Sypher, B., "Competence in communication", in Bostrom, R. (ed.), op. cit., pp. 106-113.

〈표 5〉 사이퍼의 커뮤니케이션 능력 측정 영역

관점	특성	행동기술	사회적 인지
내용	커뮤니케이션능력은 인간의 특성이나 능력과 동일한 것이다.(행동과 구별되는 정신적이며 심리적인, 즉 인지적인 현상으로 간주하는 입장)	커뮤니케이션능력은 커뮤니케이터의 행동에 머문다.(사회적 기술(social skills)과 사회적 성과(social outcomes) 기능임을 의미)	커뮤니케이션능력은 인간과 인간 관계에 대한 지식 즉 사회 인지능력이자 상호작용 기술이다

(1) 특성적 관점

특성에 대한 관점은 능력 있는 커뮤니케이터의 일반적 특성이나 특징을 분리하기 위한 연구자들의 시도에서 비롯되었다. 그리고 이 경우 특성에 대한 평가자의 개념에 전적으로 의존하게 된다. 조사방법으로는 자아보고 형식이 가장 보편적이나, 전반적으로 자아보고는 혼란이 발생할 수 있다는 단점이 지적된다. 특히 노튼(Norton)의 커뮤니케이터 스타일 차원들 간의 상호관계는 착각을 초래할 우려가 있다는 의견이 지배적이다. 실제 행동에 대한 보고가 아닌, 관련 커뮤니케이션 행동에 대한 응답자의 암시적 개념을 반영할 수 있기 때문이다.

커뮤니케이션 능력을 특성 차원에서 접근한 연구자들의 주요 연구 내용을 정리하면 다음과 같다.30)

---

30) Sieburg, E., & Larson, C., "Dimensions of interpersonal response", International Communication Association 연례보고서(Phoenix, 1971) ; Bienvenu, M., "An interpersonal communication inventory", *Journal of Communication*(vol 21, 1971) ; Norton, R., & Pettegrew, L., "Attentiveness as a style of communication: A structural analysis", *Communication monographs*(vol. 46, 1979) ; Berger, C., "Interpersonal communication theory and research: An overview", in Ruben, B. (ed.) *Communication yearbook 1*(New Brunswick: Transaction Books, 1977) ; Norton, R., "Foundation of a communicator style construct", *Human Communication Research*(1978) ; Kelly, C., Chase, J., & Weimann, J., "Interpersonal competence: Conceptualization, measurement and future considerations", Speech Communication Association 연례보고서(San Antonio, 1979).

〈표 6〉 특성적 관점에서 접근한 커뮤니케이션 능력 연구

관점	연구자	카테고리 및 특성	연도
특성	Siegburg & Larson	유쾌한 커뮤니케이터(enjoyable communicator)의 5개 차원 : 솔직한 인정(direct acknowledgement), 긍정적 감정의 표현(expression of positive feeling), 명료함(clarification), 동의(agreement), 지지(support) 불유쾌한 커뮤니케이터(unenjoyable communicator)의 5개 차원 : 옆길로 새는(tangential), 무관한(irrelevant), 방해하는(interrupting), 둔감한(impervious), 조리가 맞지 않는(incoherent), 감정을 드러내지 않는(impersonal)	1971
	Bienvenu	커뮤니케이션 패턴(communication pattern) / 커뮤니케이션 특성(communication characteristic) / 커뮤니케이션 스타일(communication style)로 커뮤니케이션 효율성 측정하는 대인 커뮤니케이션 목록(Interpersonal Communication Inventory) 개발. 그 결과, 강한 자아개념(strong self-concept), 듣기능력, (listening abilities), 표현의 명확성(clarity of expression), 분노 감정 대처능력(ability to cope with angry feelings)의 4개 차원을 효율적 커뮤니케이션 스타일로 밝혀 냄.	1971
	Norton & Pettegrew	지배적면서 개방적인(dominant and open)/ 지배적이면서 비개방적인(dominant and non-open)/지배적이지 않으면서 편안한(non-dominant and relaxed)/지배적이지 않으면서 편안하지 않은(non-dominant and non-relaxed)의 네 가지 스타일 가운데 지배적이면서 개방적인 스타일이 보다 매력적으로 평가됨	1976
	Berger	상호작용 시 자신을 표현하는데 영향을 미치는 요소로서의 매력(attractiveness), 효율성(effectiveness)	1977
	Norton	커뮤니케이터 스타일 목록(Communicator Style Inventory)에 따른 10개 차원 분류: 커뮤니케이터 이미지(communicator image), 지배적(dominant), 드라마틱(dramatic), 동작적(animated), 개방된(open), 논쟁적인(contentious), 편안한(relaxed), 친근한(friendly), 주의 기울이는(attentive), 인상 남기는(impression leaving)	1979
	Kelly, Chase and Wiemann	타인에 대한 관여(commitment) 및 주의 기울이는(attentive), 편안한(relaxed), 상호작용 관리(interaction management), 융통성(adapting/ flexibility), 감정이입(empathy)/관점채택(perspective taking)	

그러나 수행을 보다 중시하는 연구자들은 커뮤니케이션 능력을 사회적 행동이나 인지로 파악하는 경향이 크다. 이에 대해 알아보기로 하자.

(2) 사회적 행동 및 인지적 관점

커뮤니케이션 능력을 행동적 관점 또는 사회적 인지 관점에서 파악한 연구들은 모두 상호작용(interaction)과 목적 달성(goal attainment)이라는 수행 측면을 중시해 왔다. 대인 커뮤니케이션 상황에서 수행은 곧 사회적 행동이며, 이는 언어와 비언어적인 행동을 함께 포함한다. 하지(Hargie)는 사회적 행동을 다음과 같이 분류하고 있다.

사회적 행동의 분류

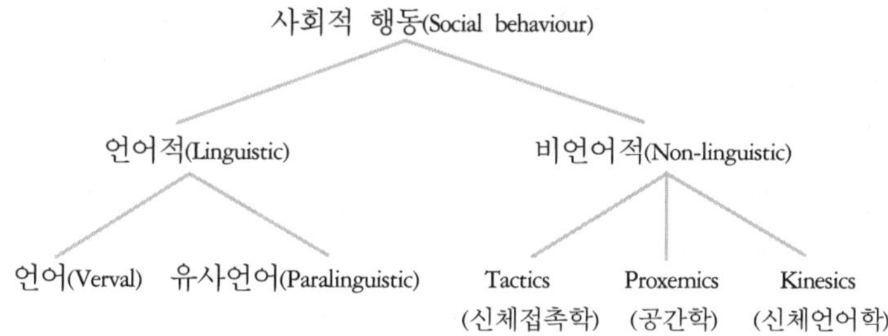

* 출처 : Hargie, O., (ed.), *The Handbook of Communication Skills 2nd edn.*, 1997, p. 40.

커뮤니케이션 능력을 사회적 행동 관점에 입각해 바라본 연구는 지금까지 매우 많지만 자세히 살펴보면 몇몇 차원이 반복적으로 등장하고 있음을 알 수 있다. 즉 감정이입 혹은 타인지향성(empathy/other-orientedness)과 행동적 융통성(behavioral flexibility), 상호작용 관리(interaction management)의 세 가지가 그것으로, 이들 특성은 효율적인 커뮤니케이터가 지니는 현저한 특성으로 분류된다. 이를 자세히 살펴보자.

첫째, 감정이입 및 타인지향성 : 타인의 사고와 감정, 행동에 자신의 상상력을 전이시킴으로써 그의 세계를 자신의 것으로 구성하는 것[31]이다. 관점채택(perspective-taking)이나 역할 취하기(role-taking)를 뜻한다. 감정이입 능력이 있는 사람은 타인의 의도를 평가하거나 상황을 추정 또는 조망하는 것이 가능하고, 이를 바탕으로 커뮤니케이션 방향에 대한 올바른 선택을 할 수 있다.

둘째, 행동적 융통성 : 적절한 커뮤니케이션 선택을 통해 자신을 상황에 적응시키는 능력을 말한다. 화자로서 청자가 수용하기에 적절한 메시지를 구사할 줄 아는 것이 이에 속한다. 그러나 와이먼(Wiemann)은 "적절한 행동에 대한 지식은 만약 그것이 필요한 시점에 발현되지 못한다면 아무 소용이 없다"[32]면서, 무엇보다 중요한 것은 시의 적절함이라고 강조하고 있다. 행동적 융통성은 곧 적응력을 말하며, 이를 갖춘 개인은 적절함이 무엇인가에 대한 지식이 있기 때문에 커뮤니케이션 상호작용 시 상황적 요구에 적응하는 일이 가능하다. 적절한 언어구사가 필요한 경우 지지를 보내는 것, 문화적 사회적 요구에 부응하는 것 등이 이에 포함된다.

셋째, 상호작용 관리 : 감정이입이나 행동적 융통성을 포괄함으로써 세 가지 특성 가운데 가장 중요한 것으로 분류된다. 화자와 청자가 동일한 해석을 공유하고 있다는 사실을 확인하기 위해 필요한 일련의 행동들, 즉 적절한 발언순서 교대라든지 주제논의를 둘러싼 적절한 조절력, 비언어 신호주기, 듣기 등 특별한 상호작용의 목적과 관련된 기술들을 포함한다. 따라서 능력 있는 커뮤니케이터는 상호작용이 막힘 없이 진행될 수 있도록 커뮤니케이션 과정상의 여러 측면들을 잘 처리하는 사람이라고 할 수 있다.

커뮤니케이션 능력을 사회적 행동 차원에서 다룬 연구자들의 주요 연구 내용은 다음과 같다.[33]

---

31) Dymond, R., "Personality and empathy", *Journal of Consulting Psychology*(vol. 14, 1950), p. 343.

32) Wiemann, J., "Explication and test of a model communication competence". *Human Communication Research*(1977), p. 211.

〈표 7〉 사회적 행동 관점에서 접근한 커뮤니케이션 능력 연구

관 점	연 구 자	카테고리 및 특성	연도
사회적 행동	Miller & Steinberg	목적 달성을 위한 기술로서의 상황 조절력(goal attain ment/ control)	1975
	Parks	커뮤니케이션을 통한 목적달성을 극대화하려는 조절력(control)	1976
	Cushman & Craig	듣기(listening), 단서전달(cueing), 협상기술(negotiation skills)	1976
	Bochner & Kelly	다섯 가지 커뮤니케이션 기술로서의 감정이입(empathy), 표현력(descriptiveness), 감정의 소유(ownership of feeling), 자아노출(self-disclosure), 융통성(flexibility)	1976
	Allen & Brown	조절력(controlling), 감정(feeling), 정보성(informing), 관습화(ritualizing), 추측(imagining)의 다섯 가지 수행 차원으로 분리	1976
	Ruben	비교문화적인 훈련과 적응을 위해 특히 중요한 7개 차원의 커뮤니케이션능력으로 분류. 존경심의 표현(display of respect), 상호작용 태도(interaction posture), 지식에 대한 설명(orientation to knowledge), 감정이입(empathy), 제 역할 행동(self role-riented behav-	1976

33) Miller, G., & Steinberg, M., *Between people: A new analysis of interpersonal communication*(Chicago: Science Research Associates, 1975) ; Parks, M., *Communication competency*, Speech Communication Association 연례보고서(San Francisco, 1976) ; Cushman, D., & Craig, R., "Communication systems, Interpersonal implications", in Miller, G. (ed.) *Exploration in interpersonal communication*(Beverly Hills: Sage, 1976) ; Bochner, A., & Kelly, C., "Interpersonal competence: Rationale, philosophy and implementation of a conceptual framework", *Speech Teacher*(vol 23. 1974) ; Allen, R., & Brown, K., *Developing communication competence in children* (IL: National Textbook Co., 1976) ; Ruben, B., "Assessing communication competence for intercultural adaptation", *Group and Organization Studies*(vol 1, 1976) ; Feingold, P., "Toward a paradigm of effective communication : An empirical study of perceived communicative effectiveness", 퍼듀대학 박사학위 논문(1976) ; Wiemann, J., "Explication and test of a model communication competence", *Human Communication Research*(vol. 3, 1977) ; Bassett, R., Whittington, N., & Staton-Spicer, A., "The basics in speaking and listening for high school graduate: What should be assessed?", *Communication Education*(vol. 27, 1978). ; Delia, J., & O'Keefe, B., "Construct comprehensiveness and cognitive complexity as predictors of the number and strategic adaptation of arguments and appeals in a persuasive message", *Communication Monographs*(vol 46, 1979) ; Brandt, D., "On linking social performance with social competence : Some relations between communicative style and attributions of interpersonal attractiveness and effectiveness", *Human Communication Research*(vol 5, 1979).

		iour), 상호작용 관리(interaction management), 애매한 표현에 대한 참을성(tolerance for ambiguity)	
사회적 행동	Feinghold	타인지향성(other-orientedness)	1976
	Wiemann	다섯 가지 구성모델인 상호작용 관리(interaction management), 감정이입(empathy), 협력 및 지지(affiliation/support), 행동적 융통성(behavioral flexibility), 사교적 이완(social relaxation)	1977
	Bassett, Whittington, & Station-Spicer	커뮤니케이션 코드(communication codes), 구두 메시지 평가(oral message evaluation), 기초 스피치 커뮤니케이션 기술(basic communication skills), 인간관계(human relations)	1978
	Delia & O'Keefe	적절한 대화 순서(appropriate turn-taking)와 주제 장악력(appropriate control over topics initiated and discussed), 비언어 단서전달(nonverbal cueing), 듣기(listening) 등을 포함하는 상호작용 관리(interaction management)	1978
	Brandt	타인지향적(other-oriented),목적달성(goal achievement), 커뮤니케이션 기술(communication skills), 상황 및 상대방에 대한 민감성(sensitivity to both situation and other persons)	1979

　　한편 커뮤니케이션 능력을 사회적 인지 관점에서 파악하는 연구자들은 개인의 사회적 인지 측면이 커뮤니케이션 행동 뿐 아니라 판단 과정 자체에도 영향을 미치는 중요한 요소라고 간주한다. 사회적 인지에 대한 가장 일반적인 정의는 롤로프와 버거(Roloff & Berger)의 "인간 상호작용에 대해 사람들이 갖는 정리된 생각"34)이라는 말로 통용된다.

　　사회적 인지 관점에서 보다 통합적인 측면을 강조한다. 델리아와 클라크(Delia & Clark)는 능력 있는 커뮤니케이터에 대해 "공유된 언어 및 규칙 코드에 대한 지식을 사용해 특정 이슈나 사건, 정책에 대한 타인의 신념 또는 행동을 조절하기에 적합한 형태로 의미를 표현하는 사람"이라고 말하고, 따라서 커뮤니케이션 능력에 대한 연구는 "언어, 사회 규칙에

---

34) Roloff, M., & Berger, C., (eds.) *Social cognition and communication*, Beverly Hills : Sage, 1982, p. 21.

대한 지식, 상황언어를 지배하는 규범, 분석기술, 사회적 인지 능력, 듣기와 정보처리 전략, 전략적 행동조절 등의 광범위한 커뮤니케이션능력 요인들 사이의 상호관계를 깊이 파헤쳐야 한다”[35]고 밝히고 있다.

이 가운데 특히 강조하고 있는 것은 청자 중심의 메시지 전달이다. 청자가 지닌 관점과 심리적 특성을 효율적으로 개념화하는 능력을 개발하는 것이 중요하다는 것이다. 이들의 연구는 특성이나 행동적 접근을 표방하는 커뮤니케이션 능력 연구에 비해 다음의 몇 가지 같은 장점을 갖고 있기도 하다.[36]

첫째, 조사 방법에 관한 장점을 들 수 있다. 자유 응답 측정을 활용함으로써 자기보고서 측정이 지니는 방법론상의 문제를 극복할 수 있다.

둘째, 커뮤니케이션의 상황적·관계적(맥락적) 특질을 능력의 현저한 특성으로 간주한다.

셋째, 커뮤니케이션 효율성에 대한 철저한 철학적 분석과 이론적 밑받침을 보다 폭넓게 제공한다.

넷째, 이론에 근거하고 있다는 점, 특질을 반영한다는 점, 그리고 해석적 설명을 한다는 점에서 커뮤니케이션 행동을 설명하는데 보다 효과적이다.

커뮤니케이션 능력을 사회적 인지 차원에서 접근한 연구자들의 주요 연구 내용을 정리하면 다음과 같다.[37]

---

35) Delia, J., & Clark, R., “Cognitive complexity, social perception, and listener-adapted communication in six-, eight-, ten-, and twelve-year-old boys”, *Communication Monographs*(vol. 44, 1977), pp. 2~7.

36) Sypher, B., op. cit., p. 113.

37) Delia, J., & Clark, R., “A constructivist approach to the development of rhetoric competence”, Speech Communication Association 연례보고서(Houston, 1975) ; Delia, J., O’Keefe, B., & O’Keefe, D., “The constuctivist approach to communication.” in Dance, F. (ed.) *Communication theory*(New York : Harper & Row, 1982).

<표 8> 사회적 인지 관점에서 접근한 커뮤니케이션 능력 연구

관 점	연 구 자	카테고리 및 특성	연도
사회적 인지	Delia & Clark	언어(language), 상황언어를 지배하는 사회적 규칙과 규범에 대한 지식, 분석 기술, 사회인지 능력, 듣기, 정보처리 전략, 전략적 행동조절(knowledge of the social rules and norms governing situated language, analytic skills, social-cognitive abilities, listening and information processing strategies, and strategic behavioral control) 등의 요인과 그것들 사이의 상호관련성	1975
	Delia, O'keefe and O'keefe	목적달성 및 조절력(goal attainment/ control), 상호작용 관리(interaction management), 융통성(adapting/flexibility), 감정이입 및 관점채택(empathy/ perspective taking)	1982

(3) 수행 기술 관점

오늘날 '커뮤니케이션 기술'이나 '스피치 기술', '대인 기술' 같은 용어가 일상화하고 있다. 이는 그만큼 대인 커뮤니케이션에서 있어서 기술의 중요성이 크다는 사실을 반영하고 있는 것으로, 일반인의 관심은 커뮤니케이션의 기술적 측면에 집중되어 있다고 해도 과언이 아니다.

기술과 능력은 종종 상호 교환적 의미로 사용되고 있고, 그렇기 때문에 능력에 대한 정의와 기술에 대한 정의가 혼동을 빚기도 한다. 아가일(Argyle)은 사회적 능력을 "사회적 상황에서 타인에게 원하는 효과를 발생시키기 위한 필요한 기술을 갖추는 것"[38]이라고 정의함으로써 기술과 능력의 밀접한 연관성을 인정했다. 한 개인의 능력에는 행동적 기술의 구비가 요구되며, 대인 능력에는 타인 및 상황에 대한 행동과 태도가 포함된다는 얘기이다.

대인 커뮤니케이션 연구에 있어 기술을 능력에 포함하는 것과, 능력을 기술에 포함시키는 시각은 공존한다. 전자의 입장에서 연구한 리지(Ridge)는 능력이 전략을 선택하고 그 가운데 상황에 적합한 것을 골라 기술들을 적용하는 것이라는 입장을 취하면서, "전략이란 적용할 기술을

---

38) Argyle, M., *The Psychology of Interpersonal Behaviour*, 5th ed.(Penguin: London, 1994), p. 116.

결정짓는 상황에서 획득되는 계획"39)이라고 설명했다. 그가 말하는 능력은 결국 적절한 전략을 선택할 줄 아는 것이며 이를 숙련된 수행으로 실행하는 것을 의미한다고 볼 수 있다. 콘스키와 머독(Konskey & Murdock)도 이와 유사한 입장을 취한 연구자들로서 "능력은 지식과 기술이라는 두 개의 차원을 갖고 있다. 지식은 인간관계에 영향을 미치는 수많은 요인들을 자각하고 이해하는 것을, 그리고 기술은 우리의 지식을 의식적이든 무의식적이든 실용적으로 적용할 줄 아는 것을 포함한다"40)고 설명하고 있다.

반면 기술이 능력을 포함하는 것으로 파악하는 데에는 "기술이란 특정한 업무에 적절한 소질과 능력이다"라는 사전적 정의41)와 관련이 있다. 예컨대 우리가 숙련된 기술을 지닌 축구선수나 협상가들을 고도로 능력 있는 사람으로 간주하는 것이 이에 속한다. 대인 커뮤니케이션 상황에서 '숙련된' 혹은 '능력 있는'이라는 평가를 얻으려면 효과적으로 수행하는 사회적 기술이 동반되어야 하기 때문이다.42)

그럼 여기서 사회적으로 숙련된 인간의 수행 기술이 무엇인가에 대해 알아본다. 원래 기술에 관한 연구는 심리학 분야에서 폭넓게 이뤄져 왔으며 행동 자체를 분석하는 운동 기술과 대인 상황의 상호작용을 통해 발현되는 사회적 기술을 다루어 왔다. 커뮤니케이션 능력과 관련해서는 수행 측면이 강조되고 있고, 이는 사회적 기술이나 성과의 기능을 모두 포함하는 개념이므로 일반적인 운동 기술(motor skills)과 사회적 기술(social skills)의 비교를 통해 그 개념을 보다 정확히 알아보는 일이 필요하다.

운동 기술의 성질에 대한 심리학자들의 관심은 모르스부호를 배우고

---

39) Ridge, A., "A Perspective of Listening Skills", in A. Wolvon, A., and Coakley, C. (eds.), *Perspectives on Listening*(Ablex, Norwood : NJ, 1993), p. 8.

40) Konskey, C., & Murdock, J., "Interpersonal Communication", in J. Cragan, J., & Wright, D. (eds.), *Introduction to Speech Communication*(Waveland Press, Prospect Heights : Illinois, 1980), p. 86.

41) *Chamber's English Dictionary* 참조.

42) 그러나 기술 그 자체는 행동의 과정으로 드러난다 해도 어디까지나 인지적이고 정서적이며 개념적인 활동에 의해 결정된다는 사실 또한 간과할 수는 없다.

타이핑 기술을 익히는 것에서부터 시작되었다.[43] 이후 운동 기술에 대한 정의가 잇따랐는데 마르테니억(Marteniuk)은 개념적 운동기술을 가리켜 "특별한 목적을 달성하기 위한 신체나 신체 일부 움직임이 포함되는 행동이다"[44]라고 했다. 이 정의가 강조하고 있는 것은 숙련된 행동의 목적 지향성이다. 즉 우연이나 비의도적이 아닌, 의도성을 의미하는 것이다. 위팅(Whiting)은 "인간의 기술 학습과 수행에는 어떤 과정이든 포함될 수 있다. 그 가운데 가장 큰 관심사는, 예정한 결과를 가져오는 운동 기술을 수행하기 위한 의도적인 시도 여부이다"[45]고 했다.

숙련된 행동의 기술을 논함에 있어 또 한 가지 중요한 것은 그것이 학습을 통해 얻어지는 것이어야만 한다는 데 있다. 숨쉬기나 기침 같은 선천적 행동은 기술의 범주에서 제외되는 것이 이 때문이다. 냅(Knapp)은 운동 기술을 "최대한의 확실성으로 예정된 결과를 가져오게 하는 학습된 능력"[46]이라고 했으며, 매길(Magill)은 "기술은 적절하게 수행하기 위해 각자가 학습할 필요가 있는 특성을 공통적으로 지니고 있다"[47]고 말해 역시 학습의 중요성을 강조했다.

이후 많은 연구들은 행동 기술이 본능적이거나 반사적인 운동보다 복잡하며, 작은 행동들의 구성 체계로 이루어져 있고 각 부분이 전체 수행에 기여한다는 사실 등을 밝혀왔다. 서머스(Summers)는 이러한 측면을 빗대어 "숙련된 수행은 어떠한 특별한 목적과 관련한 고도로 세련된 운동 패턴의 집합체이다"[48]라고 했고 프록터와 두타(Proctor & Dutta)는 "기술

---

43) 브라이언과 하터(Bryan, W., & Harter, N.)가 1897년 모르스 부호 기술에 대해, 우드 워스와 북(Woodworth, R., & Book, W.)이 1899년과 1908년에 각각 타이핑 기술을 연 구한 것을 지칭한 것으로, 이들 초기 연구가 밑바탕이 되어 심리학 분야에서 개념 적 운동기술 연구가 성행하게 되었다.

44) Marteniuk, R., *Information Processing in Motor Skills*(N.Y. : Holt, Rinehart & Winston, 1970), p. 13.

45) Whiting, H., *Concepts in Skill Learning*(London : Lepus Books, 1975), p. 4.

46) Knapp, B., *Skill in Sport*(Routledge & Kegan Paul, London, 1963), p. 4.

47) Magill, R., *Motor Learning : Concepts and Applications, 3rd edn.*(W. C. Brown, Iowa, 1989), p. 7.

48) Summers, J., "Motor Programs", in D. Holdings (ed.), *Human Skills*(N.Y. : John Wiley, 1981), p. 41.

은 목적 지향적이며 잘 정리된 행동으로서 노력을 통한 연습과 수행을 거쳐 습득된다"[49]고 했다.

운동 기술과 관련해서는 이밖에 다양한 정의들이 있고 개인의 기술 습득과정에 대한 논란이 있지만 웰포드(Welford)가 정리한 다음의 세 가지 특성[50]으로 압축된다고 볼 수 있다.

첫째, 목적 및 상황과 관련한 조직적이고 조화된 행동으로서 수행을 이루는 감각체계를 포함한다.

둘째, 사건이나 수행에 대한 이해가 반복적인 경험을 통해 축적된다는 면에서 학습되어지는 것이다.

셋째, 연속되는 성질로서 많은 절차나 행동이 순서 있고 조화롭게 한 장면으로 펼쳐진다. 따라서 운전 시 시동을 켜고 출발하기까지의 과정처럼, 미리 입력된 행동의 레퍼토리가 짧은 시간 동안에 연속적으로 수행된다.

한편 사회적 기술이라는 용어를 처음 사용한 학자는 크로스맨(Cross-man)이었다. 그는 산업조직의 경영 및 사회적 관계에 대한 자동화 영향을 밝히는 1960년 논문에서 자동화 공장에서 일하는 기사에게는 동료의 관점을 이해하는 동시에 자신의 관점을 전달하는, '동료들과 쉽게 커뮤니케이트할 수 있는 능력'이 결정적으로 중요하다고 지적하고, 이를 위해 '사회적 기술'을 연습해야 한다고 주장했다. 이후 그는 아가일과 공동으로 본격적인 연구에 돌입해 인간과 기계 및 인간과 인간 상호작용간 유사성을 밝히고자 했다. 이것이 바로 운동 기술과 사회적 기술을 비교하는 첫 번째 작업이었다.

이후 피츠와 포스너(Fitts & Posner)가 "인간은 타인과 커뮤니케이션 하

---

49) Proctor, R., & Dutta, A., *Skill Acquisition and Human Performance*(Sage, Thousand Oaks, 1995), p. 18.

50) Welford, A., *Ageing and Human Skill*(London: Oxford University Press, 1958), p. 17.

는 방법을 배워야 하고 자신이 속한 그룹의 복잡한 사회적 패턴을 익혀야만 한다"[51]면서 사회적 기술로서의 커뮤니케이션 기술의 중요성을 강조했고, 아가일과 켄던(Kendon)은 운동 기술의 특징을 사회적 기술 분석과 관련짓는 연구를 통해, "주요한 기술의 특성 가운데 하나인 수행 혹은 행동의 흐름은 지속적인 감각 입력의 조절 하에 있으며 행동의 성과는 성취의 표준이나 목적에 접근하는 정도와 짝을 이룬다"[52]면서 이를 사회적 기술 연구 상당부분에 적용할 수 있을 것이라고 말했다.

사회적 기술에 대한 연구자들의 다양한 정의를 종합해보면 운동기술과의 유사성이 발견된다. 가장 큰 유사성은 목적 지향성과 의도적 성질이다. 이는 기술이 행동과 동시에 수행되며, 성공하기 위해서는 인지 조절능력이 필요하다는 사실을 의미하기도 한다. 수행 기술 관점으로 커뮤니케이션 능력에 접근한 연구자와 연구 내용은 다음과 같다[53]:

〈표 9〉 수행 기술 관점에서 접근한 커뮤니케이션 능력 연구

관점	연 구 자	카테고리 및 특성	연도
수행 기술	Combs & Slaby, Phillips	교환 및 상호 작용 기술	1977 1978
	Spence, Kelly, Spitzberg & Cupach	목적 달성 기술	1980 1982 1984
	Ellis	목적 지향 및 상호 작용 기술	1980
	Libert & Lewinsohn	긍정적 반응을 극대화하고 부정적 반응을 극소화하는 행동 기술	1973
	Cartledge & Milburn	(상대방 커뮤니케이션에 대한) 상황적 반응 행동 기술	1980

---

51) Fitts, P., & Posner, M., *Human Performance*(Brooks-Cole, Belmont, 1967), p. 1.
52) Argyle, M., & Kendon, A., "The Experimental Analysis of Social Performance", in Berkowitz, L. (ed.), *Advances in Experimental Social Psychology: Volume 3*(N.Y. : Academic Press, 1967), p. 56.
53) Hargie, O., op. cit., pp. 10-12.

Rinn & Markle, Wilkinson & Canter	언어적, 비언어적 행동 기술	1982
Becker et al.	타인의 감정과 의도를 파악하고 적절한 타이밍과 대답 형태를 현명하게 판단하는 기술	1987

한편 슬로바다(Slobada)는 1986년 '기술은 무엇인가?'라는 글을 통해 숙련된 수행을 위한 다섯 가지 핵심 요소를 'FRASK'로 명명했다. 이는 유창성(fluent), 신속(rapid), 자동성(automatic), 동시성(simultaneous), 지식(knowledgeable)을 뜻하는 것으로, 운동 기술과 사회적 기술 간 유사성을 설명하는데 요긴하다. 각 요소의 특성을 운동 기술과 커뮤니케이션 기술로 대비해보면 다음과 같다.

첫째, 유창성 - 빙판 위에서 펼치는 스케이트 선수의 막힘 없는 묘기 : 텔레비전 사회자의 막힘 없는 진행

둘째, 신속 - 바둑 고수들의 바둑판 채우기 : 인터뷰 진행 시 광범위한 답변에 대한 재빠른 대응

셋째, 자동성 - 걷기 : 아는 사람을 만나면 주고받는 의례적 인사

넷째, 동시성 - 클러치를 밟으며 기어 변속하기 : 운전하며 심도 깊은 대화 나누기

다섯째, 지식 - 신호등 바뀌면 차 세우기 : 환자 문진 하기

그러나 운동 기술은 측정할 수 있지만 사회적 기술은 측정이 되지 않는다는 점, 사회적 기술에 대한 판단이 주관적이어서 훌륭한 기술이라 해도 받아들이는 사람이 동의하지 않으면 실패한다는 점등을 들어 운동 기술과 사회적 기술의 유사성을 인정하지 않는 연구자의 입장도 있다. 사회적 기술은 대인 상호작용에 참여한 사람에 한해 의미가 이해된다는 점도 운동 기술과의 차이점이다. 이 밖에 운동 기술과 사회적 기술의 차이를 알아보면 다음과 같다:

〈표 10〉 운동 기술과 사회적 기술의 차이

분　야	운동 기술	사회적 기술
상호작용	1인	다　수
감　　정	중요치 않음	중요함
개념화 과정	단　순	복　잡
나이 및 성별, 외모에 따른 반응	없　음	민　감

이상 커뮤니케이션 능력과 관련한 커뮤니케이션 기술의 특징을 정리하면 결국 목적 지향성과 상황적 적합성, 학습성, 인지 조절의 네 가지로 축약될 수 있다. 각각의 연구내용을 보다 자세히 알아보자.

① **목적 지향성**(goal-directed)

사회적 기술을 갖춘 행동은 목적 지향적이며 의도적이다. 커뮤니케이터는 원하는 결과를 얻기 위해 행동을 선택한다. 심리학 분야의 커뮤니케이션 능력 연구는 바로 이 같은 목적성에 오랫동안 주목해왔다. 인간 행동의 중요한 특징이 의도적이며 목적 지향적인 성질에 있다고 본 맥두걸과 밀러(McDougall & Miller), 코디(Cody), 맥래린(McLaughlin) 등의 학자가 이에 속한다.

② **상황적 적합성**(situationally appropriate)

운동 기술의 효과적 작동에는 상황적 자각이 중요하다는 사실이 오래 전부터 인식되어왔다. 웰포드(Welford)는 "인간과 외부 상황이 함께 기능적인 시스템을 형성하는 가운데 기술은 환경적 요구와 관련한 능력 사용에 특정한 방식을 제시한다."[54]고 말했으며, 엘리스와 위팅턴(Ellis & Whittington)은 "기술의 핵심적인 특징은 상황에 융통성 있게 대처하는 것이다."[55]라고 강조했다.

---

54) Welford, A., *Skilled Performance : Perceptual and Motor Skills*, Scott, Foresman & Co., Glenview, Illinois, 1976, p. 2.

55) Ellis, R., & Whittington, D., *A Guide to Social Skill Training*(Croom Helm, London, 1981), p.

상황과 기술의 관련성은 이러한 지적들이 아니더라도 상식적인 것에 속한다. 상황과 일치되지 않는 행동을 하는 사람에 대해 우리는 거부 반응을 느끼며, 당연히 그 사람의 사회적 기술이 부족하다는 평가를 내리게 된다. 그러나 중요한 것은 상황이 포함하는 범주가 단지 외부의 환경뿐만이 아니라는 점이다. 예를 들어 커뮤니케이션 기술이 적절히 사용되기 위해서는 대화 상대방 자신이 지닌 상황-연령과 성별, 지적 수준 등-이 고려되어야 한다. 같은 내용의 말을 전달하더라도 어린아이와 성인에게 하는 방식이 각각 달라야 하는 것이 좋은 예이다.

한편 어떤 한 상황에서 기술을 발휘했다고 해서 다른 상황에서도 늘 기술을 발휘할 수 있는 것은 아니다. 운동선수가 자신의 포지션을 벗어났을 때 전혀 기술을 발휘하지 못하는 경우를 생각해보면 알 수 있다. 그러므로 상황적 유사성이 많을수록 개인의 기술은 전이가 가능하다. 즉 테니스 선수는 배드민턴이나 스쿼시 같은 스포츠를 잘 할 수 있으며, 자동차 세일즈맨은 다른 영업직을 잘 수행해낼 가능성이 높다.

상황개입에 따른 운동 기술과 사회적 기술의 차이점을 발견할 수도 있다. 운동 기술이나 사회적 기술 모두 연속성을 지니고 있다는 점에서는 동일하나, 사회적 기술의 경우 상황의 개입 여부에 따라 중단되기도 하고 상호작용 참여자의 의사가 중요한 변수로 작용한다. 이를 자동차 운전과 구애 행위로 비교해보면 다음과 같다.[56] 즉, 운전은 점화과정 이후에 클러치를 밟고 액셀레이터를 누른 다음 기어 레버를 작동해서 브레이크를 푼 이후 운전대로 운전하며 라이트 스위치를 켜는 선형적인 운동 기술을 보이는데 반해, 구애 행위는 눈과 몸, 목소리, 손, 팔, 어깨, 허리, 입, 가슴, 성기 등이 산발적으로 짝을 이루어 행위로 이어지는 사회적 기술의 대표적인 예로 상황 개입 여부에 따라 짝을 이루어 행해지는 경우의 수가 상당히 다르게 전개될 수 있다는 것이다.

한편 대개의 경우 사회적 상황에 따라 기대되는 행동 양식이 있다. 호

12.

56) Morris, D., *Intimate Behaviour*(London: Cape, 1971) 내용을 참고, 변형한 것임.

텔 투숙 과정이나 병원을 방문해 의사의 진료를 받는 과정들이 대표적이
다. 이 경우 기대되는 행동 과정이 생략되거나 지금껏 배워온 것과 다를
경우 불만족을 느끼게 되지만, 그렇다고 해서 일이 진행되지 못하는 것은
아니다. 운동 기술이 반드시 필요한 자동차 운전과 달리, 사회적 기술은
기대되는 행동 과정이 꼭 지켜져야만 하는 것은 아니기 때문이다(물론 결
혼식 등 사회적 관습 및 의식 행위는 꼭 지켜야하는 예외적인 것에 속한다).

사회적 기술은 운동 기술에 비해 보다 유동적이며 개인화된 것이어서
규칙을 깬다고 해서 실패로 연결되는 것은 아니다. 즉 사회적 기술은 운
동 기술에 비해 개방적이고 자유롭기 때문에 각자는 자신에게 주어진 상
황에서 자신에게 맞는 행동을 적용할 수 있다. 사회적으로 통용되는, 공
통된 행동 절차를 지키더라도 적용하는 행동 기술을 다양화 할 수 있다.
따라서 사회적 상황을 아는 것은 사회적 기술의 중요한 부분이다.

③ 학습성(learning)

아동 발달에 있어 사회적 행동 개발 기회를 제공하는 가정교육의 중
요성이 강조되고 있는 것처럼, 행동 기술에 대한 학습은 매우 중요하다.
사회 학습 이론 개발자인 반두라(Bandura)에 의하면 기초적인 반응 행동
(눈 깜빡임, 기침 등)을 제외한 인간의 모든 행동은 부모나 친구, 교사 등
주변인을 모델 삼아 모방과정을 거쳐 학습되는 것이다. 또한 긍정적으로
평가받은 행동을 보다 자주 하게 되는 행동의 재강화 이론도 잘 알려져
있다. 그러나 모든 학습되는 행동에는 개인차가 분명히 존재한다. 커뮤니
케이션 기술도 마찬가지여서 어떤 사람은 보다 쉽게 학습하고 적용할 수
있다. 그리고 모든 기술은 연습을 통해 개선될 수 있다.

④ 인지 조절력(cognitive control)

행동에 관한 개인의 인지 조절력 또한 사회적 기술의 중요한 요소이
다. 파크스(Parks)는 "커뮤니케이션 능력을 갖추기 위해서는 기술을 알고
사용 방법을 알아야 하며, 행동을 하고 행동에 대한 평가를 해야 한다"는
말로 커뮤니케이션 조절 능력 요소에 관해 언급했다. 파크스가 말하는

계통적 조절 이론을 단계별로 살펴보면 다음과 같다.[57]

1단계 : 긴장 조절(intensity control / 근육 운동 및 척추 반응 단계)

2단계 : 감각 조절(sensation control / 안면 표정 단계)

3단계 : 통합 조절(configuration control / 수족 움직임, 스피치 패턴이 나타남. 언어 및 비언어 신호 해독 단계)

4단계 : 전이 조절(transition control / 목소리 톤 변화, 적절한 순간에 고개 끄덕임 등. 타인의 행동 의미를 파악하는 단계)

5단계 : 연속 조절(sequence control / 커뮤니케이션 내용 조절 단계. 이 단계부터 사회적 기술이 발휘될 수 있다)

6단계 : 관계 조절(relationship control / 원인 결과 등에 대한 개인 판단단계. 이 단계부터 더 높은 목적 달성을 위한 전략이 수행될 수 있다)

7단계 : 프로그램 조절(programme control / 다양한 커뮤니케이션 상황에 대한 예측 프로그램 작동 단계. 과거 경험했던 상황과 현재를 비교, 의사 결정을 내리는데 도움을 얻는다)

8단계 : 원칙 조절(principle control / 프로그램 조절을 목적에 부합시키는 단계. 예기치 못한 상황 등에서 프로그램 조절이 충분히 이뤄지지 않거나 이를 원칙에 맞추어 실행하지 못할 경우 행동에 실패가 발생한다)

9단계 : 시스템 개념 조절(system concept control / 이상화된 자아개념으로 원칙을 조절하고 프로그램을 결정한다. 예를 들어 믿을만한 사람이 언제나 진실을 말하고 의무를 수행하는 것을 말한다)

그럼 이제 개인의 사회적 기술을 바탕으로 실제 커뮤니케이션 상황에서 발현되는 커뮤니케이션 능력이 타인에게 어떻게 인식되어 판단에 이르게 되는지 알아보기로 하자. 특히 이 가운데 비언어적 커뮤니케이션

---

57) Parks, M., "Communication Competence and Interpersonal Control", in Knapp, M., & Miller, G. (eds.), *Handbook of Interpersonal Communication 2nd edn.*(Sage, Thousand Oaks), pp. 591-593.

영역에 대해 보다 자세히 살펴보자.

4) 커뮤니케이션 능력의 판단 기준

한 개인의 커뮤니케이션 능력은 결국 타인에 의해 판단된다. 예컨대 축구선수는 실제 경기를 어떻게 펼치는가에 따라 숙련도를 평가받고 능력을 인정받는다. 마찬가지로 대인 커뮤니케이션에서는 사회적 만남의 과정에서 표출되는 숙련된 행동이 능력으로 평가된다. 그러므로 능력 있다고 판단될 수 있는 행동을 하는 일이 매우 중요하지만 상호작용 상황에서 그것이 전부는 아니다. 반드시 상대방으로부터 능력 있다는 판단을 얻어야 하기 때문이다. 롤로프와 켈러만(Roloff & Kellermann)은 "능력이란 수행의 일정 기준을 만족시키는 행동에 대한 판단이다."라고 말한 바 있다. 그들의 연구를 중심으로 커뮤니케이션 능력의 판단 기준에 대해 알아보면 다음과 같다.[58]

(1) 대인관계

힌데(Hinde)에 따르면 대인관계란 "두 사람간의 간헐적인 상호작용의 일종으로 오랜 시간에 걸친 상호교환을 포함하는 것"[59]으로, 대인관계에서는 교류가 거듭되면서 경험에 의한 상대방 행동 예측이 가능해지고 예측을 통해 수행을 평가하게 된다. 물론 이러한 예측을 가능케 하는 것 가운데에는 상대방이 문화적으로 어떤 그룹에 속하는가를 통한 추정이 여전히 큰 몫을 차지하지만, 대인관계가 지속될수록 상대방에 대한 관찰을 통한 예측에 더욱 의존하는 경향을 띤다. 이렇듯 대인관계에 있어 예측이 중요한 수단이 되는 것은 상대방 행동에 대한 예측이 불가능할 경우, 상호작용 및 교류에 불편함이 초래되기 때문이다(표면적으로 친분을 유지하는 관계에서는 예외이다).

---

58) Roloff, M., & Kellermann, K., "Judgements of Interpersonal Competence", R. Bostrom(ed.), op. cit., pp. 176-190.

59) Hinde, R., *Towards understanding relationship*(NY : Academic Press, 1979), p. 14.

대인관계에서는 또한 공통된 화제가 중요하며 이로써 상대방에 대한 보다 많은 정보를 요구하는 경향을 보인다. 공유하는 정보 양이 많아질수록 대인관계가 진전되며, 관계가 진전될수록 각기 독특한 방식으로 상대방의 신호를 해석할 수 있게 되어 목적이나 동기를 따로 설명하지 않아도 상대방과의 커뮤니케이션이 가능하다. 예컨대 켄트와 데이비스, 샤피로(Kent, Davis & Shapiro)는 1978년과 1981년 두 차례에 걸쳐 일체의 질문을 금지하는 상황을 설정하고 커뮤니케이션 수행 능력을 연구한 바 있다. 이 결과, 친구관계에서는 정확하고 효율적인 커뮤니케이션이 가능했으나 낯선 사람들 간에는 이 같은 상황이 중대한 방해요소로 작용한 것으로 드러났다.

대인 커뮤니케이션은 곧 대화(conversation)를 의미하며, 이는 일상적인 대화에서 시작되어 사실의 교환, 의견제시, 감정 표현의 네 가지 단계로 발전된다. 아래 그림에서 동심원 안쪽으로 진입할수록 대인관계가 진전되는 것을 의미한다.

 그림 5 대화의 상호작용 발전 단계

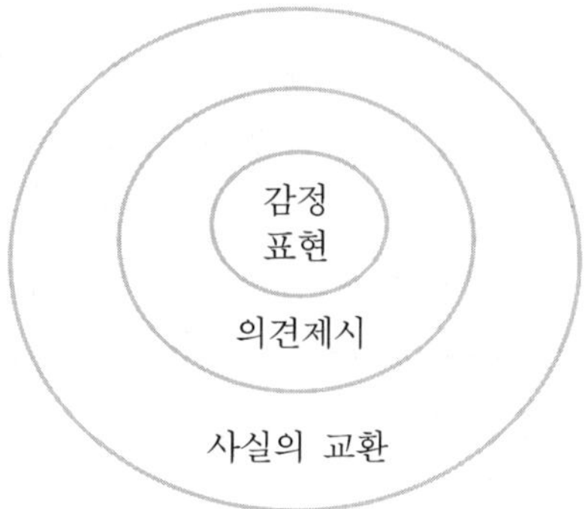

* 출처 : Ronald B. Adler 지음, 김인자 역, <인간관계와 자기 표현>,
한국심리상담연구소, 1990, pp. 222-226.

그러나 대인 상호작용에 있어 외부 관찰자는 참여 당사자의 언어 및 비언어 신호를 완전히 이해할 수 없다. 또한 상호작용 참여자에 대한 사전 지식이 없을 경우 그들이 나누는 대화를 해독하는데 어려움을 안게 된다. 이로 인한 문제 발생을 최소화하기 위해 외부 관찰자와 상호작용 참여 당사자는 동일한 문화권에 속해야 한다.

(2) 현저한 언어 및 비언어 행동(salient verbal and nonverbal behavior)

대인 상호작용을 통해서는 수많은 언어와 비언어 신호가 생산된다. 언어를 이용한 신호로는 단어, 말씨, 호소력 등이 있고 비언어를 이용한 신호로는 언어의 음색 및 언어 신호와 동시에 일어나는 안면, 신체, 수족 움직임 등이 있다. 이들 신호는 너무 많은 양이 한꺼번에 일어나기 때문에 능력으로 판단하는데 어려움이 있다. 이에 대해 테일러와 피스크(Taylor & Fiske)는 "대부분의 의사결정은 즉석적인 판단에 의거한다. 사람들은 주변 상황의 현저한 자극에 대해 별 생각 없이 반응하는 경우가 많다. 의견 표출, 상대방에 대한 인상 등은 사소하지만 매우 현저한 자극에 의해 형성되는 것으로 보이는데 비교 상황적으로 보자면 일관성이 거의 없다."[60]고 말하고 있다. 그러나 이와 달리 "사람들은 대체로 상황적 자극에 무감각하지만 기대를 깨는 돌출 행동이 일어나면 그 때부터 주목과 함께 자각이 증대된다"는 주장도 제기되고 있다. 커뮤니케이션 능력을 판단함에 있어 현저하게 드러나는 특성에 보다 주목하고 판단의 근거로 삼기 쉽다는 것이다.[61]

대부분의 연구는 환경이 주는 자극 가운데 '신기함'이 가장 현저한 요인으로 작용하는 경향이라고 밝히고 있다. 여기서 신기함이란 기존에 지니고 있던 기대를 위반하는 것으로, 일반적인 의미에서의 신기함이라기보다 자신이 속한 커뮤니케이터 그룹의 예상을 깨는 행동을 말한다.

---

60) Taylor, S., & Fiske, S., "Salience, attention, and attribution : Top of the head phenomena" in Berkowitz, L. (ed.) *Advances in experimental social psychology, vol. 11*(NY : Academic Press, 1978), p. 252.

61) 이 부분은 면대면 관찰자보다 미디어가 개입된 상황, 특히 텔레비전 시청자들에게서 나타나기 쉬운 속성으로 생각된다.

그러나 기대를 깨는 행동 모두가 현저한 행동으로 간주되지는 않는다. 주목을 받기 위해서는 해당 행동의 횟수가 아주 많거나 반대로 아주 적은 경우처럼 관찰자의 관심을 모을 수 있는 일정 수준을 넘어서야 한다. 그리고 커뮤니케이터를 정면에서 마주 대하지 않는 관찰자일 경우 상호작용 참여자가 통상 주목하게 되는 안면 표정 등이 아닌, 다른 행동에서 현저한 요인을 발견할 수도 있다.

또한 대인관계가 진전되면 현저한 행동에 대한 개념이 바뀌는 특성도 있다. 대인관계 초기에 있어 현저한 행동은 일반적인 예상을 깨는 것으로 인식되지만, 상호작용이 거듭될수록 상대방 개인에 대해 기존에 쌓은 기대감을 깨는 행동으로 변화한다. 기대를 벗어난 행동은 상대방을 좀더 면밀하게 주시하게 함으로써 동시에 일어나는 관련된 행동에 좀더 관심을 갖게 만드는 부수적인 효과도 있다. 그러나 만약 아무런 현저한 행동이 관찰되지 않을 경우, 실제 행동이 아닌 커뮤니케이터에 대한 기대심리가 능력을 판단하는 잣대가 된다. 이러한 비이성적인 판단의 근거는 과거에 비슷한 타입의 사람으로부터 형성된 경험에서 비롯된다. 그러나 현저한 행동에 대한 판단이 개인에 따라 다르기 때문에 커뮤니케이션 능력에 대한 평가는 각기 다르게 나타나며, 통상적으로 커뮤니케이터에 대한 접촉이 적을수록 현저한 행동을 인식하는 횟수가 많아진다.

(3) 수행 기준

사람들은 일반적으로 특정한 타입의 인물이 어떠한 행동을 수행할 가능성에 대한 기대치를 갖고 있는데 이를 수행 기준이라고 한다. 예컨대 듣는 도중 미소를 띠며 대응하는 횟수와 설득 혹은 경청 같은 행동 사이에 관련성이 존재한다고 믿는 것 따위가 그것이다. 미소라는 행동에 일단 주목하게 되면 설득력이나 경청도에 대한 평가를 예상하게 된다는 것이다. 이를 다음과 같이 확대, 설명할 수 있다.

<표 11> 수행 기준에 따른 사례

수행 기준	사 례
행동과 표준 사이의 인지된 관계를 반영한다	크게 말할수록 설득력이 커진다고 믿는다
부정적인 행동이 증가할수록 표준에 접근할 성공률이 낮다	말을 유창하게 하지 못할수록 설득력이 떨어진다고 믿는다
비선형적 관계가 존재한다(역 U자형 그래프)	눈맞춤이 너무 많거나 너무 적은 것은 친하지 않은 관계에서 나타난다

한편 수행 기준에 있어 가장 중요한 것은 궁극적으로 어떤 표준의 틀을 적용하는가하는 문제이다. 롤로프와 켈러만은 다음의 다섯 가지를 제시하고 있다.

① 커뮤니케이터가 상대방에게 언어 및 비언어 커뮤니케이션을 어느 정도 적용하는가?
② 커뮤니케이터가 상대방에게 어느 정도나 자신을 이해시키고자 하는가?(표현의 명료성 및 개방성)
③ 커뮤니케이터의 설득적 영향력은 어느 정도인가?
④ 커뮤니케이터가 얼마나 이해력이 있어 보이는가 혹은 편안하게 여겨지는가?
⑤ 노턴의 커뮤니케이터 스타일 분류에 어느 정도 부합하는가?

2. 언어적 능력과 비언어적 능력

궁극적으로 주변 사람과 사물에 대해 감지하고 뜻을 통하게 하며 반응하는 행위인 인간의 커뮤니케이션은 개개인이 처한 환경에 자신을 조화시켜 보고, 듣고, 이해하며 지식을 쌓는 방법을 통해 개발된다. 그러나 어느 누구도 동일하게 환경을 인식하지 않으며, 유전적으로 같은 조건의 환경 적응력을 타고나는 하등 동물들과 달리 인간에게는 엄연한 개인차가 존재한다.

앞서 살펴본 대로 한 개인의 커뮤니케이션 능력에는 기본적인 가치와 규범에 대한 지식은 물론 언어적·비언어적 대화 전개 능력, 사회적 행위로서의 언어사용 능력, 그리고 언어적 측면을 표현하고 해석하는 능력인 사회적 현실감까지 광범위하게 포함된다. 이 가운데 언어 및 비언어적 능력을 보다 자세히 알아본다.

1) 언어적 능력

한 개인의 능력은 말을 통해 표출되는 것이 보통이고, 오늘날과 같이 복잡하고 바쁜 사회 환경에서는 언어적 능력이 곧 능력으로 평가되는 경향이 크다. 그렇다면 언어적 능력이란 무엇을 말하는가? 커뮤니케이션 능력이 포괄하는 개념이 워낙 넓고 이 가운데 언어적 능력을 따로 구분하는 일은 매우 어렵다. 그러나 당초 커뮤니케이션 능력 연구가 언어학적 관심에서 처음 출발한 데서 볼 수 있는 것처럼, 언어는 커뮤니케이션 능력 발휘에 있어 불가결한 요소로 가장 먼저 꼽힌다. 의사소통 상황 안에서 실제 쓰이는 말을 연구한 실용 언어학자들은 다음과 같은 연구결과를 통해 언어의 중요성을 밝히고 있다. 그러나 결론적으로 말하자면 언어적 능력은 언어로 표현되지 않는 비언어적 능력까지 포괄하는 총체적인 것이다. 실용 언어학자들의 커뮤니케이션 능력 개념 정리를 통해 언어적 능력에 대해 보다 자세히 알아보자.

(1) 사회적 언어 능력

일찍이 소쉬르(Saussure)는 언어를 '랑그'(langue)와 '빠롤'(parole)로 구분하였다. 여기서 '랑그'는 사회 각 구성원의 머리에 축적된 기억(인상)들의 표현형식으로 존재하고, '빠롤'은 사람들이 언어를 가지고 말하는 개인적 행동이다. 촘스키(Chomsky)는 이를 바탕으로 언어 능력(랑그적 측면)과 언어 수행(빠롤적 측면)을 엄격하게 구별하고 "인간의 언어적 능력 본질은 언어수행이 아닌 언어 능력의 개념을 통해 규명되어야 한다"[62]고 강조했다. 촘스키가 말하는 언어 능력은 모국어의 규칙과 규정에 대해 본능적이며 직감적으로 타고나는 지식과 능력으로, 문장이 어법에 실제로 맞는가를 직감적으로 아는 언어학적이고도 문법적 능력을 뜻한다. 또 언어수행은 이러한 규칙에 맞게 실제로 표현하는 것을 말한다. 요컨대 촘스키가 관심을 가진 부분은 화자·청자가 완전히 동질적인 이상적인 언어 사회 내에서 작동하는 지식체계로서의 언어 능력이다.[63]

그러나 이후 하임(Hymes)을 중심으로 한 사회 언어학자들은 언어를 사용 맥락과 무관한 자율적인 기호체계로만 볼 수 없으며, 의사소통의 살아있는 수단으로 보아야 한다는 이유를 들어 언어 능력에 국한한 촘스키식 접근방식에 회의를 갖게 되었다. 사회 언어학에서는 언어를 단순한 기호체계로 보지 않는다. 언어의 사회적 기능을 밝혀내고 이를 위해 어떤 언어형식이 체계적으로 선택되는가를 기술한다. 여러 가지 사회적 요건이 만들어내는 규칙을 살피는데 의미를 두는 것이다. 아래 <그림 6>은 하임이 밝힌 사회언어학적 규칙이다.

하임은 사회 언어학적 체계를 기술하는 방법으로 일종의 성분 분석을 제안하기도 했다. 다음의 <표 12>는 언어행위의 사회적 성분과 그에 대한 설명이다. 하임은 이를 통해 일종의 대화규칙을 만드는 것이 가능하다고 보았다

---

62) Chomsky, N., *Aspects of the Theory of Syntex*, Cambridge : Mass, MIT Press, 1965, pp. 3-9.
63) 촘스키가 설명하는 언어능력은 첫째, 어떤 문장이 문법적이냐 비문법적이냐를 구분해낼 수 있는 능력, 둘째, 들어보지도 못하고 말해보지도 못한 수많은 문법적인 문장을 듣고 이해할 줄 알고 쓸 수 있는 능력, 셋째, 표면상으로는 서로 다른 구조를 가진 두 문장이 같은 뜻을 가진 문장임을 아는 능력, 넷째, 표면구조상으로 한 문장이 둘 또는 그 이상의 뜻으로 해석된다는 것을 아는 능력으로서 모두 문법적인 토대를 바탕으로 한다.

 사회 언어학적 규칙

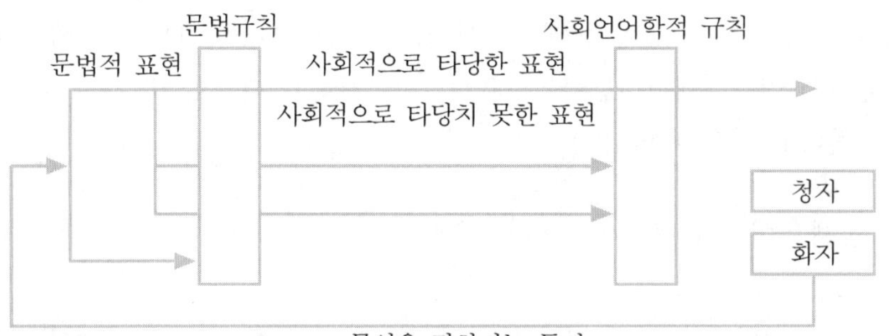

그림 6

* 출처 : Hymes, D., "On Communicative Competence", in Pride & Holes(eds.), *Socialinguistics*(Harmonds-Worth, Middlesex : Penguin, 1972), pp. 29-35

〈표 12〉 언어 행위의 구성성분

행동상황	언어행위가 일어나고 있는 때와 장소(setting), 또는 심리적·문화적 각도에서 본 장면(scene).
참 여 자	언어행위에 참여하고 있는 사람들, 즉 화자와 청자간의 사회적 지위나 친분관계.
목 적	언어행위의 목적
행동 시퀀스	메시지의 형식과 내용, 즉 화제(topics)
어 조	말하는 품(tone, manner, spirit)
수 단	말의 전달수단
규 범	상호교류의 규범(norms of interaction)과 언어행위의 의미를 해석하는 규범(norms of interpretation)
장 르	시, 설화, 기도문, 연설문, 상용문 등의 범주를 말하는 장르.

* 출처: Hymes, D., op. cit., pp. 58-65.

실제 사회생활에서 의사소통 수단으로 쓰이는 언어는 다양한 행위 요소를 지니고 있다. 하나의 언어적 표현이 발생하기까지 도출과정에는 언어 외적인(특히 사회적인) 요소들이 많이 개입된다. 따라서 문법 능력에 편향된 촘스키의 시각은 한 인간이 한 언어사회 일원으로 제대로 기능하기 위해 지녀야 할 능력이 무엇인가를 설명하는데 미흡하다고 본 것이다. 적절한 상황에서의 적절한 언어사용에 대한 지식, 즉 언어사용의 사회적 규칙에 대한 설명이 배제되어 있기 때문이다. 하임은 이로써 보다 포괄적인 커뮤니케이션능력의 개념을 언급하면서 다음의 네 가지 능력이 중요하다고 말하고 있다.64)

첫째, 어떤 표현이 형식상 문법에 맞는가를 판별하는 능력(이는 촘스키의 개념과 유사하다).

둘째, 어떤 표현이 실제 상황에서 생성되거나 이행될 수 있는가를 판별하는 능력, 즉 실행 가능성에 관한 것이다. 문법적으로 아무 문제가 없다 하더라도 매우 어려운 문장인 경우 인지능력의 한계를 고려해 실행 여부를 판단하는 것이 이에 속한다.

셋째, 어떤 표현이 사용되거나 평가되는 상황에 비추어 적절한가를 판별하는 능력이다. 즉 적의성을 말하는 것으로 문법적으로나 실행 가능성에 아무런 문제가 없더라도 상황에 적절한지 부적절한지 판단하는 능력이 필요하다. 이는 곧 사회적 의미의 타당성에 관한 지식을 의미한다.

넷째, 어떤 표현이 사용되었을 때 어떤 행위가 이루어지고, 또 그 행위가 무엇을 의미하는 것인지를 판별하는 능력이다. 만약 한 사회에서 금기시 되는 말이 있다면 사용하지 않는 능력이 여기에 속한다.

폴스톤(Paulston)은 하임의 정의를 바탕으로 보다 구체적인 단계별 구성요소를 제시하였다. 제1단계는 언어의 법칙과 말하기에 대한 이해 단계이며, 제2단계는 실행하기 위한 연습단계이고, 제3단계는 언어의 사회적 법칙을 실행하는 단계이다. 폴스톤은 커뮤니케이션 능력을 언어사용에 대한 사회적인 규정으로 정의하면서, 이러한 지식을 갖출 때 비로소 상호 작용 속에서 의사소통을 지속할 수 있다고 설명한다.

---

64) Hymes, D., op.cit., p. 281.

그림 7 폴스톤의 의사소통 단계

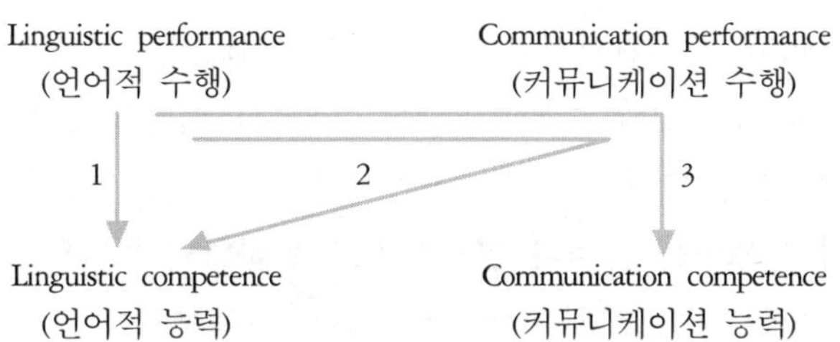

* 출처 : Hymes, D., "On Communicative Competence", in Pride & Holes(eds.), *Socialinguistics*(Harmonds-Worth, Middlesex: Penguin, 1972), pp. 29-35

사비그넌(Savignon)은 커뮤니케이션 능력이 사회·문화적 맥락에서 언어를 사용하는 능력 외에 외국어로 자신을 표현하고자 하는 의지, 문법 기능의 숙달, 비언어적 요소에 대한 지식 등을 포함한다고 보았다. 또한 인간 내부적인 구성개념이 아니라 인간과 인간 사이의 구성개념이라고 강조하면서 다음의 다섯 가지 특징을 제시하였다.[65]

첫째, 커뮤니케이션 능력은 정적인 개념이라기보다는 동적이고, 서로 의견을 주고받는 둘 또는 그이상의 사람들 사이의 의미협상에 의해 좌우된다. 인간내부의 구성개념이 아니라 대인관계의 구성개념이다.

둘째, 절대적인 것이 아니라 상대적인 능력이다. 따라서 의사소통에 관계하는 모든 사람들의 협조에 의해 좌우된다.

셋째, 문자언어와 음성언어에 모두 적용된다

넷째, 맥락이 중요하다.

다섯째, 언어 능력은 잠재적인 능력으로 아는 것이며, 언어 수행은 언어 능력의 명백한 표현으로서 행하는 것이다.

---

65) Savignon, S., *Communicative Competence : An Experiment in Foreign-Language Teaching*(Philadelphia: The Center for Curriculum Development, 1972) p. 8.

할리데이(Halliday)는 인류학자인 말리노프스키(Malinowski)의 강력한 영향을 받아 상황 맥락과 의미에 담긴 언어 현상을 연구하였다. 일찍이 말리노프스키는 하나의 발화문은 상황 맥락 속에서만 이해가 가능하다고 주장했다. 할리데이는 문법적인 현상을 사회적 맥락에서 설명하기 위해 단순히 언어 자체 체계에만 관여하는 것이 아니라, 의사소통 상황에서 언어가 실제로 쓰이는 방식과 연결시키고자 하였다. 언어의 사회 의미론적 측면과 언어사용에 관한 그의 연구에서 주목할만한 것은 언어의 '의미 잠재력(meaning potential)'이다. 의미 잠재력이란 '화자·청자에게 가능한 의미 내의 취사선택의 집합'이다.66) 이는 우리가 언어를 사용할 때 그것이 사용되는 상황에 결부시켜 접근해야만 그 언어의 체계를 이해할 수 있다는 의미이다. 문법적인 체계에서의 선택을 사회적 상황 및 행동 영역에서의 의미 잠재력과 결부시킬 수 있어야만 언어 체계 본질에 대한 통찰력을 더 많이 얻을 수 있다는 것이다.

할리데이는 행동 - 의미 - 문법의 3단계가 서로 연관되어 있으며, 각각의 단계는 개인들이 만들 수 있는 선택의 집합을 지닌다고 주장한다. 집합의 내용은 행동이나 문법만으로 분석하기에 충분치 않으며, 의미 선택을 통해 분석하기 위한 '의미 연결망'이 필요하다.67) 의미가 망으로 연결되기 위해서는 다음의 세 가지 요건이 충족되어야 한다.

첫째, 주어진 의미 영역 안에서의 다양한 의미를 설명해야 하며 선택

---

66) Halliday, M., "Toward a Sociolinguistic Semantics", *Explorations in the Functions of Language* (London : Edward Arnold, 1973), p. 72.

67) 할리데이는 언어의 성격을 이해하기 위해 도구성을 강조하여 의미 잠재력과 관련시키고자 했다. 가령 한 소년이 건축 공사장에서 이웃집 아이와 놀다가 어떤 물건을 집에 가져왔을 때, 어머니는 이를 허락하지 않으려는 표현을 하게 될 것이다(어머니는 비언어적인 것을 포함하여 몇 가지 행위를 취사선택할 수 있다). 발화할 수 있을 법한 것을 분석하는 데에도 두 가지 방법이 있다. 하나는 행위적인 것이고 다른 하나는 문법적인 것이다. 그러나 행위분석은 여러 가지 행위범주가 언어의 문법에 의해서 어떻게 구현될 수 있는가에 대한 정보를 제공해 주지 못하고, 문법분석은 문법적 자질을 행위범주에 관련시키려는 시도를 하지 못하기 때문에 이들 두 유형의 분석간에는 관련이 없다. 그러므로 문장을 의미 취사선택의 집합 개념으로 분석하기 위한 의미 연결망이 필요해진다.

의 상관 관계 또한 서술해야 한다.

둘째, 행동 선택에 따른 사회언어학적 분석을 할 수 있어야 한다. 즉 사회의미가 어떻게 언어에 표현되는가를 설명해야 하는 것이다.

셋째, 문법적 분석에 관련함으로써 행동양식과 언어형태 사이 교량 역할을 담당해야 한다. 이렇게 되면 의미 연결망은 언어 밖에 있는 사회적 체계와 언어 안의 문법체계를 중재하는 층(stratum)을 형성한다.

(2) 전략적 언어 능력

그림 8 전략적 언어 능력의 발현 과정

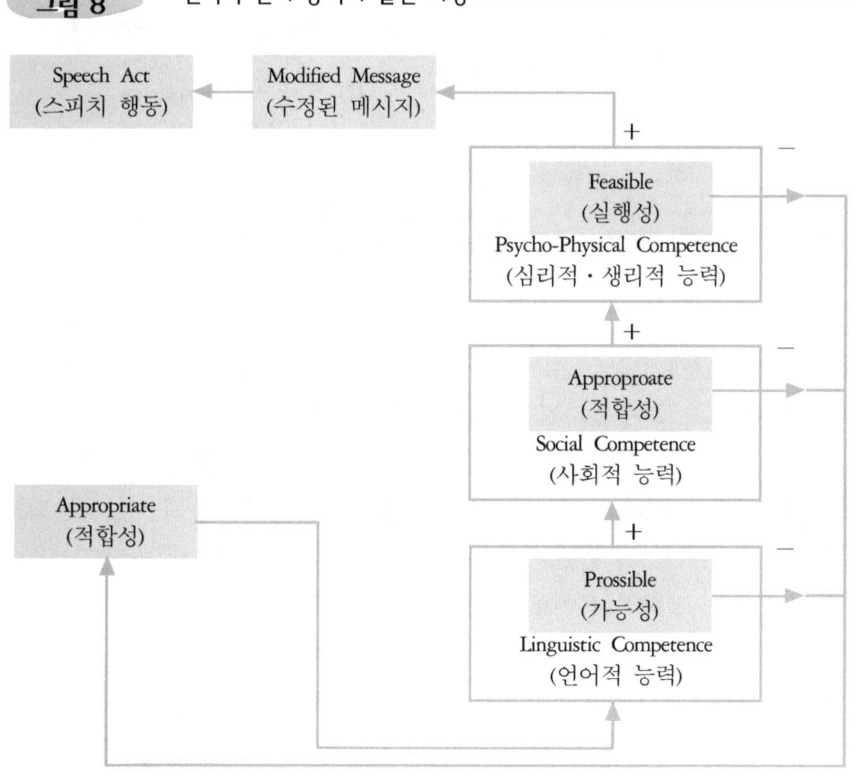

* 출처 : Bell, H., Social Linguistics(New York : S. T. Martin's, 1976), p. 211.

커뮤니케이션 능력을 정의함에 있어 전략적 언어 능력의 중요성을 언급하고 있는 연구도 많다. 벨(Bell)은 앞서 하임이 제시한 네 가지 커뮤니케이션 능력을 기초로 다음과 같은 모형을 제시하고 있다.

다음은 올라이트(Allwright)의 언어능력과 커뮤니케이션 능력 사이의 관계를 나타낸 모형이다.

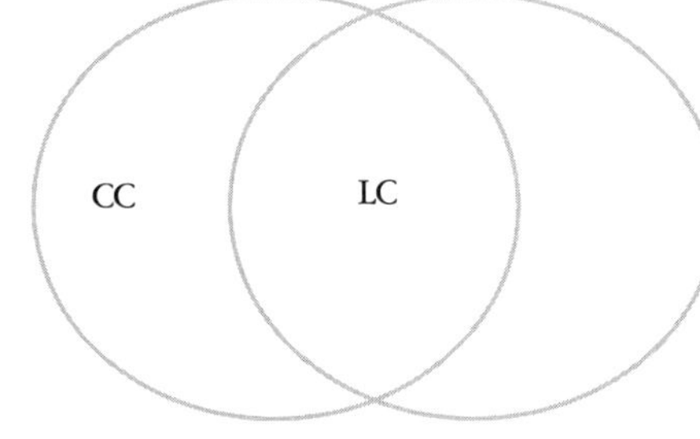

그림 9 언어 능력과 커뮤니케이션 능력과의 관계 모형

* 출처 : Allwright, R., "Language Learning through Communciation Practice", ELT Documents, British Council(1977), p. 14.

위의 그림에서 보는 것처럼 언어능력의 어떤 부분은 커뮤니케이션 능력과 본질적으로 무관하지만 대체로 일부분에 속한다. 커뮤니케이션 능력은 문법적 언어능력 보다 넓은 의미의 능력이라는 것을 보여준다.

위도우슨(Widdowson)은 언어의 개념을 실제로 사용할 수 있는 능력과 문법적 지식으로 구분했으며, 문법적인 지식은 다시 사용(use)과 용법(usage)이라는 전략적 용어로 나누어 설명했다. 위도우슨이 말하는 커뮤니케이션 능력은 정확한 문장을 구사할 수 있는 능력과 함께, 어떠한 상황에 적절한 문장 표현이나 이해 능력을 포함하는 것이다. 그는 언어사용 방법을 몰라도 수많은 문장 형태와 단어를 학습하는 것이 가능하다고 주장하는 한편, 언어능력이 곧 실제 상황에서 사용 가능한 '살아있는 언어'로 연결되지 않는다는 점을 강조했다.68)

바흐만과 팔머(Bachman & Palmer)는 커뮤니케이션 능력을 문법적 능력과 어휘, 형식의 일관성, 조직 등을 포함하는 화용적 능력, 사회언어학적 능력의 세 가지로 분류하고 있다. 사회언어학적 능력에는 그 사회에서 통용되는 비유적인 언어사용 능력 - 비언어적 요소 - 가 포함되어 있다. 바흐만은 커뮤니케이션 능력을 '언어능력'이라고 명명하고 이를 구성하는 요소들을 바탕으로 다음과 같은 조직적 계열도로 제시했다.

그림 10   바흐만의 언어 능력 구성요소

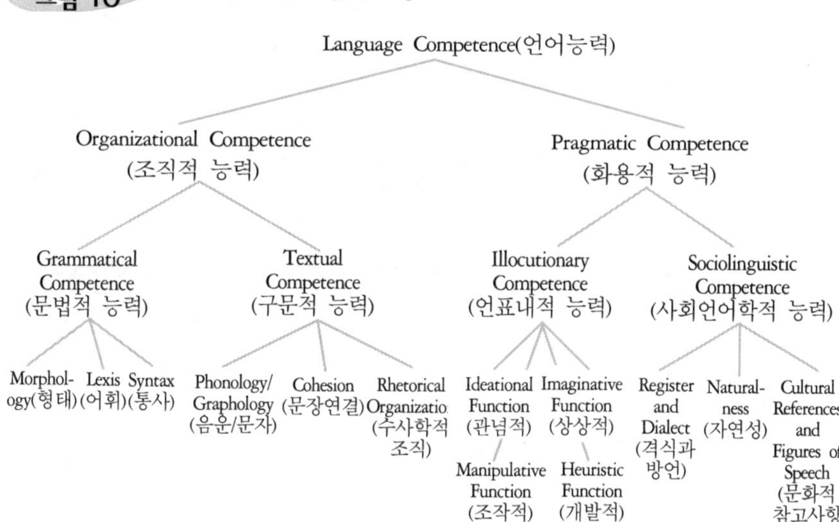

* 출처 : Bachman, L., *Fundamental Considerations in Language Testing Reading*(MA : Addison-Wesley Publishing Company, 1990), p. 87.

위에서 보듯 언어능력은 크게 조직적 능력과 화용적 능력으로 나뉜다. 조직적 능력은 어휘, 형태, 통사, 음운 및 문자 등을 포함하는 문법

---

68) Widdowson, H., *Teaching language as communication*(Oxford : Oxford University Press, 1978) 참조.

능력과 문장 연결, 수사학적 조직 등을 포함하는 구문 능력을 의미한다.
또 화용적 능력은 정보교환 기능, 상황통제 기능, 교육인지 기능, 창작
예술 기능 등을 포함하는 언표 내적 능력과 방언 혹은 변이형에 대한 민
감도, 격식에 대한 민감도, 자연성에 대한 민감도, 문화적 참고사항 및
말의 수사 등을 포함하는 사회언어학적 능력을 아우르는 것이다.

바흐만은 '커뮤니케이션 언어 숙달(CLP) 모형'이란 것도 발표하였는
데, 이를 구성하는 요소로는 언어능력, 책략적 능력, 심리-생리적 기제가
있다. 다음 그림은 이를 설명하는 것이다.

그림 11 바흐만의 CLP 모형도

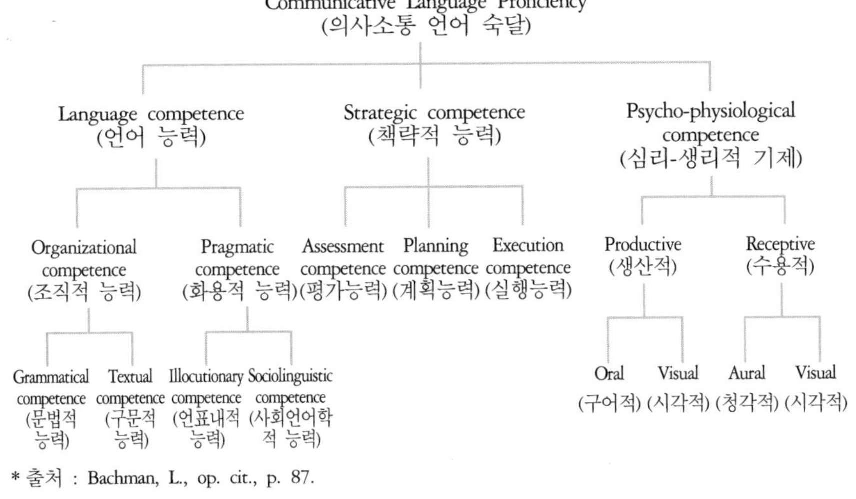

* 출처 : Bachman, L., op. cit., p. 87.

(3) 종합적 언어 능력

캐널과 스웨인(Canale & Swain)은 커뮤니케이션 능력에 문법적 능력,
사회 언어적 능력, 전략적 능력 등 세 가지 하위능력을 상정하였고[69] 이

---

69) Canale, M., & Swain, M., "Theoretical bases of communicative approaches to second language

후 캐널이 담화능력을 추가하여 모두 네 가지 능력으로 확장시켰다.[70] 이를 좀 더 구체적으로 살펴보자.

첫째, 문법적인 능력은 어휘, 철자, 발음, 단어, 문장형성 등과 같은 언어 규칙 및 특질을 포함하는 것으로 문자상의 의미를 정확하게 이해하고 표현하는 능력을 말하는 것이다.

둘째, 담화 능력은 일련의 담화에서 문맥의 의미를 통하게 하여 문법적인 요소와 전달하고자 하는 의미를 구성하는 능력이다. 이 능력은 문법적인 형태에서 대명사, 접속사, 동의어, 생략, 그리고 병렬구문과 같은 것을 인지하는 형식의 결합성과, 동일한 담화 내에서 서로 다른 의미의 발화문과의 관계를 이해하는 내용의 일관성을 포함한다.

셋째, 사회 언어학적 능력은 언어가 사용되는 사회적 상황 속에서 화자와 청자의 역할과 서로 공유하는 정보, 규범에 따라 언어를 표현하는 능력이다. 즉, 대화자의 신분, 지위, 연령이 고려되는 능력이다.

넷째, 전략적 능력은 언어 수행의 변수 혹은 부족한 언어 능력 때문에 발생하는 소통의 좌절을 보완하기 위해 사용되는 언어적·비언어적 소통전략이다. 이는 불완전한 지식에 대처하여 의사소통을 원활하게 지속시킬 수 있는 능력으로 예를 들면 반복, 추측, 부연설명, 단순화, 몸짓, 얼굴표정 등이 이에 속한다.

2) 비언어적 능력

언어적 능력에서 이미 살펴보았듯이 비언어를 제외한 언어 능력이란 따로 존재하지 않는다. 효과적인 커뮤니케이션 기술은 언어와 비언어를 포함하며, 더 나아가 비언어의 중요성이나 활용 가치는 우리가 생각하는 이상으로 크다. 비언어의 특성을 포함한 전반적인 비언어적 능력에 대해

---

teaching and testing", *Applied Linguistics*(1980), pp. 40-42.

70) Canale, M., "Communicative competence to communicative language pedagogy"(pp. 2-27). in J. C. Richards & R. Schmidt (eds.). *Language and Communication*, 1983 참조.

자세히 알아보기로 하자.

(1) 비언어의 중요성

일반적으로 효과적인 대인 커뮤니케이션의 특성을 설명하는 접근 방법으로는 인본주의적 심리학을 토대로 하는 인문주의적 시각과 커뮤니케이션의 화용적 접근 방법을 토대로 하는 화용적(혹은 행동적) 시각이 있다. 두 가지를 비교하여 알아보자.

<표 13> 인문주의적 시각과 화용적 시각의 특성

구 분	특 성	연구자
인문주의적 시각	개방성(적절한 자아노출), 감정이입, 지지성, 긍정성, 평등성	Abrham Maslow, Gordon Allport, Carl Rogers 등
화용적 시각	자신감, 결합성(언어적 비언어적 일체감의 조성을 의미. 적절한 눈맞춤, 육체적 근접, 개방적 제스처 등), 상호작용 관리, 표현성, 타인지향성	Paul Watzlawick, William Lederer, Don Jackson 등

* 출처 : 박기순, <대인 커뮤니케이션>, 세영사, 1998, pp. 214-217 정리.

여기서 알 수 있듯이 화용적 시각에서 강조하는 내용의 많은 부분이 앞서 논의한 사회적 행동 기술과 관련이 깊다. 다음 그림은 숙련된 커뮤니케이션 수행이 이루어지는 과정을 어휘 습득 및 사용 과정과 비교한 것이다.

커뮤니케이션 수행은 통합된 행동 양식으로 자연스럽게 실행된다. 한 개인에 대한 평가-유머감각이 있다든지 지루하다든지, 따스하다든지 혹은 수줍어한다든지 하는-도 조화롭게 표출되는 행동을 바탕으로 한다. 프록터와 두타(Proctor & Dutta)는 "기술은 행동이 고도로 통합되고 잘 조직되어 있을 때 습득되는 것이기 때문에 조화로운 행동을 포함한다"[71]고

---

71) Proctor, R., & Dutta, A., *Skill Acqusition and Human Performance*(Sage, Thousand Oaks, 1995), p. 18.

말하고 있다.

어휘 사용과 커뮤니케이션 수행의 유사점

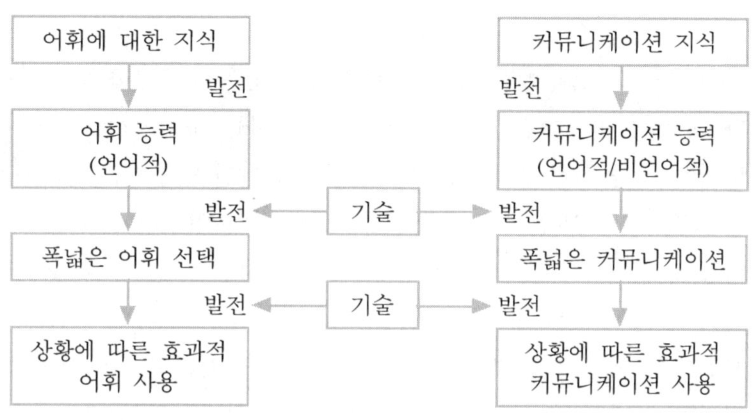

　　이러한 관점에서 비언어적인 반응은 매우 중요하다. 상대방의 말을
재미있게 듣고 있다는 사실을 전달하기 위해서는 고개를 끄덕이고 시선
을 고정하고 미소지으며 경청하는 얼굴 표정을 짓는 행동이 수반되어야
하기 때문이다. 만약 이를 제대로 표현하지 못할 경우 결국 사회적 기술
이 모자란 사람으로 평가받게 된다. 한 개인의 비언어적 행동은 커뮤니
케이션 능력과 직결되는 것이다.

(2) 비언어의 특성

비언어를 언어와 비교하면 다음과 같은 차이점들이 있다.[72]

　　첫째, 표현 양식(기호)이 매우 다양하다. 따라서 일률적으로 언어와 비

---

[72] 홍기선, "비언어 커뮤니케이션 분류에 대한 연구", '커뮤니케이션 과학' 13, 통권 제
　　15호, 1995, p. 7.

교하기 어렵다.

둘째, 아무리 정교한 비언어라 해도 언어가 갖고 있는 구조적 안정성
과 융통성에는 미치지 못한다.

셋째, 의미가 언어보다 포괄적이고 막연하다

비언어의 특성에서 보듯이 비언어를 명확히 정의하는 일은 쉽지 않
다. 심지어 비언어적 현상을 연구하는 학자들 사이에서도 비언어 영역의
한계에 대한 심한 견해 차이가 존재한다. 어떤 연구자는 말(words)을 제외
한 모든 것이 비언어라고 하는가 하면, 어떤 연구자는 인간의 비언어적
행동에 한해 그 영역을 국한시켰다. 규칙성을 지닌 신호(signs)의 총칭으
로서 상징적으로 의미를 전달할 수 있는 힘을 지니고 있다고 주장하는
사람들이 있는가 하면, 자체 내에 의도성을 지니고 있어야만 하므로 그
범위는 상당히 축소되어야만 할 것이라는 사람들도 있다.[73]

일례로 보스마지안(Bosmajian)은 얼굴표정과 제스추어로부터 패션과 지
위를 나타내는 심볼까지, 댄스와 드라마로부터 음악과 마임(mime)에 이르
기까지, 감정의 흐름으로부터 교통의 흐름까지, 동물들의 영토 방위행동
으로부터 정치인들의 외교의례까지, 초감각적 지각으로부터 컴퓨터에 이
르기까지, 그리고 일탈행위에 이르기까지 모든 것을 비언어로 보는가 하
면, 해리슨(Harrison)은 "의미론적, 구문론적 및 실용론적 결과에 객관적으
로 관계를 가지고 있는 명확한 것만을 비언어적 기호로 보아야한다"고 주
장했다. 오스굿과 시베옥(Osgood & Sebeok), 헤이스와 베이트슨(Hayes & Bate-
son) 같은 학자들은 비언어를 부차언어 및 동작론이라 부르면서 음성의 어
조, 강약, 고저 등과 몸짓, 표정 등을 비언어적 기호로 다루고 있다.[74]

그리고 홀(Hall)은 여기에 공간학(proxemics)이라는 것을 덧붙여 커뮤니
케이터와 수용자 사이의 거리도 비언어적인 기호로 보고 독자적 영역으
로 연구해야 할 분야라고 말한다. 그의 표현에 따르면 "시간과 공간은 말

---

73) Myron, R., *preaching as Communication*(Nashville : Ablingdon, 1981), p. 80.
74) 차배근, <커뮤니케이션학개론상>, 세영사, 1976, pp. 288-289 재인용.

한다(time talks and space speaks)". 예컨대 미국에서는 시간엄수가 상대방을 존중하고 있다는 것을 나타내는 반면 지각은 모욕을 뜻한다. 그러나 어떤 타 문화권에서는 시간을 정확히 지키는 것이 모욕일 수 있다(이는 당신이 별로 중요한 일이 없는 사람임을 의미하기 때문이다). 이런 맥락에서 커뮤니케이터와 수용자 사이의 거리도 두 사람간의 관계를 나타내는 기호의 구실을 한다는 것이다.[75] 이처럼 비언어에 대한 정의는 학자들에 따라 다양하여 일률적으로 명확하지 않지만, 커뮤니케이션에 영향을 미치는 언어적인 요소를 제외한 모든 요소들을 포함한다고 볼 수 있다.

일반적으로 언어가 사실에 대한 정보를 전달하는데 효과적인 반면 비언어는 감정이나 느낌을 전달하는데 보다 효과적이며, 언어적 표현수단에 비해 문화적 영향을 많이 받는다. 또한 일상생활에서 언어보다 많은 의미를 전달한다. 버드휘스텔(Birdwhistell)은 의사전달의 65% 이상이 비언어적인 수단에 의해 이뤄진다고 말한 바 있다.

여기서 비언어를 좀더 잘 이해하기 위해 커뮤니케이션을 행렬로 만들어 언어 행위와 비언어 행위로 구분해 보기로 한다. 우선 언어(상징적) 행위와 비언어(비상징적) 행위로 구분하고, 이것을 다시 음성 행위와 비음성 행위로 나눈다. 이렇게 나누어 보면 네 개의 커뮤니케이션 행위 세트,

〈표 14〉 언어 행위와 비언어 행위의 행렬

	언어(상징)	비언어(비상징)
음성	언어/음성 행위 : 단어 또는 상징	비언어/음성 행위 : 말의 뉘앙스, 크기, 속도, 목소리의 특징
비음성	언어/비음성 행위 : 구조화된 상징체계 이용. 예) 수화	비언어/비음성 행위 : 음성 메시지를 제외하고 메시지 전달에 사용되는 모든 행위 예) 신체 생김새, 크기, 자세, 제스처, 표정, 신체접촉, 공간의 이용 등

* 출처 : Malandro. L. et. al., *Nonverbal communication*(New York : Random House, 1989), p. 6. 최윤희, <비언어 커뮤니케이션>, 커뮤니케이션북스, 2000, p. 12에서 재인용한 내용을 정리한 것임.

---

75) Hall, E., *The Silent Language*(NY : Doubleday, 1959) 참조.

즉 ① 언어/음성 행위 ② 언어/비음성 행위 ③ 비언어/음성 행위 ④ 비언어/비음성 행위로 구성된 행렬을 만들 수 있다.

이 가운데 우리가 순수하게 비언어로 규정지을 수 있는 부분은 비언어/음성 행위와 비언어/비음성 행위 항목으로, 다음 네 가지 영역으로 분류해 볼 수 있다.

① 신체 모습 : 체격, 의상 및 장식.
② 신체 움직임 : 얼굴 표정, 눈 움직임, 몸짓, 접촉, 신체 언어.
③ 발성 행위 : 유사언어[76], 전 상징성 소리[77], 대화 순서, 침묵.
④ 상황 : 시간[78], 공간, 냄새.

한편 냅(Knapp)이 밝힌 다음의 7개 카테고리[79]는 비언어를 분류하는 데 있어 가장 보편적인 기준이 되고 있다.

① 동작학(kinesics) : 흔히 신체 언어라고 부르는 것이다. 손과 팔, 머리, 발, 다리, 자세 전환, 제스처, 눈동자 움직임, 안면 표정이 이에

---

76) 유사 언어는 언어 자체는 아니지만 음색, 어조, 크기 등 말하는 데 없어서는 안될 음성적 토대로서 말의 내용을 보완하거나 강조하기도 하며, 반대로 본래 뜻을 바꾸기도 한다. 유사 언어 연구는 말하는 사람의 성격이나 심리 상태, 계층적 특성 등이 음색이나 속도, 또는 말버릇과 어떤 관계가 있는지에 관심을 두고 있다. 예를 들어 성격이 외향적이냐 내향적이냐에 따라 말하는 속도가 달라지며, 불안한 심리 상태는 말의 머뭇거림이나 들뜬 어조와 연관되어 있다. 또 외향성은 음색으로 나타난다는 연구가 있기도 하다.

77) 짐승의 울음과 같이 생리적, 심리적 상태를 감탄사나 흐느낌 같이 그대로 표출시키는 것을 말한다. 정서적 표현과 관련된 소리를 언어로 승화시켜 사용하기도 하는데, 욕이나 애칭 등은 짐승의 으르렁거리거나 옹알대는 소리를 언어로 형상화한 전상징성 언어라고 한다. Hayakawa, S., Language, *Thought & Action*(London : George Allen & Unwin Ltd., 1964), pp. 75-77. 홍기선, 위의 글 p. 15에서 재인용.

78) 홀(Hall)은 시간의 의미를 ①종교적 시간 ②형이상학적 시간 ③물리적 시간 ④생리적 시간 ⑤세속적 시간 ⑥미시적 시간 ⑦동시적 시간 ⑧개인적 시간으로 나누었다. Hall, E., *The Dance of Life: The Other Dimension of Time*(NY : Doubleday, 1984). 홍기선, 위의 글 p. 17에서 재인용.

79) Knapp, M., Nonverbal Communication in Human Interaction(NY : Holt, Rinehart & Winston Inc., 1972) 참조.

속한다.

② 유사언어(준언어) : 언어의 내용을 제외한 음성 및 패턴과 관련한 모든 것. 목소리 고저, 크기, 속도, 휴지(pause), 불필요한 발성음(아, 에, 음 따위), 정해진 시간 내 말하는 단어 숫자 등도 이에 포함된다.

③ 신체접촉 : 만지는 행위.

④ 공간학(proxemics) : 대인간의 공간(거리)과 영역 규범에 관한 것.

⑤ 신체적 특성 : 피부색, 몸매, 몸 냄새, 매력 등.

⑥ 장식품 : 향수, 옷, 보석, 가발 등.

⑦ 환경적 요인 : 그 안에서 행동이 일어나는 물리적 장치들로서 교실, 사무실, 복도, 거리 등.

비언어 연구는 1950년대 이후 매우 활발하게 진행되어 오면서 첫째, 고도로 구조화되고 문법체계를 갖춘 언어와 같이 비언어에도 공식적인 구조가 있는가? 둘째, 특정 의미가 커뮤니케이션 주체인 유기체에 어떠한 기능을 하는가?에 대한 해답을 밝히고자 주로 애써왔다. 이는 기호와 의미 중 어느 것을 강조하느냐에 따른 것으로, 다양한 물리적 현상이 어떻게 기호로서 작용하는지에 초점을 맞추는 연구는 구조적 접근 방법이며, 기호 자체보다 의미를 강조하여 특정한 상황 하에서 특정 목표나 의도를 달성하기 위해 어떤 비언어 기호가 활용되는가를 분석하는 것은 기능적 접근 방법에 속한다. 두 가지 방법은 분석 단위와 그에 따른 방법론에서도 차이가 난다. 구조적 방법은 기호를 구성하는 기초 단위에 관심을 갖는 환원적 자세를 취하는 반면, 기능적 방법은 일정한 의미가 표출되는 전체 현상에 주목하는 총체적 자세를 취한다.[80]

우선 비언어를 구조적 특징으로 이해하려면 코드간의 상호관계를 살

---

80) 예를 들면 구조적 입장은 눈의 움직임(oculesics)이 갖는 의미의 공식을 찾으려고 하지만, 기능적 입장은 눈뿐만 아니라 얼굴과 몸 전체가 총체적으로 어울려서 나타나는 의도나 정서적 표현을 추구한다. 비언어 분야에서 대표적인 구조론자로는 버드휘스텔이나 홀을, 기능론자로는 에크먼이나 프리센을 들 수 있다. 홍기선, 앞의 책, p. 10.

펴보는 일이 필요하다. 각각의 비언어 채널은 동시에 정보를 내보내며, 모든 채널의 통합으로서 의미가 담긴 패턴을 생산해내기 때문이다. 반면 통합적 접근법을 이야기할 때는 과정을 중시해야 한다. 비언어는 지속적이고 역동적인 과정이지, 단지 단서(cue)의 정적인 스냅사진이나 한 시점에 나온 마지막 결과가 아니라는 점에서 비롯된다.[81]

(3) 비언어와 상호작용

많은 연구자들에게 있어 비언어에 대한 관심은 대인 상호작용 상황하의 주고받는 과정에 대한 것이다. 특히 이 과정에서의 의도성 개입 여부가 논란을 불러일으켰다. 디트만(Dittmann)은 1978년 '커뮤니케이션에 있어서의 신체 움직임의 역할(The Role of Body Movement in Communication)'이라는 글에서 의도적인 메시지와 비의도적인 메시지에 대해 과연 동일한 커뮤니케이션 규칙을 적용할 수 있는가? 라는 문제를 제기한 바 있다.

에크만과 프리센(Ekman & Friesen)은 행동적인 메시지를 정보 행위와 커뮤니케이션 행위의 두 가지로 분류하고 이에 따라 비언어 행동이 의도적인 것과 비의도적인 것으로 나뉜다고 밝혔다.

① 정보 행위 : 수신자 입장에서 송신자의 의도를 의식하지 않고도 해석할 수 있음.(이 때의 비언어 행동은 비의도적으로 주어지는 신호)
② 커뮤니케이션 행위: 송신자가 의도적으로 수신자에게 특정한 메시지를 전달하려 는 것으로, 우연하거나 특별한 동기가 없는 행동과 구별되지만 의도성을 어느 정도 의식해야 하는지는 분간이 어려움.(이 때의 비언어 행동은 의도적으로 전달되는 신호)

맥케이(MacKay)는 송신자가 보내는 비언어 신호를 목적 지향적 신호와 비목적 지향적 신호의 두 가지 타입으로 나누고, 수신자에 따라 해독이 다르게 나타나고 있다고 말하고 있다. 이를 그림으로 나타내면 다음과 같다.

---

81) 최윤희, 앞의 책, pp. 19-20.

그림 13　수신자에 따른 비언어 해독 결과

	Encoding			Decoding
	목적 지향적			목적 지향적
	목적 지향적			비목적 지향적
	비목적 지향적			비목적 지향적
	비목적 지향적			목적 지향적

　여기서 송신자가 목적 지향적 신호를 전달하는 경우, 특정한 커뮤니케이션이 의도하는 효과를 달성하지 못하면(목적 지향적-비목적 지향적 타입) 이를 개선하기 위해 비언어 행동을 변화시킨다. 즉 송신자는 수신자의 반응에 주목하고 평가함으로써 그에 의거한 비언어를 진행하는 것이다. 이 때는 물론 송신자와 수신자가 사회적으로 공통된 신호체계를 공유하는 것이 중요하다.

(4) 비언어와 문화적 영향

　송신자와 수신자 간 비언어적 행동을 이해하는 신호의 공유 체계가 작동되지 못하고 그 결과 오해가 발생하는 문제에 대한 연구자들의 관심은 문화적 차이점을 주목하게 하였다. 1966년 왓슨과 그레이브스(Watson & Graves)가 문화적으로 다른 그룹간에 응시 및 공간 사용, 신체 움직임과 접촉 행동에 차이가 존재한다는 사실을 처음 밝혀낸 이래, 주라드(Jourard), 셔터(Shuter) 등의 연구가 뒤따랐다. 특히 에크만이 중심이 되어 행한 여러 연구에서 나타난 결과는 감정표현에 따른 문화적 차이를 설명하는데 가장 널리 통용되고 있다. 즉 인간의 표현은 문화적이고 상황 결정적인 요소에 의해 규칙화되며, 이 규칙들은 표현의 조절 혹은 사회적으로 부적절한 표현에 대한 수정이나 속임수를 드러내게 하는 근거로써 사용된다는 것이다.[82]

---

82) 이와 관련해서는 일본인을 대상으로 한 연구들이 적지 않다. 클로프 등(Klopf et al.)

한편 이러한 문화적 표현 규칙을 바탕으로 한 연구는 다른 문화권의 일원에게 죄의식을 유발시키는 상황을 발견하는데 도움을 주기도 한다. 죄의식을 유발하는 상황은 개인의 문화적 배경과 경험에 따라 다양한데, 그 정체를 규명할 때 비로소 거짓과 진실 여부 등을 포함하는 규정의 근거로써 사용할 수 있다는 것이다. 그리고 이러한 규정은 같은 문화권 내에서 통용되는, 진실을 말하는 사람과 그렇지 않은 사람을 구별하는 비언어적 행동이 무엇인가를 밝혀낸다는 것이다.[83]

은 1991년 일본인과 핀란드인, 그리고 미국인들을 대상으로 실시한 연구에서 일본인들의 경우 접촉이 적고 거리를 더 두며 상체 굽힘과 응시가 적고 타인과 떨어지려는 경향을 보인다고 밝혔고 이에 앞서 1988년 일본인 협상가들을 대상으로 한 연구에서는 그들의 특징을 얼굴 표정이 없고 상대방을 응시하지 않으며 입은 다물지만 손을 사용하는 제스처가 풍부하고 걸을 때는 다른 사람과 보폭과 각도를 일치시킨다고 묘사했다. 이러한 민족간 비언어적 행동 차이에 대한 관심은 이후 1993년 프랑스계 중국인을 대상으로 하는 포레(Faure, G.)의 연구로 이어졌다. 한편 미국의 앵글로 색슨계 백인과 아프리카계 흑인, 그리고 멕시코계간의 비언어적 행동의 차이도 관심을 모았다. 이에 대한 연구는 1970년 백스터(Baxter, J.), 1973년 톰슨과 백스터(D. Thompson, D. & Baxter, J.)에 의해 이루어졌는데 그 결과 흑인이 백인보다 상대방과 거리를 두고 몸을 비스듬히 한 자세로 상호작용하며, 백인은 또다시 멕시코계보다 거리를 두고 간접적으로 상호 작용하는 것으로 나타났다. 이로써 이들 연구는 세 그룹이 공동작업을 할 때에는 공간 사용을 달리 정해야 함을 지적하고 있다. 한편 백인과 흑인 간 응시 행동에 대한 르프랑스와 마요(Lefrance, M. & Mayo, C.)의 1978년 연구에서는 흑인이 상대방의 말을 들을 때 시선을 멀리 향하는 것으로 나타났다. 이 같은 민족간 차이점은 이미 미국 내 현실에 적용되고 있는데 백인 경찰이 흑인계의 비언어 행동에 대한 사전 교육을 받고 있는 것이 바로 그것이다.

83) 이 문제는 1991년 하이맨과 드럭맨(Hyman, R., & Druckman, D.)이 밝힌 바 있는 문화별 사기행위에 대한 민속심리학을 적용하여 연구하는 것이 가능하다. 우선 응답자로 하여금 소속된 문화권 내에서 통용되는 거짓말과 금기시 되는 거짓말을 답하게 한 뒤, 실험 상황의 거짓말 사건을 제시하고 죄책감과 부끄러움, 스트레스 감정에 대한 반응을 유도한다. 이 때 제시하는 거짓말 사건은 피실험자가 질문에 답할 수 있는 한도에서 다음과 같이 다양하게 설정할 수 있다. 즉 개인적 상황으로 느끼게 하거나 소속 그룹을 대표해 느끼게 하는 것, 그리고 관객 앞에서 느끼게 하는 방법 등이 그것이다. 연구자는 이어서 각 문화적 그룹들 간에 죄책감이나 부끄러움의 감정에 영향을 미치는 차원들을 분석하게 되는 것인데 예비고찰 결과 각기 다른 문화권 구성원들 사이에서 스트레스 차이가 발견되었으며 모든 문화권 구성원들이 공히 그룹을 대표한 거짓말 사건 체감에서 죄책감을 덜 느끼는 것으로 나타났다. 한편 이 실험 결과는 거짓말하는 사람과 진실을 말하는 사람간의 차별된 비언어적 행동을 발견하기 위한 밑바탕으로 제공될 수 있다.

(5) 비언어 기술

연구자에 따라서는 비언어 행동을 특색으로 본 경우도 있지만 바틀렛과 폴라나이(Bartlett & Polanyi)의 1958년 연구 이후부터는 숙련된 기술로 받아들이는 것이 일반적 경향이 되었다. 이를 바탕으로 한 본격적인 연구는 1967년 아가일을 필두로 냅(1972), 스나이더(Snyder, 1974), 프리드맨(Friedman, 1979), 로젠탈(Rosenthal, 1979), 드팔로(DePaulo, 1985), 하지 등으로 이어져 왔으며 이들 연구가 주로 주목한 것은 비언어 행동의 교환, 즉 표현(기호화) 및 해독(받아들임)의 대인 상호 작용에 관한 것이다. 이들은 비언어 기술이 감정의 단서를 기호화하고 해독하며 표현을 조절할 줄 아는 세 가지 기본 능력과 함께, '대화 시 비언어 관리 기술'을 포함하는 것으로 인식한다. 곧 비언어 기술은 관계를 시작하고 친밀함을 유지하는 능력이자 속일 수 있고 속임수를 감지할 수도 있으며, 감정이입 기술을 사용하고 대인 관계를 설정하는 능력인 것이다.[84]

비언어 기술 연구는 사실상 개인차를 바탕으로 한 것이다. 커뮤니케이션 분야에서는 로젠탈과 그의 동료들이 행한 연구 이후 비언어 기술에 대한 사회 과학자들의 관심이 증폭된 가운데, 보편적으로 개인차의 관점에서 연구되어 왔다.[85] 그러나 발달 심리학자들은 어린이의 비언어 능력과 사회적 기술 및 사회적 능력 사이의 관계를 파헤쳐 왔으며, 진료와 카운셀링을 맡고 있는 심리학자들과 정신과 의사들의 비언어 능력이 사회 심리학적 적응과 사회적 능력을 충족시키는 중요한 구성 요소가 된다는 사실을 인식하기에 이르렀다.

프리드맨은 사회심리학과 인간심리학 연구에 있어 비언어의 기술적인 접근이 유용하다고 밝혔는데 그 이유는 비언어의 많은 부분이 감정 커뮤니케이션[86]을 포함하고 있기 때문이다. 감정 커뮤니케이션에 대한

---

84) Riggio, R., "Social Interaction Skills and Nonverbal Behavior" in Feldman, R. (ed) *Applications of Nonverbal Behavioral Theories and Research*(Lawrence Erlbaum Associates publishers, 1992), p. 3.
85) 이러한 관점을 대표하는 것으로 맥크로스키와 델리(J. McCroskey & J. Daly)의 1987년 연구를 들 수 있다.
86) 한 사람이 다른 사람에게 자신의 감정상태에 대한 신호를 보내고 다른 사람의 감정

관심의 대두는 사회생활에 있어 인지적 언어 측면을 중시했던 종래의 연구 관점을 바꾸는 계기가 되었다. 프리드맨은 또 비언어 기술의 개인차를 특성이 아닌 능력으로 인식하는 것이 훨씬 유효하고 신뢰도 높은 결과를 얻는 조사방법이라고 강조했다. 예컨대 외향적이라거나 감정이입을 한다거나 하는 행동은 특성도 되지만 언어 및 비언어 표현 기술의 조화로서 볼 수 있기 때문에, 이를 측정하여 성격과 사회적 행동과의 관계를 보다 잘 이해할 수 있다는 것이다.[87]

그러나 여기서 한 가지 잊지 말아야 할 것은 비언어 기술이 언어 기술과 결코 동떨어진 것이 아니라는 점이다. 실제 대인 상황에서는 언어와 비언어 기술이 복합적으로 일어나기 때문이다. 커뮤니케이션 상호작용은 다음과 같이 언어와 비언어 과정의 결과로 일어나며 각 카테고리의 수행에 있어서는 개인차가 존재한다. 이를 가리켜 기초 커뮤니케이션 기술이라고 한다.[88] 그림으로 나타내면 다음과 같다.

그림 14 기초 커뮤니케이션 기술

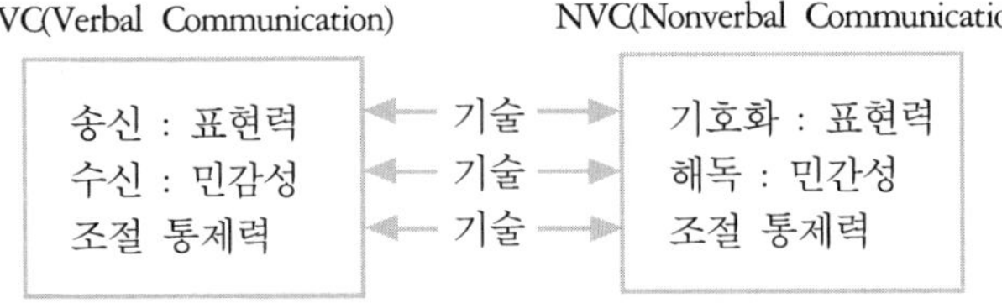

상태를 알게 되는 과정을 말하는 것. 비언어 연구의 가장 큰 업적 중 하나는 이 분야 연구가 인간 커뮤니케이션 및 그에서 확장된 인간 사회질서가 어떻게 동물 커뮤니케이션과 동일한 동기적·감정적 시스템 및 기초적 학습경험에 토대를 두게 되었고 영향을 받게 되었는지를 보여주었다는데 있다. Buck, R. 지음, 전환성·조전근 공역, <감성과 커뮤니케이션>, 나남, 2000, p. 21-30 참고.

87) Friedman, H., "The concept of skill in nonverbal communication : Implications for understanding social interaction", in Rosenthal, R. (ed.), *Skill in nonverbal communication : Indivisual differences*(Cambridge, MA : Oelgeschlager, Gunn & Hain), pp. 2-27 참고.

88) R. Riggio, op. cit., p. 7.

그럼 여기서 대인 상황에서 비언어 기술이 중요하게 사용되는 경우를 두 가지 측면으로 나누어 살펴본다. 첫 만남에서 일어나는 사회적 상호작용 측면과, 지속적인 관계 형성의 측면이 그것이다.

① 사회적 상호작용과 비언어 기술

사회 생활에서 비언어 기술은 중요한 역할을 차지하고 있다. 낯선 사람과의 첫 만남에서부터 오랫동안 관계를 발전·유지시키는데 이르기까지, 비언어가 매우 중요하다는 것은 재론의 여지가 없다. 이 가운데 특히 첫 만남에서의 비언어 표현 기술은 무엇보다 중요하다. 이미 많은 연구를 통해 확인되었듯이 사람들은 상대방에 대한 짧은 관찰을 근거로 평가와 판단을 내리는 경향이 있다. 잠깐 동안의 시각 및 청각적 비언어 단서(nonverbal cues)와 언어로 이루어지는 첫 인상이 향후 상호관계를 함축하는 중요한 요소가 되는 것이다. 첫 인상은 만남의 길이, 분위기, 그리고 만남의 질에 영향을 미치는데, 언어보다는 비언어에 대한 의존도가 높다.

지금까지 인상 형성과 관련한 많은 연구들이 비언어가 첫 인상에 큰 영향을 미치는 단서로 신체적 외모 - 매력, 몸치장, 의상- 에 초점을 맞추어왔다. 최근 들어서는 비언어를 기호화할 줄 아는 능력을 갖춘 사람이 첫 만남에서 상대방에게 보다 호감을 안겨준다는 연구가 잇따랐다. 감정적인 표현을 잘 하고 비언어적으로 기술을 갖춘 사람이 데이트 파트너로 선호된다는 증거가 제시되기도 했다. 실제로 첫 만남에서 비언어적 기술이 있는 사람의 감정적 표현 행동은 그렇지 못한 사람의 행동에 비해 눈길을 끌고 주목을 얻는 것으로 알려지고 있다. 그리고 비언어적인 표현 기술을 가진 사람은 그렇지 않은 사람보다 주목을 잘 하는 타입이라는 연구도 나와 있다.[89]

비언어 표현 기술을 가진 사람은 낯선 사람과 만났을 때 보다 따스하고 친밀한 인사를 하는 경향을 보인다. 감정적 메시지를 비언어로 전달

---

89) Sullins, E., "Perceptual salienceas a function of nonverbal expressiveness", *Personality and Social Psychology Bulletin*, 15, pp. 584-595 참고.

하는 표현력은 낯선 사람을 만났을 때의 분위기와 감정 상태에 영향을 미칠 수 있다는 연구 결과도 있는데, 이를 요약하자면 비언어 기호화 기술을 갖춘 사람, 특히 감정 표현력을 지닌 사람은 그렇지 않은 사람에 비해 주목을 끌고 호의적으로 평가되어 매력적으로 비추어짐으로써 감정 단계로의 연결이 가능해지면서 첫 만남에서 매우 뛰어난 장점을 갖는다는 것이다. 이러한 대목은 바로 비언어 기호화 기술이 우리가 흔히 말하는 '카리스마'의 핵심적인 요소임을 알게 한다.90) 반면 해독 기술을 가진 사람은 상대방의 언어 및 비언어 메시지를 단지 수동적으로만 해독하지 않는, 숙련된 청자임을 뜻한다. 숙련된 청자는 미묘한 피드백 단서를 기호화할 수도 있다.

비언어에 대한 민감성(sensitivity) 역시 첫 만남에서 중요한 역할을 한다. 이는 비언어 해독 기술로서 인상 형성 과정의 커다란 바탕을 이룬다. 첫 만남에서 해독되는 비언어 단서-나이, 성별, 인종 같은 외모적 성격에 대한 단서와 사회경제학적 지위에 대한 단서, 성격과 속성에 대한 단서, 그리고 감정 상태를 말해주는 단서-들은 매우 많으며, 상호작용에서 서로를 이해하려면 이러한 단서들을 정확하게 읽을 줄 아는 능력이 중요하다. 타인의 감정적 비언어 단서를 해독하는 기술은 서로 감정적 단계의 조화를 이룰 수 있게 만든다. 이것은 곧 '감정이입'의 핵심 요소가 된다.91)

비언어 행동의 조절 기술 또한 빼놓을 수 없다. 비언어 표현을 점검하는 능력인 이 기술이 만약 없다면 처음에 호의적으로 평가되었던 표현 행동을 그르치게 될 수 있다. 감정적인 표현력을 갖춘 사람은 일반적으로 첫 만남에서 긍정적인 평가를 얻지만 그것을 중지할 수 있는 능력, 즉

---

90) Friedman, H., Prince, L., Riggio, R., & DiMatteo, M. "Understanding and assessing nonverbal expressiveness : The Affective Communication Test," *Journal of Personality and Social Psychology*, 39, pp. 333-351.

91) Hall, J., "Gender, gender roles, and nonverbal communication skill," in R. Rosenthal(ed.), *Skill in nonverbal communication: Individual differences*(Cambridge, MA: Oelgeschlager, Gunn, & Hain), pp. 32-67.

조절 능력을 갖추지 못하면 이내 경솔하거나 천박한 사람으로 인식되기 쉽다. 감정 조절은 감정 연기 혹은 역할 바꾸기(role-taking) 기술과도 일맥 상통한다. 리지오(Riggio)는 공중연설 시 편안한 감정을 느끼는 것과 감정 조절 기술은 긍정적 관련이 있다고 밝힌 바 있다.92)

위 내용을 요약하자면 비언어 기술을 갖추되 표현력과 민감성, 조절력의 균형을 유지하는 것이 첫 만남에서 장점으로 작용한다. 비언어 기술의 균형성을 그림으로 나타내면 다음과 같다.

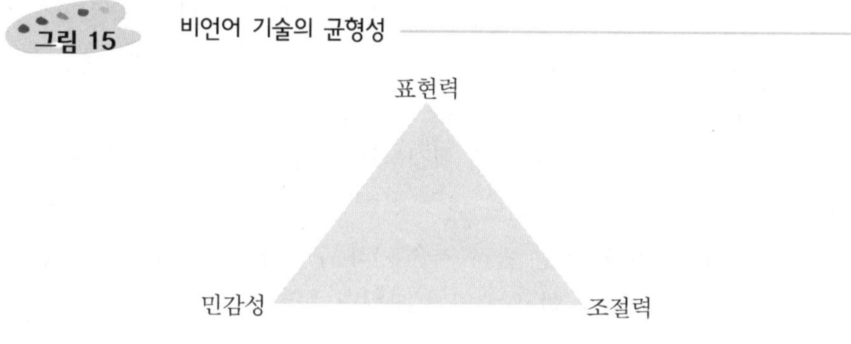

그림 15 비언어 기술의 균형성

비언어의 기호화 및 해독, 조절 기술간의 미묘한 역할 교환 작용에 대해서는 대화 진행에 따른 조절과 발언 순서를 연구한 많은 학자들의 문헌에 잘 나타나 있다. 그 가운데 특히 발언 기회를 갖는 능력이 아주 중요한 기술로 인식되고 있다. 카펠라(Capella)는 1985년 연구에서 대화 참여도가 높을수록, 즉 발언 기회를 많이 가질수록 호감 있는 사람으로 평가된다고 밝히고 있다.

여기서 대화 도중 발언 기회를 갖는데 사용되는 비언어 단서들은 제스처 외에 말하는 속도, 고저 변화, 잠깐의 휴지를 채우는 행위 등 대부분 목소리 단서이다. 발언 기회는 결국 비언어 기호화 기술에 속한다고

---

92) Riggio, R., "Assessment of basic social skills," *Journal of Personality and Social Psychology,* 51, 1986, pp. 649-660.

할 수 있다. 반대로 대화에서의 발언 순서를 아는 것은 비언어 해독 기술이다. 이 때 필요한 것은 발언순서와 관련한 미묘한 신호- 휴지, 목소리 높이가 떨어지는 것, 화자의 시선 변화, 제스처 정지, 신체 움직임-를 읽을 줄 아는 능력이다.

비언어 조절 기술은 어떤 사람이 '주도적인가'를 살피는데 유용하다. 연구 결과에 따르면 대화에 있어 너무 주도적인 경우, 부정적으로 평가되는 것으로 나타났다.[93]

지금까지의 내용을 정리하면 일반적으로 비언어 기술이, 특정하게는 비언어 표현력이 긍정적인 첫 인상을 형성하는데 중요한 것임을 알 수 있다. 그리고 비언어 기호화와 해독 기술은 대화를 매끄럽게 진행하여 관계를 설정하는데 있어 중요하다는 것을 알 수 있다.

비언어 기술은 이렇듯 나에게 형성되는 상대방의 인상을 평가하는 데에도 사용되지만 상대방에 대한 나 자신의 인상을 형성하는데 사용할 수도 있다. 이를 가리켜 '인상 관리 기술'이라 부른다. 이와 관련해 가장 유명한 스나이더(Snyder)의 연구는 자기 모니터 능력이 있는 사람일수록 감정에 대한 안면 표현을 기호화하고 해독하는데 뛰어나다는 것을 보여준다. 그러한 의미에서 비언어적 숙련도가 높은 개인은 준비된 사회 인간형이자 타인에게 보다 호감을 주는 타입이다. 또 비언어적으로 숙련된 개인은 그렇지 않은 사람에 비해 타인에게 매력적으로 보이기 위해 자신을 관리하는데 보다 능숙하다. 리파(Lippa)는 비언어적으로 숙련된 사람을 '친근하며', '활동적'이고, '외향적'이라고 표현하고 그들에게는 걱정이나 분노, 신경질적인 면이 적다고도 설명하고 있다.[94]

인상관리에 있어 가장 복잡한 형태가 있다면 그것은 누군가를 속이려 할 때 나타나는 것이라 할 수 있다. 지금까지 속임수는 언어적 단서가 아

---

93) Daly, J., McCroskey, J., & Richmond, V., "Relationships between vocal activity and perception of communicators in small group interaction," *Western Journal of Speech Communication, 41*, pp. 175-187 참고.

94) Lippa, R., "Expressive control and the leakage of dispositional introversion-extroversion during role-played teaching," *Journal of Personality, 44*(1976), pp. 534-559 참고.

닌 비언어적 단서로 탐지되기 쉽다는 믿음이 존재해온 가운데 비언어와 속임수에 대한 연구가 많이 이루어져 왔다. 연구자들은 가장 성공적인 속임수 기술이, 속임이 일어나고 있다는 것을 눈치채게 만드는 단서를 모니터하고 조절하는 능력에 있다고 말하고 있다. 그러므로 고도의 사기꾼에게 있어 비언어 조절 기술은 매우 중요하다는 것이다.

② 관계 형성과 비언어 기술

첫 만남 이후 관계에 영향을 미치는 비언어 기술이 무엇인가에 대한 연구가 꾸준히 이루어져 온 가운데 비언어 기술이 관계 발전 초기에 매우 중요하다는 사실이 발견되었다. 위에서 살펴보았듯이 비언어 표현 기술이 뛰어난 사람은 호감을 얻기 쉬워 그만큼 타인과 사회적 관계를 성립할 수 있는 기회를 많이 갖는다.

그간 연구에 따르면 비언어 표현 기술을 가진 사람은 보다 인기가 많고 지인이든 친밀한 친구든 간에 네트웍의 범위가 훨씬 넓은 것으로 나타나고 있다. 이들은 비언어 기술이 적은 사람보다 자신을 수줍게 생각하거나 외롭고 사회적으로 분노감이 있다고 믿는 경향이 적었다.[95]

비언어 해독 기술 측면에서도 이와 비슷한 결과를 보이고 있다. 즉 해독 기술을 갖춘 사람일수록 사회적 네트웍의 범위가 넓고, 인기가 많으며 잘 적응하고 수줍음이나 사회적 분노감을 덜 느낀다는 것이다. 비언어 해독 기술은 특히 친구간 상호 작용에서 보다 긍정적 요인으로 작용하는 것으로 나타나고 있다.[96]

관계 형성에 대한 사회적 교환 이론에 따르면 일반적 관계를 벗어나 의미 있는 관계로 진입하기 위해서는 비언어를 감정 단계로 연결하는 일이 필요하다.[97] 만약 상대방의 감정적 메시지를 정확하게 해독할 수 있

---

95) Riggio, R., op. cit. 참조.

96) Hodgins, H., & Zuckerman, M., "The effect of nonverbal sensitivity on social interaction," *Journal of Nonverbal Behavior, 14*(1990), pp. 155-170 참고.

97) Livinger, G., "Toward the analysis of close relationships," *Journal of Experimental Social Psychology, 16*(1980), pp. 510-544 참고.

다면 서로를 이해하는 감정의 개발이 있게 되며, 이것 자체에서 사회적 보상(social reward)[98]이 일어난다. 물론 이 때 감정의 연결은 언어적 단계에서도 동시에 일어난다.

상호작용 참여자가 비언어 메시지를 성공적으로 기호화하고 해독하는 관계는 고급 상호작용에 해당하며, 이 상황에서는 상호교환 행위가 생생하고 호감을 사며, 의미 있는 행위로 인식된다. 바로 이러한 점이 향후 관계를 지속시킬 가능성을 높인다. 이 같은 관계적 보상은 단순히 비언어 기술을 지닌 사람에게도 적용이 된다. 예컨대 비언어 표현 기술을 가진 사람은 첫 만남에서 보다 긍정적으로 평가받으며 인기가 많아 사회적으로 성공할 가능성이 높다는 것이 그것이다.

한편 관계 형성에 대한 사회적 침투 이론에 따르면 관계 진전은 표면적인 단계에서 시작되어 보다 친밀한 단계로 일어나며 이 때 필요한 것은 친밀한 자아노출의 교환이다. 자아노출에서 언어와 비언어 교환은 매우 중요하다. 그 가운데서도 기호화와 조절 기술이 중요한데, 이는 자아노출이 조심스럽게 이루어져야 하기 때문이다. 자아노출을 너무 많이 표현하거나 너무 조절하는 것은 관계 형성에 있어 너무 개방적 혹은 폐쇄적이라는 인상을 주게 된다. 따라서 균형이 필요한데, 비언어 해독 기술은 친밀한 노출 정도를 정확하게 받아들이기 위해 매우 필요하다.

관계가 진전되어 유지되는 단계에서도 비언어 기술은 역시 중요한 것으로 나타나고 있다. 특히 감정과 태도에 관한 커뮤니케이션을 할 때나 사회적·감정적 지지를 원하거나 보낼 때, 비언어 상호작용 기술은 오랫동안 대인 관계를 유지하고 굳건하게 만드는 요소가 된다. 이는 당연히 비언어 기술의 사용 없이 정확한 감정 커뮤니케이션이 일어날 수 없다는 데 근거한다.

연구에 의하면 새로 성립된 관계와 이미 성립된 관계에서는 감정적

---

98) 관계 형성에 대한 사회적 교환 이론은 만약 관계가 발전하려면 개인이 관계로부터 이득이나 보상을 얻어야 한다는 점을 강조하고 있다. 감정적 연결은 그 자체가 사회적 보상형태를 구성한다고 볼 수 있다.

메시지나 정서에 관한 커뮤니케이션 형태가 다르게 일어난다. 특히 이미 성립된 관계에서는 비언어가 보다 자주 일어나며 효율적으로 작동하는 것으로 밝혀지고 있다.99) 그러나 이처럼 성립된 관계에서의 정서와 태도에 대한 메시지 전달에서 비언어 기호화와 해독 보다 더욱 중요한 것은 조절 능력이다. 감정 커뮤니케이션의 양을 적절하게 조절하는 것은 관계를 심화시키고 보다 친밀한 단계로 이끈다. 만약 조절의 균형이 깨지게 되면 감정적 메시지 전달은 중단된다. 이러한 현상은 파트너 가운데 한 사람이 많은 관계나 오래 지속된 관계에 대한 스트레스를 받을 때 나타날 수 있다.

비언어 기술과 사회적 지지에 관한 연구도 있다. 헬러와 래키(Heller & Lakey)는 1985년 연구에서 비언어 기술의 소유자는 친밀한 사회 네트웍을 넓게 형성하고 있기 때문에 그만큼 지지를 받을 확률이 높다고 밝힌 바 있다. 이 연구에 따르면 서로 지지하는 관계라야 관계 유지가 가능하며, 감정적 지지를 보내기 위해서는 비언어 기술이 잘 갖춰져야 한다.

③ 좌석배치와 비언어 기술

자신에게 주어진 공간을 어떻게 사용하는가의 문제는 분명히 비언어 영역에 포함되는 것이다. 여러 사람이 모인 공간을 사용하는 인간의 심리를 비언어 기술과 관련지어 생각해보기로 하자. 다음은 사회 심리학에서 언급하는 소집단 토론 상황과 좌석 배치에 따른 세 가지 특성이다.100)

첫째, 사람들은 대체로 이전에 논쟁을 벌인 사람의 맞은 편에 앉는 경향이 있다.

둘째, 앞에 앉아 있는 사람이 말한 직후에 말하는 경향이 있다. 이를

---

99) 연인 관계에서 축약된 상태의 비언어가 많이 발견되는 것을 예로 들 수 있다. 오래된 관계에서는 정형화되지 않은 감정과, 관계 발전에 있어 필수적인 친밀감이 비언어로 나타난다. Knapp, M., "Dyadic relationship development," in Wiemann, J., & Harrson, R. (eds.), *Nonverbal interaction*(Beverly Hills, CA: Sage, 1983), pp. 179-207 참고.

100) 나은영, <사회심리학적 관점에서 본 인간 커뮤니케이션과 미디어>, 한나래, 2002, p.84 참조.

‘스타인저 효과(Steinzor effect)’라고 부른다.

셋째, 상석을 차지하는 사람들이 지배적 성격을 가진 경우가 많으며, 이야기를 많이 하며, 대인적 영향력도 많이 행사하는 경향이 있다. 이를 ‘테이블 상석 효과(head-of-the-table effect)’라고 부른다.

여기서 알아두어야 할 중요한 사실은 마주보는 사람과는 눈맞춤을 많이 할 수 있어서 커뮤니케이션 네트워크로 연결되기 쉬우며, 이로써 말을 더 자주 할 기회를 갖는다는 점이다. 눈맞춤과 관련한 비언어 기술로 활용할 가치가 있다. 한편 제3자인 관찰자는 자신의 눈에 더 잘 보이는 사람이 토론을 주도적으로 이끌었다고 생각하기 쉽다. 보이는 위치, 즉 지각되는 상황에 따라 커뮤니케이션 상황은 물론 대화의 양, 주도성 등이 달리 보이는 것이다. 선거 입후보자들이 TV토론에서 시청자들에게 더 주도적으로 보이기 위해 가운데 자리를 차지하려고 서로 애쓰는 것은 이 때문이다.

미국에서는 커뮤니케이션 기술 훈련 프로그램 일환으로 비언어 기술을 가르치고 있기도 하다. 어린이와 청소년, 부부, 그리고 자신을 수줍어하거나 외롭다고 생각하는 사람들이 대상이다. 나아가 조직 내 관리자와 의사, 혹은 구직자들을 대상으로 하는 훈련 프로그램들도 등장해서 비언어 기술의 극적인 효과를 입증하였으며, 단시간 내에 습득이 가능한 것임을 밝혀냈다.[101] 이에 비하면 우리나라 현실은 언어는 물론 비언어에 대한 관심이 아직 매우 미약한 형편이다. 최근에는 인간 커뮤니케이션 활동이 주로 영상을 매개로 대량 소통되고 확대 재생산되면서 시각활동에 의존하는 비언어에 대한 이해가 더욱 요구되고 있다. 언어는 물론 비언어를 포괄하는 폭넓은 의미의 커뮤니케이션 능력에 보다 관심을 기울여야 할 필요가 있다.

---

101) R. Riggio, op. cit., p. 23.

제 2 장 TV토론

오늘날 TV토론은 토론의 대명사가 되고 있다. 미디어 선거시대를 맞아 TV토론의 위력이 나날이 증대하고 있는 현실을 반영하는 것이다. TV와 토론의 만남은 에릭 바누(Eric Barnouw)가 밝힌, 매스미디어 기능의 정형화 패턴을 따르는 것으로 보인다. 미디어는 등장 초기 산업적 기능으로 출발했다가 오락적 기능으로 발전하며, 나중에 뉴스와 정보 기능을 갖게 된다[102]는 것으로, 존 비트너(John Bittner)가 설명하는 매스미디어의 발달 패턴과도 관련이 있다. 즉 새로운 미디어는 언제나 처음에 소수 엘리트에 의해 소비되고 그 다음 매스미디어가 되며, 최종적으로는 전문화되고 세분화된 미디어로 발전함으로써 이른바 'E(ellit)-P(popular)-S(specialized)' 곡선을 그리게 된다는 것이다.[103] 이러한 점에 비추어 볼 때 TV 역시 크게 다르지 않다. TV가 처음 등장했을 때는 산업적 발명이 낳은 생산물로서 교육수준이 높은 소수 엘리트계층이나 부유한 사람들이 주 소비층을 이루었다(당시는 산업적으로 새로운 미디어의 사회적 수용과 발전 가능성을 타진하는 시기였다). 이후 수상기 가격이 저렴해지고 사회 내 대다수 사람들이 소비하게 되면서 내용이 주로 대중적인 오락물로 채워졌다. 그리고 다시 전문화된 미디어 단계에 이르러 특정 수용자 층을 겨냥한 특정 프로그램을 다루는 기능을 수행하게 되었다.[104]

이 가운데 정보나 뉴스를 중심으로 한 TV의 전문화는 사회적 기능과 정치적 기능을 동시에 수행하는 특징과 맞닿아 있다. 곧 사회·정치적

---

102) Wallis, R., & Baran, S., *The Known of Broadcast News, Routledge*, 1990, pp. 218-220.
103) 김우룡, 정인숙 공저, <현대 매스미디어의 이해>, 제2판, 나남, 1999, p. 279.
104) 최근 텔레비전에서 쉽게 찾아볼 수 있는 것이 전문화된 프로그램들이다. 전문 뉴스는 물론이고 연예 정보 전담 프로그램, 시청자 참여 프로그램, 전문 토론 프로그램 등 오늘날 텔레비전에서는 '전문화'된 프로그램들이 속속 등장하고 있으며 이를 통해 시청자의 욕구 충족에 한발 더 다가가는 방송을 표방하고 있다.

여론 형성과 관련되는 것이다. 비단 전문화 현상을 떠나 현대사회에서 TV만큼 공중 토론에 적절한 공간은 찾기 힘들다. TV는 정치·경제·사회·문화 분야에 걸친 모든 이슈들을 위한 열린 공간을 제공하고 의제를 설정하는데 가장 적절한 미디어로 인식된다. 현실성이 강한 시청각 소구를 통해 면대면 대인 커뮤니케이션과 유사한 환경을 제공하는 것은 물론 편재성과 범용성이 가장 뛰어난 특성을 지니고 있기 때문이다.

제 I 절 TV토론의 기능

1. 사회적·정치적 공론장

민주주의의 요체는 최종 선택이나 판단에 이르는 과정이 공개적이고 열린 토론이나 논쟁을 포함하는 것이다. 만약 아무런 외부의 간섭이나 영향이 없었다 하더라도 적절한 논의를 거치지 않았다면 민주적 선택의 결과라고 할 수 없다. 그 이상향은 모든 시민들이 정치에 참여한 고대 아테네 직접 민주주의이다. 그러나 오늘날과 같이 대의 민주주의가 발전한 사회에서는 당시의 아고라와 같은 물리적 공간을 대신할 무언가가 필요하다. TV토론은 바로 이런 의미에서 현대의 아고라 광장, 즉 공론장이다.

공론장(public sphere) 개념은 하버마스(Habermas)가 제기한 것이다. 하버마스가 말하는 공론장은 개인이 아무런 제재 없이 공적 문제를 토론할 수 있는 공간, 즉 사회와 국가를 중재하는 공간이며 따라서 민주주의로 대변되는 정치적 이상과 밀접한 관계를 지닌다. 하버마스는 의사소통의 합리성을 통한 인간 해방 추구에 관심을 기울이면서 시민들이 제약 없이 집회, 결사 및 언론의 자유를 보장받고 일반적 관심사에 대해 비정부적인 의견을 형성할 수 있는 영역으로서 공론장이 필요하다고 보았다. 그가 말하는 이상적인 공론장은 17, 18세기에 지식을 갖춘 이성적 공중 앞에서 국가 권위가 비판받고 그 정당성이 요구되는 포럼을 창출한 '부르주아 공론장'이다. 즉, 일치된 여론을 위한 비판적 합의를 형성해 내며 권력에 대해 잠재적 영향력을 갖는 공간을 의미한다.

TV토론은 우선 토론자의 자유로운 의사 발현 및 시청자 참여105)가 가능하다는 점에서 토론과 논쟁, 정보 확산을 위한 필수적 공간을 뜻하는 공론장 모델에 부합한다. 시청자가 함께 참여하는 TV토론은 사회적 공간의 일부이자 공개 토론의 장소, 즉 하나의 '포럼'이다. TV가 공개 토론을 위해 제도적으로 관리되는 대규모의 포럼을 제공하는 것이다. 포럼의 특성은 각 국가의 상이한 방송 규제에 따라 다양하며, 공공 서비스 윤리에 의해 방송이 규제되는 국가에서는 공개 포럼을 제공하는 것이 방송 업자들의 공식적인 의무의 하나가 될 수도 있다.106)

TV토론은 사회적·정치적 현상이나 과정에 관해 여론을 조성하고 다양한 의견을 수렴함으로써 문제 해결방안을 모색하는 기능을 하며, 의견을 제시하고 교환하는 과정에서 분석과 평가가 가능하다. 이로써 수용자가 합의점을 찾거나 의사를 결정하는 과정에 기여하고 나아가 여론 통합

---

105) 이 때 시청자 참여는 공중의 접근권(Right of access)을 충족시키기 위한 방법의 하나이다. 그러나 대부분의 우리나라 TV토론은 열린 공간을 제공한다는 취지 아래 시청자 참여를 표방하면서도 시청자가 차지하는 실제 비중이 미미하다는 문제를 지닌다. 토론자에게 잠시 쉬는 기회를 주고 분위기를 바꾸는 역할에 불과한 경우가 적지 않기 때문이다.

접근권이란 일반국민이 신문이나 텔레비전 방송, 라디오 방송 등 매스미디어에 자유롭게 접근해서 자신의 의견이나 아이디어를 발표하기 위해 그것을 이용하는 권리로서, 미디어에 의해 쉽게 소외되기 쉬운 일반 시민에게 미디어에 접근하고 그것을 이용할 수 있는 권리를 보장해주는 것이다. 반론권(Right of Reply), 의견광고(Editorial Advertisement), 신문에 대한 투서(letters to editors), 시청자 참여 프로그램(Public access program), 매스미디어에 대한 비판, 항의, 요구 등이 이에 해당한다. 팽원순, <매스커뮤니케이션 법제이론>, 법문사, 1988, p. 136.

106) Curan, J., "Rethinking the media as a public sphere." in Dahlgren, P. and Sparks, C. (eds.), *Communication and citizenship : Journalism and the public sphere in the new media age*, London : Routledge, 1991. 소니아 리빙스턴, 피터 런트 지음, 김응숙 옮김, <텔레비전과 공중>, 커뮤니케이션북스, 2000, p. 77에서 재인용.

을 주도한다. TV토론은 다양한 의견표출과 함께 충분한 자료가 제공되어 양자 또는 다자간 동시비교나 동시판단을 가능케 한다는 측면에서도 효과적이고 유익하다. 시청자를 정보로 무장시키고 참여를 유도함으로써 합리적 의사결정에 중요한 역할을 하고 결국 민주주의 발전에 기여한다고 볼 수 있다. 이는 곧 방송 언론의 긍정적 역할 수행과 직결되는 것이기도 하다.

비판이론의 영향을 받은 하버마스는 그러나 미디어의 공론장 형성 기능에 매우 회의적이었다는 점을 기억할 필요가 있다. 미디어가 기득권에 대항 가능한 합리적이고 비판적인 의견을 형성하는 대신 사적이고 파편화된 개인 중심 사회를 만들어낸다고 주장했다. 미디어는 진정한 공개토론이 아닌 단순한 홍보와 수동적 관객의 영역이 되었고, 일반인의 관심을 정치적 행위에서 멀어지게 하는 '의사 공론장'(pseudo-public sphere)을 제공할 뿐이라고 공격하기도 했다. 매스미디어 발달 이후 표상과 외양이 합리적 논쟁보다 비중 있게 다뤄지고 있으며 합리적이고 비판적인 '공중'이 '대중'으로 전락하게 되어 공론장은 하나의 약속으로만 존재한다는 것이다. 단, 후기에 이르러서는 개인이 단순한 수동적 소비자가 아니며 미디어의 지속적인 틀짓기가 불가능하다는 점을 들어 공익 실현과 합리적 논쟁 공간으로서 공론장의 가능성을 열어두었다.[107]

2. 미디어 선거 도구

미디어 발전은 선거 형태에 많은 영향을 미쳤다. 특히 TV가 현대 정치에 미친 영향은 매우 크다. 면대면을 통한 유권자 접촉의 한계가 TV 미디어의 도움으로 거의 무한대로 확대되었기 때문이다. 이로써 현대사회 정당의 영향력은 급속히 약화되었으며 후보자 선택에 미치는 TV의

---

107) 김응숙, 같은 책, pp. 41~51 참조.

힘이 증가하였다. 유권자가 TV를 통해 후보자 연설을 들을 때 정당보다 후보 개인을 놓고 평가하는 경향이 크다는 사실이 후보들에 대한 정당의 통제력을 약화시켰고, TV가 전하는 이미지가 실제 모습보다 큰 의미를 갖는 시대가 되었다. 이로써 유권자에게 접근하기 위한 정당조직은 TV로 대체되는 경향을 띠고 있으며 미디어 및 마케팅 전문가들이 정당 지도자들을 대신하고 있다.108) 최근 우리나라에서도 미디어 선거 영향으로 기존 정치구조에서 정치 신인들에게 높은 벽이 되어왔던 계보정치가 크게 약화되는 현상을 보이고 있다.

TV토론의 특성은 올바른 민주정치 작동 체계와 관련이 깊다. 일찍이 알거(Alger)는 민주주의가 제대로 작동하기 위해 두 가지 요소가 필수적이라고 밝힌 바 있는데, 이것들은 곧 TV토론을 통해 가장 손쉽게 실현될 수 있는 것이기도 하다. 알거가 말하는 두 가지 요소는 선거에서 경쟁하는 두 명 이상의 대안적 후보들을 상호 비교해 장단점을 공중에게 알리려는 노력('사상의 공개시장', 'marketplace of idea')과, 공중에게 정치적 선택에 필요한 정보(후보의 지도력과 자질, 후보의 일반적인 정치성향이나 정치철학, 중요 이슈에 대한 입장, 선출되는 직위의 성격, 거론되는 중요 이슈에 대한 본질적이고 정확한 전달내용 등)를 제공하는 것이다.109) 선거에서 각 후보들이 벌이는 캠페인의 최종 목적 - 자신의 인지도를 높이고 좋은 이미지를 형성한다, 의제를 설정하고 이슈를 이용한다, 상대방의 지지를 떨어뜨리며 상대방 공격으로부터 자신을 보호한다 등 - 역시 TV토론을 통해 가장 잘 실현할 수 있다.

유권자 입장에서 볼 때에도 TV토론은 언론이나 선거 캠페인에 영향을 받지 않고 직접적이고 능동적으로 주요 경쟁 후보들을 비교 분석하며 선택을 결정짓게 하는 매우 유용한 도구이다. 때문에 선거운동 기간 중

---

108) 미국에서는 이미 지난 1972년 민주당 경선에서 이러한 경향이 뚜렷이 드러났다. 당시 자유주의적이고 반전 의식이 강한 조지 맥거번이 미디어와 마케팅 전문가인 캐델의 조언을 받아들여 뉴햄프셔주의 보수적인 노동자계층 유권자들의 소외감을 자극하는 전략을 구사함으로써 지지표를 얻어내는데 성공했다.

109) Alger, D., *The media and politics, 2nd ed.*, NY : Wadsworth, 1996, p. 9.

유권자들이 후보자들을 제대로 비교하여 알 수 있는 가장 좋은 방법이자 중요한 정치적 행사로 평가받고 있다. 이는 후보자가 유권자에게 책임감을 느끼고 자신의 발언에 대해 책임을 지게 만드는 민주적 핵심 장치로서도 기능한다. 평소 정치에 냉담한 유권자로 하여금 선거에 대한 관심을 불러일으키고 나아가 높은 투표 참여를 이끌어내기도 한다.

정치 후보자간 토론의 역사는 1857년 미국 상원의원 선거 때로 거슬러 올라간다. 당시 링컨과 더글러스는 직면한 주요 이슈인 노예제도와 관련해 7회에 걸친 토론을 실시함으로써 보다 정확하고 많은 정보를 원하는 대중들에게 도움을 주고자 하였다. 이 역사적인 토론은 링컨이 제안하고 더글라스가 수용해 이뤄졌다. 두 사람이 동의한 일련의 기본 규칙은 매회 토론을 다른 지역에서 개최하며, 1회 토론 시간을 후보 1인당 1시간 30분씩 도합 3시간으로 제한하되 오프닝과 클로징 연설을 번갈아 할 수 있게 하는 것이었다(토론 횟수 7회 가운데 토론을 제안한 후보는 3번, 제안 받은 후보는 4번의 오프닝과 클로징 연설을 하는데 합의했다).

링컨과 더글라스의 정치 토론이 TV시대에 이르러 본격적으로 발전된 형태가 바로 선거 TV토론이다. 최초의 선거 TV토론은 1960년 미국 대통령 선거를 기해 실시돼 케네디가 닉슨을 이기는데 결정적인 역할을 했다. 이는 당연히 TV토론을 지켜보는 유권자의 숫자가 매우 많았다는 사실이 바탕이 되었다. 실제로 1960년 선거 당시 미국 국민의 80% 이상이 최소한 한번 이상 TV토론을 보았다고 답했다. 현대 정치에서 TV토론은 선거 결과를 좌우한다는 것이 정설로 인식되고 있다. 특히 부동층의 의사 결정이 토론 시청 후로 미뤄지는 경향이 크다는 점은 매우 중요하다.

우리나라에서는 지난 1995년 서울시장 선거부터 TV토론에 대한 사회적 · 학문적 관심이 급격히 증대됐다. 이후 1997년 치러진 제15대 대통령 선거에서는 유권자의 절반 이상이 투표할 후보를 결정하는데 가장 많은 영향을 미친 요인으로 TV토론을 꼽았다. 2002년 제16대 대통령 선거에서는 뉴미디어인 인터넷의 위력이 급부상했으나 그 누구도 여전히 TV토론이 매우 중요한 미디어 선거 도구라는 점에 이견이 없다.

오늘날까지 전 세계적으로 통용되는 선거 TV토론은 진행방식에 따라
다음과 같이 분류할 수 있다.

<표 15> 선거 TV토론의 방식과 종류

유형	사례명	내 용
아카데미식	대학식(Collegiate)	논란이 되는 명제를 제시하면 이것에 대한 토론 참여자 찬반 의견을 제시하는 형태. 한쪽 토론자가 한 의견을 제시하고 다른 쪽에서 반대되는 의견을 제시하는 것. 비록 양쪽이 상대방의 주장에 대해 반박할 기회는 있지만 쌍방간의 직접적 질문과 반박은 없음.
연설토론식 (오레곤 스타일)	링컨-더글라스식	오레곤주에서의 Tomas Dewey와 Harold Stassen이 취한 토론양식. 한가지 주제에 대한 20분 연석과 이에 뒤따라서 81/2분간의 반박이 따르는 토론양식. 흔히들 링컨-더글라스 토론 모델을 시간적으로 축약한 형태라고 함.
공동 기자회견식	미국대통령 후보자 텔레비전 토론	1960, 1976, 1980년의 미국 대통령 후보자 토론회 양식. 사회자와 패널이 전통적인 연단 뒤에 서있는 후보자에게 준비해 온 질문을 하고 후보자가 응답하는 형식. 후보자들은 시작하거나 끝날 때에 준비해 온 연설을 할 수 있다.
양자직접 토론방식	유럽식 텔레비전 토론	프랑스 대통령 후보자가 텔레비전 토론에서와 같이 질문자 패널이 없이 단독 사회자의 진행에 의해 양 후보자가 직접 대결, 토론하는 방식.
시민포럼식	공회당식	1992년 미국 대통령 선거 텔레비전 토론 시리즈 중 2번째 였던 Richmond Town Hall Meeting이 그 원형이 된 토론회로서, 언론인이나 전문인으로 구성된 전통적인 패널리스트가 아니라 다양한 시민들이 자유롭게 원하는 후보자에게 질문을 던지고 응답하는 형식.

1) 미국 대통령 선거 TV토론

미국의 대통령 선거 TV토론은 자유민주주의 언론관에 기초하고 있
다. 사상의 자유공개시장을 통해 개진된 자유의견 가운데 가장 진실하고
바람직한 것을 선택할 수 있다는 믿음이 그것이다. 미국 선거 사상 최초

의 TV토론은 1960년 제35대 미국 대통령 선거에 출마한 민주·공화 양당후보[110] 케네디와 닉슨 간 4차례에 걸친 토론이다. 특히 이 토론은 판세를 뒤집은 것으로 유명하다. 당시 43세였던 케네디는 경험이 부족한 젊은 정치인이라는 약점을 불식시키기 위해 행정 및 정치 경험이 풍부한 닉슨에게 모험적으로 TV토론을 제의했다. 닉슨 캠프는 애초 패기에 찬 케네디의 도전을 거부하고자 했으나 여론이 악화할 것을 의식해 7월 29일 토론 제의를 수락하기에 이르렀다. 9월 26일 시카고에서 열린 양자간 역사적인 TV토론은 미국 전역에 생중계 방송되었고, 결국 당시 투표에 큰 영향을 미친 것으로 나타났다. 토론 전에는 케네디 지지율이 39%, 닉슨 지지율이 30%, 부동표가 23%이었으나 1차 토론 후 각각 53%, 30%, 12%로 변화했으며 4차 토론 후에는 56%, 32%, 7%로 나타났다. 그리고 최종결과는 케네디의 승리로 마감되었다.

케네디는 TV토론에서 젊고 박력 있는 뉴 프론티어 이미지를 창출했고 닉슨은 화면 배경과 비슷한 양복 색깔, 피로하고 지쳐 보이는 인상 탓에 노련한 정치인이라는 본래의 모습마저 시청자에게 전달하지 못했다. 당시 닉슨은 라디오 청취자들에게 더 좋은 반응을 얻었음에도 불구하고 선거에 패함으로써 후보자의 외모를 포함한 이미지가 토론 내용보다 중요하게 인식되는 TV토론의 특성을 널리 알렸다.[111]

---

110) 1934년 제정된 미국의 커뮤니케이션법 제315조항은 공정성과 공평성을 중요한 규칙으로 보장하고 있다. 그러나 당시 토론은 관련법 발효를 일시 정지한 상태에서 군소 정당을 제외한 양당 후보만을 참여시켰다.

111) 실제로 TV토론이 이성적 판단을 위한 이상적인 공공 영역인가에 대한 의문은 존재한다. 이는 이미지 전달력이 무엇보다 강한 TV 미디어의 속성 때문이다. 이 외에도, TV의 메시지 전달은 인간 심리에 극히 효과적인 수단인 시각 이미지를 언어에 첨가하는 방식으로 이뤄지기 때문에 이데올로기적으로 도구화하기 쉽다는 점이 지적된다. TV토론에 대해 이데올로기적 의미를 담고 있으며, 의도한 특정 방향으로 진행되는 서사물이라는 시각이 완전히 배제되지 않는 이유이다. 피스크(Fiske)는 사실적 측면을 지닌 프로그램 유형인 TV토론이 지배적 신화를 더 잘 보여준다고 했으며, 엘리스(Ellis)는 TV토론 프로그램의 주체 구성이 수용자와 텔레비전 화면 속의 커뮤니케이터들(사회자, 토론자)간 '공모'의 구축을 통해 주로 이뤄진다고 했다. 예컨대 TV토론에서 출연자와 시청자간 시선접촉을 유지하는 것이 관행이 되고 있고, 시청자와의 대화형식이나 직접적인 소구 형식으로 프로그램을 이끌어

그러나 이후 1964년 존슨 대통령과 공화당 후보인 워터와의 TV토론, 1968년 민주당 대통령 후보 지명자인 험프리와 닉슨의 TV토론, 1972년 닉슨과 맥거번의 TV토론은 양당 후보간 합의 실패로 무산되고 말았다. 또한 군소 정당의 후보들에게도 방송을 이용할 시간과 기회를 똑같이 주어야 한다는 논란도 지속되었는데, 1975년 "방송사가 아닌 제3의 사적 기관이 주최하는 TV토론은 뉴스이기 때문에 이를 중계하는 것은 동등시간 원칙에 위반되지 않는다"는 미연방통신위원회(FCC)의 해석[112]과 함께 1976년 대통령 선거부터 양당 중심의 TV토론이 본격적으로 제도화되었다.

1976년 당시 현직 대통령이던 포드는 지지 여론이 16%에 불과한 열세를 만회하기 위해 민주당 후보인 카터에게 토론을 제의했으나 패배했고, 1980년 선거에서는 카터가 현직 대통령으로서 공화당 후보인 레이건과 TV토론을 벌였으나 인기를 회복하지 못했다. 1988년 선거에서는 부통령 출신의 부시 공화당 후보가 민주당의 듀카키스 후보와 TV토론 횟수에 대한 의견 차이를 조정하면서 자신의 원래 주장대로 2회로 확정지었다.

1992년 부시와 클린턴, 페로 후보간 대선 TV토론은 3자 토론(1차)-부시와 클린턴간 양자 토론(2차)-3자 토론 형식으로 열렸으며, 1996년 돌과 클린턴간 TV토론은 2회에 걸쳐 열렸다. 2000년 선거는 TV토론 참여자격

가게 되며 출연자들 사이의 대화에서도 진행자는 항상 시청자를 대신하는 입장으로 스스로를 위치 지우는 것 등이다. Ellis, J., *Visible Ficture : Cinema, Television, and Video*, London : Routledge & Kegan Paul, 1982, p. 167.

112) 아스펜 규정(Aspen ruling). 만약 비방송업체들에 의해 주최되거나, 완전히 생방송으로 보도된다면 군소 정당의 입후보자에게 동등한 시간을 할애하지 않아도 된다는 것으로, 커뮤니케이션법 315조의 동등기회 조항에서 사실상 면제시킨 조치. 군소 정당후보들을 배제하기 위한 책략에 불과하다는 비난을 받았다. 이후 1986년 미연방 공소법원은 공정성 원칙(Fairness Doctrine)이 의회 승인을 거친 법률이 아니라 단지 FCC가 제정한 일종의 임의규정에 불과하다는 점을 들어 의회 승인 없이 미연방 공소법원 결정만으로 폐기할 수 있다고 판결했다. 이로 인해 군소 정당후보들은 민주·공화 양대 정당 후보와 마찬가지로 공평한 TV토론 기회를 부여받을 수 있도록 방송시설 이용 등 방송의 공평성 기회를 제공하라고 주장할 수 없게 되었다. 대신 양대 정당 후보들의 합의에 따라 TV토론이 보다 자유롭게 열리게 되었다.

을 전국적 여론 조사에서 지지율이 15% 이상 되는 후보로 설정해 논란을 빚기도 했다. 20년 만에 오차범위 한계 안팎에서 박빙의 승부를 펼친 부시와 고어 두 후보는 확실한 우위를 점할 수 있는 절호의 기회로 삼기 위해 선거 진영에 토론팀을 포진시킨 가운데 3회에 걸친 TV토론을 가졌다. 당시 TV토론은 1회당 약 1억 명 이상이 시청했으며 두 후보간 우열을 가리기 힘든 접전으로 펼쳐졌다. 미국의 선거 TV토론은 지나칠 정도로 완벽하게 미디어를 통한 이미지 플레이에 열중한다는 비난을 받고 있으며, 실제로 TV토론을 위한 사전준비가 6개월 전쯤부터 시작되어 각 후보들이 이를 완벽하게 소화하기 때문에 순발력 있고 생동감 있는 진행의 묘를 감소시키고 있다.

미국 대통령 TV토론의 초기 발전과정과 제도화에는 방송 저널리즘의 역할이 컸다. 초기 토론의 기본 형식은 언론인 패널 중심의 공동 기자 회견식이었으나 1992년 토론위원회가 패널 없이 사회자가 단독으로 후보자에게 질문하는 포맷을 건의한 이래 방송 저널리스트들이 토론 사회를 맡아왔다. 단 전국 방송 네트워크의 뉴스 앵커는 사회자로 선정되지 않았다. 그 이유는 스타인 앵커가 사회를 볼 경우 후보자에 대한 관심이 분산되며 토론회 목적인 '후보자간 논쟁에 의한 정보 추구'를 방해한다는 것 때문이다. 이에 따라 92년부터 3회 연속 미국 대선 TV토론 사회자는 공영방송 PBS의 대표 앵커인 짐 레러가 맡았다. 레러는 미국에서 가장 존경받는 언론인으로 꼽힌다.

TV토론의 형식과 횟수, 참가후보 결정 등 토론회 조직과 운영에 대한 모든 업무는 1987년부터 TV방송사나 주요 정당의 압력으로부터 자유롭고 독립적인 초당파적 기구 '대통령후보 토론위원회(Commission on the Presidential Debates)'가 수행해 오고 있다. 비정치적이고 비영리적인 기관으로서, 전직 대통령으로 구성된 10명의 이사진과 50명의 자문위원으로 구성된 이 기구는 토론의 효율성과 교육적 가치를 높이기 위해 유권자 교육(Debate Watch 운동)도 함께 실시하고 있으나 아직 권위가 부족하다는 비판과 함께 보다 강력한 기관이 되어야 한다는 필요성이 제기되고 있다.

　미국에서는 실제로 여러 가지 선거 TV토론 형식(포맷)을 사용하는데, 같은 정당의 후보경선을 위한 기초선거와 지방선거(주지사선거)의 경우 여러 후보가 출연하기 때문에 부드럽고 자유로운 분위기로 진행되기도 한다. 이에 비해 대통령 후보 TV토론은 비교적 정형적인 틀을 갖고 있으나 1992년 이후부터 시민 포럼(town hall meeting)113) 같이 시민들이 직접 참여하는 형태로 변화가 일고 있으며, 유권자들의 흥미를 자극하고 보다 많은 정보를 제공하기 위해 후보자 상호 직접 질문과 상호 대화 등 새로운 형식에 대한 관심도 대두하고 있다. 후보자 답변은 초기에 3분 정도였으나 최근엔 1분 30초로 단축되었고, 상대방 후보의 반박은 1분간 지속되는 것이 보통이다. 보충질문의 경우 후보자들이 꺼리는 경향 때문에 매번 이용되지는 않는다.

　닉슨과 케네디의 TV토론이래 미국에서 시작된 선거 TV토론은 세계에 수출된 주요 정치 상품이다. 프랑스에서는 1974년 지스카르 데스탱이 케네디식 기법을 이용해 미테랑을 물리치는데 기여했다. 이후 TV토론이 지속돼왔지만 2002년 4월 대선에서는 시라크 진영이 극우파 르펜과의 1대 1 토론을 거부하는 바람에 무산됐다. 독일은 2002년 9월 총선에서 처음으로 총리 후보 TV토론을 실시했다. 영국은 아직까지 후보자간 TV토론이 성사되지 않았다.

2) 우리나라 대통령 선거 TV토론

　우리나라 선거법 역사상 방송시설 이용에 대한 명문규정은 1963년 처음 만들어졌으며 이로써 라디오를 통한 후보자들의 정견발표가 이뤄진 바 있다.114) 이후 방송 미디어에 대한 인식이 크게 높아진데 힘입어 1971

---

113) 인구학적으로 다양하게 분포된 일반 시민들을 추출하여 패널로 참여시키고 직접 후보자에게 질문하게 하는 방식이다. 일반 유권자의 관심과 참여를 촉진한다는 점에서 환영받지만 진부한 질의응답이 될 우려도 있다.

114) 이는 5·16 쿠데타 이후 제3공화국 수립을 위한 대통령 중심제로의 헌법 개정과 함께 대통령 선거법에 방송시설에 관한 조항을 신설함으로써 가능해졌다.

년 제7대 대통령 선거에서는 라디오 뿐 아니라 TV를 통한 최초의 정견 발표가 실시되었다. 당시 여당인 민주공화당과 야당인 신민당 후보가 4월21일과 26일 오후 7시 20분 각각 중앙방송 TV에 출연한 것이다. 그러나 이는 어디까지나 TV연설에 불과했다.

우리나라에서 TV토론이 하나의 선거 운동 수단으로 거론되기 시작한 것은 1987년 제13대 대통령 선거부터이다. 16년 만에 대통령 직선제가 복원된 역사적 배경과, 이미 선진국에서 선거 TV토론 효율성이 입증된 사실에 힘입은 결과이다. 이 때를 기해 대통령 선거법에 방송시설을 이용한 대담토론이 명문화(제44조)[115)]되었으나 법적인 미비와 후보자간 이해관계 때문에 TV토론은 결국 성사되지 못했다.

13대 대선 TV토론 불발은 관훈클럽의 개인별 후보자 토론을 TV로 녹화 방송하는 절충 형태를 낳았다. 그러나 한 명의 사회자와 여러 명의 언론인 패널로 구성된 이 토론회는 엄밀한 의미에서 개인별 기자회견이라고 볼 수 있다. 당연히 이러한 형태는 문제점을 노출했다. 토론 대결이 후보자와 후보자간 이루어지지 않고 후보자와 패널들간 대결이 되었기 때문이다. 각각의 후보자에게 동일한 내용의 질문이 제기되지 않아 공정성에 문제가 드러났으며, 후보자간 정책의 차이를 인식하거나 비교할 수도 없었다. 더구나 이들 토론회의 방송 편성 시간대가 달라 시청률 면에서도 공정하지 못했다는 지적을 받았다.

1992년 제14대 대선에서는 후보들의 자질을 한 자리에서 검토할 수 있는 방안으로 주요 후보자들이 함께 참여하는 공동 기자회견 형태의 토론회의 필요성이 대두되었고 자연스럽게 TV토론 개최를 희망하는 국민적 욕구로 이어졌다. 하지만 당시 관련 선거법이 명시한 절차와 기준이 매우 까다로워 성사되지 못하다가 1994년에 이르러 통합 선거법이 제정되면서 TV토론 개최를 위한 물꼬가 겨우 트였다. 통합 선거법에 따르면 언론기관은 후보자의 승낙을 받아 토론회를 개최하고 이를 보도할 수 있

---

115) 주요 내용은 방송사가 정당 또는 후보자와 합의해 각 3회씩 매회 40분간 TV토론을 실시하도록 하되, 발생 비용은 방송사가 부담하는 것이었다.

으며, 토론 절차와 방법을 스스로 결정할 수 있었다. 주목할 부분은 과거 대통령 선거법이 규정한 것보다 훨씬 많은 횟수의 토론회 개최를 허용한 것이다. 본격적인 TV토론 활성화 시대는 이렇게 시작되었다.

1995년 제4대 지방자치단체장 선거에서 서울시장 입후보자들을 대상으로 한 TV토론이 처음 등장했다. 지상파 3사 방송사들이 주관한 서울시장 선거 TV토론은 역시 공동 기자회견 형태로 치러졌으며 준비과정과 실제 운용에서 다소 문제점이 노출되긴 했으나 신선한 충격으로 받아들여졌으며 따라서 유권자들의 관심을 불러일으키기에 충분했다. 당시 TV토론은 주요 도시 시장선거에 확산되어 이 시기에만 전국에서 1백 회가 넘게 개최되었다.

우리나라에서 진정한 의미의 선거 TV토론이 실시된 것은 1997년 제15대 대선 때이다. 당시 공직자 선거 및 선거부정 방지법 개정과 더불어 방송매체를 통한 선거운동 활성화를 명시하는 일부 조항이 신설 또는 개정되었는데, 이는 방송매체가 고비용 정치구조를 개선하고 선거공영제와 선거운동의 공정성을 확대하는 바람직한 대안으로 받아들여졌기 때문이다. 제15대 대선에서는 TV토론을 의무화하여[116) 방송사가 후보자를 단독, 혹은 여럿 초청해 대담이나 토론을 3회 이상 개최하고 보도하도록 함으로써 대통령 선거방송 토론위원회를 따로 구성하고 토론회를 주최했다.

TV토론을 법적으로 보장한 제15대 대선 운동 기간 동안 후보자들은 지상파 방송 3사 외에 지역 민방과 케이블TV 등에서 주최한 각종 토론회에 활발하게 참여했다. 선거 캠페인이 시작되기 훨씬 전인 1997년 5월부터 주요 방송사의 경선 후보 초청 TV토론을 필두로 선거 기간 동안 네 차례에 걸친 공식 합동 토론회[117) 외에, 각종 유형의 토론회가 경쟁적으로 열렸다. 이러한 TV토론 열기는 언론사간 과열 경쟁 양상으로 발전돼

---

116) 그동안의 선거법은 TV토론을 의무가 아닌 후보자 간, 혹은 정당간 합의를 전제로 하는 것으로 규정해왔기 때문에 개최에 장애 요소가 되어왔다. TV토론을 실시하는 나라들 가운데 우리나라는 이를 법제화한 유일한 나라다.

117) 3회에 걸친 3당 후보 초청 토론회 및 군소 정당 후보 초청 토론회 1회를 포함한 것임.

오히려 유권자의 정보 접촉을 왜곡할 우려가 있다는 방송위원회 지적을 낳기도 했으나 선거 문화의 결정적 변화요인으로 작용하기에 충분했다. '미디어크라시', '텔레미디어 정치'와 같은 용어들을 새롭게 등장시킨 1997년 TV토론은 그간의 선거 문화를 개선하고 정치과정에서 매스미디어를 적극 이용하게 했다는 점에서 새로운 차원의 선거기틀을 마련한 계기가 되었다. 그 결과 15대 대선 선거 당일 실시한 한 설문조사에서 "투표결정에 영향을 미친 요인이 무엇인가?"라는 질문에 응답자의 절반 이상(51.6%)이 TV토론이라고 답했으며, 토론회를 보고 실제 지지자를 바꾼 유권자 또한 10% 이상에 이르렀다.118)

2002년 제16대 대선에서는 선거법의 엄격한 적용과 대중유세에 대한 호응도 하락이라는 시대적 흐름에 발맞추어 미디어 선거가 정점을 이루며 TV토론의 중요성이 크게 부각되었다. 유권자에게 커다란 영향력을 미치는 정보원으로서 TV토론의 의미를 새삼 거론하게 된 것이다. 따라서 민주당과 한나라당이 대통령 입후보자를 결정하는 경선 시기부터 많은 TV토론이 열렸다. 2002년 1월부터 시작된 양당 후보 경선 TV토론만 35회 치러졌다. 선거일 전 120일부터 자율적으로 개최할 수 있는 초청토론은 무려 87회나 이뤄졌으며, 방송 언론기관 자율 초청 대담토론과 함께 선거법 규정에 따른 TV 합동토론회가 세 차례 열렸다.119) 제16대 대선 당시 중앙선거관리위원회가 실시한 유권자 의식조사에서 "후보자를 아는데 가장 큰 도움이 되었던 것이 무엇인가?"라는 질문에 응답자의 82.4%가 'TV대담이나 토론, 혹은 방송연설'을 꼽았다. '언론보도'라고 응답한 비율은 50.7%(두 가지 인지경로를 물은 것으로 합계는 200%임)에 그

---

118) 기타 투표결정에 영향을 미친 요인들로는 TV연설(16.8%), 신문 및 방송보도(10.5%), 신문/방송광고(6.9%) 등으로 나타났다. <97 제15대 대통령 선거투표 형태>, 한국갤럽, 1998. 3. pp.74~75.

119) 이는 대통령 선거 운동기간 중 3회 이상 TV합동토론회를 개최해야 한다는 공직선거법 조항에 따른 것이었다. 이로써 2002년 12월 3일(정치·외교·통일)과 10일(경제·과학), 16일(사회·교육·문화·여성) 3회에 걸친 합동토론이 KBS, MBC, SBS를 통해 2시간 동안 동시 생중계 되었다. 이 외에 지역민방, 케이블TV 등의 토론회를 합치면 대선 기간 중 각종 TV토론회는 20회 이상에 달했다.

쳤다. 특히 지지후보 결정에 TV선거운동이 미친 영향에 대해 "영향을 받았다"고 응답한 비율은 67.4%에 이르러 TV 매체가 여타 선거운동 매체보다 가장 효율적이라는 사실을 확인시켜 주었으며, TV토론의 커다란 중요성 또한 다시금 일깨워주었다.

제16대 대선에서 TV합동토론은 크게 3가지 유형으로 진행되었다. 제1유형은 세 후보에게 각각 모두발언 1분을 사용하게 한 뒤 사회자가 준비한 질문을 던지는 형태로 진행되었다. 이 때 각 후보는 2개의 질문에 답하며, 다른 후보들은 반론을 제기하고 해당 후보는 재반론의 기회를 사용할 수 있었다. 사회자 질문은 각계 의견을 수렴해 문제은행 형태로 준비해 토론 당일 현장에서 발표했다. 제2유형은 후보자 3자 토론인 형식으로, 한 후보가 다른 두 후보에게 공통 질문을 던지고 답변을 들은 뒤 질문을 한 후보가 또 추가질문을 하며, 다른 두 후보가 재반론하는 방식으로 진행되었다. 이 때 각 후보는 2개씩의 질문을 타 후보들에게 할 수 있었다. 제3유형은 제16대 대선에서 처음 도입된 1대1토론 형식으로 한 후보가 특정후보를 지목해 질문하는 것이었는데 3개 팀의 리그경기처럼 서로 공방을 주고받는 방식으로 진행되었다. 역시 후보 당 2개 질문을 할 수 있었으며, 세 명의 후보가 맺음말을 2분씩 한 뒤 토론회를 끝내도록 했다. 질문시간은 1분, 답변시간은 1분30초로 제한되었고 반론과 재반론도 모두 1분 이내로 제한했다.

두 번에 걸친 우리나라의 선거 TV토론은 지나친 형식적 한계로 인해 긴장감이 떨어졌다는 평가를 얻었지만 대다수 유권자들이 안방에서 유력후보를 관찰하고 평가할 수 있는 기회를 제공했다는 측면에서 획기적인 선거문화의 변화를 이끌었다. 또한 TV토론회에서 드러난 쟁점이나 입후보자들 사이의 견해가 일반 미디어보도로 전이되면서 주요사안들로 제기되었다. TV토론회 자체도 중요하지만 이를 둘러싼 논의 역시 매우 중요한 흐름을 형성했다.

3) 선거 TV토론의 영향력과 문제점

(1) 선거 TV토론의 영향력

유권자를 상대로 하는 설득적 행위의 장인 TV토론은 매우 중요한 선거 도구이다. 오늘날 TV토론은 '어떤 선거 캠페인보다 강력한 커뮤니케이션 수단'[120]이자 정치 정보흐름의 중요한 매개 수단이다. 최근 각 정당의 전통적 집회 및 운동방식의 퇴조는 미디어선거, 그 가운데 TV토론에 기인한 바 크다. TV토론은 다른 어떤 선거 캠페인보다 많은 유권자들을 동참하게 만들며, 잠재적 투표자가 후보자의 인격과 정책·이념과 관련한 정보를 손쉽게 제공받을 수 있다는 점에서 높은 효용 가치를 지닌다. 전통적인 캠페인 방식에서 불가능했던 다양한 이슈를 둘러싼 후보자 의견 확장과 발전이 가능하기 때문이며, 이로써 유권자들은 언론인이나 전문가의 분석과 비평을 특별히 거치지 않고도 후보자를 평가할 수 있다.

1950년대 후반부터 미국에서는 후보자 이미지와 이슈, 정책 중에서 유권자의 투표에 더 많은 영향을 미치는 변인이 무엇인가에 대한 연구가 많이 이뤄져왔으며, 대부분의 연구결과에서 개인의 특성이나 이미지가 이슈나 정책보다 유권자 투표행위에 더 많은 영향을 미친 것으로 드러났다. 또한 선거 TV토론은 특정한 상황에서 매우 큰 영향력을 갖는 것으로 파악되었다. 예컨대 선거 캠페인 초기 단계여서 유권자들의 태도가 아직 형성되지 않거나 명확하지 않은 상황일 경우처럼, 유권자들이 불확실한 상태에 처할수록 인지와 태도에 커다란 영향을 미치는 것으로 나타났다. 또 이미 우리나라 제15대 대선에서 목격한 것처럼 박빙의 접전이 치러지는 선거일수록 TV토론은 최대의 승부처가 된다.[121] 그러나 최근 국내 여

---

120) Kraus, S., *Televised Presidential Debates and Public Policy*, Hillsdale, NJ : Lawrence Erlbaum Associates, 1988. 양승찬, <미디어 정치시대 선거보도>, 한국언론연구원 연구보고서 98-02, p. 12에서 재인용.

121) 김대중후보가 근소한 차이로 승리를 거둔데 대해 승패 원인을 분석하면서 여러 관점이 제기되었으나 대부분의 전문가들은 마지막까지 투표 결정을 하지 못했던 부동층이 TV토론의 영향을 많이 받아 후보자를 선택했다고 보았다.

론조사 기관들이 경험적 통계에 비추어 TV토론이 후보 지지율 변화에 미치는 영향이 1~2%포인트 정도에 불과하다고 분석하고 있는 것처럼, TV토론이 후보에 대한 정보 제공이란 측면에서 높은 가치를 지니고 있음은 분명하지만 실제 지지율에 영향을 미치는 정도에 대한 해답은 명쾌하지 않다. TV토론이 시작된 이래 실시된 많은 기존 연구들은 TV토론이 투표 행태에 많은 영향을 미친다는 사실[122]에 주목했지만 어떤 경로로 영향을 미치는지 밝히지 못해온 것이 사실이다.

　선거 캠페인 연구의 주요 대상인 TV토론은 매스미디어 선거관련 방송의 특별한 형태로서 여러 형태의 매스컴 영향 가운데 시청자, 즉 유권자에게 미치는 영향력의 정도가 상대적으로 크다는 점이 중요하다. 따라서 그간 TV토론과 관련한 주된 연구 관점은 ‘미디어 의제가 유권자 의제에 어떤 영향을 미치는가?’, 혹은 ‘후보자 이미지나 TV토론에서 다뤄진 구체적 쟁점이 어느 정도 학습되고 지식이 형성되는가?’라는 의제의 현저성 및 인지변화를 둘러싼 관점이다. 그리고 대개의 연구결과는 인지변화가 곧 유권자 행동과 태도에 영향 미친다는 관점에서 TV토론의 효과를 설명해왔다. 즉, TV토론을 통해 정치 이슈를 유권자에게 인식시킴으로써 유권자 의식 및 투표행위에 영향을 미친다는 ‘2단계 의제 설정론’이 그것이다.[123] 그러나 TV토론이 투표의사에 어떤 영향을 미치는가에 대한 다양한 연구에서 그 영향력의 정도가 유의미하게 제시된 것은 많지 않다. 다만 후보자에 대한 유권자 지식을 증가시킨다고 제시[124]하거나, 후보자에 대한 이미지 학습과 이슈, 입장에 영향을 미치지만 선거 결과에는 영향 미치지 못한다[125]고 밝히고 있다. 이처럼 선거 TV토론이 후보

---

122) 사전 사후 조사를 통해 TV토론이 투표행위에 영향을 미친다는 증거를 제시한 연구결과가 많다. Yawn, M., Ellsworth, K., & Kahn, K. How a presidential primary debate changed attitudes of audience members, Political Behavior, 20, 1998, pp. 155~181 참조.

123) Severin, W., & Tankard, J. *Communication Theories : Origins, Methods, and Uses in the Mass Media, Addison Wesley Longman*, 2001, pp. 236~238

124) Benoit, W., Webber, D., & Berman Jr. Effects of ideology and presidential debate watching and ideology on attitudes and knowledge, *Argumentation and Advocacy*, 34, 1998 참조.

125) Hellweg, S., Pfau, M., & Brydon, S. *Televised Presidential debate : Advocacy in contemporary*

자에 대한 인지학습 효과와 이슈 입장을 강화한다는 것이 주류를 이루지만, 미결정(부동층) 유권자를 설득하는데 영향을 미친다거나,[126] 투표 행위에 영향을 미쳤다는 분명한 증거를 제시한 연구도 있다.[127] TV토론의 영향력은 일회 결과로 알 수 없으나, 특정 이슈에 대한 의제는 TV토론에서 강조되는 만큼 유권자에게 점화(priming)된다는 것을 반복적인 추적으로 밝혀낼 수 있기 때문이다. 결론적으로 TV토론은 선거 캠페인 기간 동안 시청자 참여에 영향을 미치고 캠페인 과정에 더 많은 참여를 이끌어내며, 심지어 투표 의향도 변화시킨다. 즉, 태도강화 이상의 역할을 함으로써 시청자 선호 변화를 위한 중요한 매개체 역할을 한다.[128]

한편 TV토론과 관련한 중요한 두 가지 요인인 이슈와 후보자 개인 자질이 어떻게 유권자에게 인지·학습되며, 그로써 투표행위에 어떤 영향을 미치는가에 대한 연구가 그간 이미지 중심 연구와 이슈 중심 연구로 분리되어 왔으나 최근에는 구분하지 않는 추세이다. 후보자 이미지에는 후보자 자질과 후보자가 제시하는 쟁점 이슈가 상호작용하는 것으로 보고, 이에 따른 영향을 연구하는 경향이다.

우리나라에선 1987년 제 13대 대선 이후 매스미디어 선거가 본격화되면서 후보자 이미지와 이슈에 대한 관심이 높아진 이래, 특히 제 15대 대선에서 TV토론이 본격화되면서 유권자 투표 결정요인으로서 매스미디어 영향력에 관심이 증대되어 왔다. 실제 TV토론의 유용성을 확인한 연구가 여럿 등장했다. 유권자 투표행태에 많은 영향을 끼칠 정도로 매우 중요한 선거수단[129]이라거나, 후보 이미지가 유권자의 정치적 의사결정

 America, N.Y. : Praeger, 1992, pp. 1~2.

126) Carlin, D., & Mckinney, M. (Eds.), The 1992 presidential debates in focus, Westpot, CT : Praeger, 1994, pp.3~19., Pfau, M. & Kang, J., The impact of relational messages on candidate influence in televised political debates, *Communication Studies*, 42, 1991.

127) Kelley, S., *Interpreting elections, Princeton*, NJ : Princeton University Press, 1983, pp.10~13.

128) Best, S., & Hubbard, C. Maximizing "Minimal Effects" The Impact of Early Primary Season Debates on Voter Preferences, *American Politics Quarterly*, Vol. 27 No .4, 1999 October, pp.450~467.

129) 한국의 선거 TV토론과 투표행태 연구, 경북대학교 박사학위논문, 김환열, 1998.

과 판단에 현실적으로 영향을 미치는 정보[130]이며 특히 감정적 차원의 이미지가 호감도에 더 많은 영향을 미치고 선호도에 영향을 준다는 결과[131]들이 그것이다.

TV토론이 여론을 형성하고 선거결과에 영향을 미치는 과정은 매우 복잡하다. 기존 연구들은 TV토론의 효과를 상당히 크게 인식하면서도 유권자의 다양한 개인적 특성과 정당 지지도, 기존의 정치적 지식, 정치 관심도, 매체 의존도 등에 따라 차별적으로, 그리고 간접적으로 나타난다고 밝히고 있다. 또한 TV토론을 열심히 시청하는 것과 영향을 많이 받는 문제도 다르다. 기존 연구에서는 TV토론의 주요 시청자들은 교육이나 정치 관심도, 정당 지지도, 미디어 이용률이 높은 중년층으로 나타나고 있다. 하지만 이러한 주시청자 집단은 토론 이전부터 갖고 있는 강한 정치적 견해 때문에 TV토론의 영향을 가장 적게 받기도 한다. 오히려 정치적 관심도가 낮은 층의 관심도를 높이며 이러한 유권자층의 토론회 시청은 후보자들을 평가하는데 유용한 자료로 쓰이고, 지지 후보를 바꾸는 원인이 되므로 이 계층에서의 영향력이 더 크다고 볼 수 있다. TV토론은 비교적 제한된 정치지식과 적은 편견을 지닌 사람에게 후보자와 정책에 대한 직접적인 효과를 나타내는 것으로 알려지고 있다. 또 지지 후보를 변경하는데 그다지 큰 영향력을 행사하기 보다, 그 이전 지지 후보에 대한 유권자의 선유경향을 강화시키는 역할을 한다는 것이 주된 연구 결과이기도 하다.

TV토론은 직접 시청이 아닌 토론 후 언론보도로 영향을 주기도 한다. 일반적으로 언론보도는 토론의 실제 내용보다 가장 고조된 부분(후보자 실수나 극적인 순간)을 강조해서 보도하며, 후보자가 토론 중 보여준 행위를 극단적으로 긍정 혹은 부정적으로 평가해 자세히 시청하지 못한 유권자에게 후보자의 TV토론 능력을 평가하게 한다. 이러한 언론보도 형태가 TV토론 자체보다 토론의 승패를 가르는 인식에 더 많은 영향을 준다는

---

130) 이준웅, 후보 이미지의 정치적 영향력에 대한 사회인지론적 설명, 한국언론학보,43권 2호, 1998, 273쪽

131) 정성호, TV토론이 유권자의 인지변화에 미치는 영향에 관한 연구: 제16대 대통령 선거 TV토론을 중심으로, <언론학보> 47권 6호, 2003, pp.245~246.

1979년 미국에서의 연구[132) 이래 토론 결과에 대한 성급한 언론의 보도경향은 자제되고 신중한 태도로 바뀌었지만, 경마식 보도경향은 여전히 사라지지 않고 있다. TV토론이 후보 지지도에 얼마나 영향을 미쳤는가에 초점을 맞추어 보도하는 방식이 그것이다. 이처럼 언론의 의제설정 기능은 토론 후 분석과 토의에서 두드러지게 나타나고 있으며, 어떤 특별한 순간의 토론 내용을 강조함으로써 시청자들이 후보를 평가하는데 많은 영향을 주는 것으로 나타나고 있다. 예컨대 토론회에서의 실언은 지속적인 언론보도가 없다면 그만큼 치명적이지는 않다. 토론 직후 이에 관한 언론보도는 토론회에 대한 기억과 특히 토론에서의 승패에 대한 문제에 큰 영향력을 지닌다.

일반적으로 TV토론이 매스미디어 힘에 중재되어 유권자 투표행위에 영향을 미치는 과정은 다음과 같다.

그림 16 토론의 영향력 모델

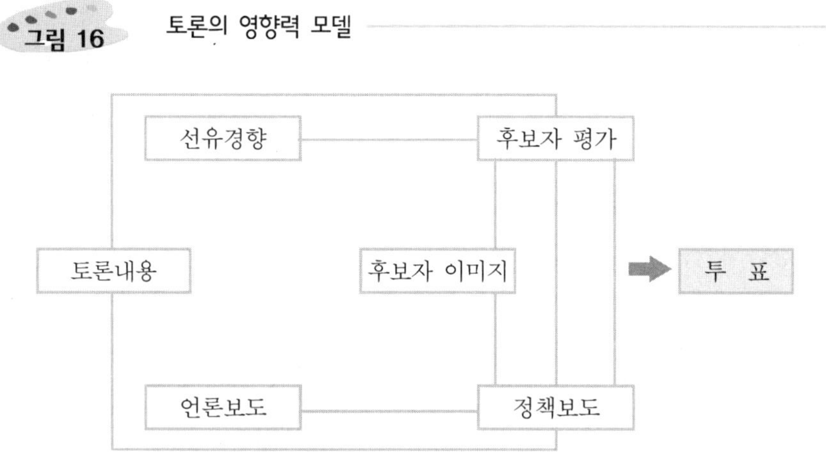

* 출처 : Lanoue, D., The Joint Press Conference. NY : Greensood Press, 1991, p134 참조. 이종수, 선거 TV토론과 시민저널리즘, ,한국언론연구원 연구보고서> 97-01, p. 21에서 재인용.

---

132) Sears, D., & Chaffee, S., "Uses and Effects of the 1976 Debates : An Overview of Empirical Studies" in Kraus, S. (ed.) *The Great Debates: Carter vs. Ford,* 1976. Bloomington: Indiana University Press, 1979.

(2) 선거 TV토론의 문제점

최근 우리나라 선거문화를 한 단계 성숙시킨 TV토론에 대한 관심이 낮아지고 있다. 토론회의 과잉공급, 후보자 검증의 비효율성, 토론주최자의 대표성 문제 등이 악화되었다는 평가 때문이다. 정치 냉소주의와 밀실정치의 해결책으로 등장한 TV토론이 또 다른 미디어정치에 대한 냉소주의를 불러일으킬 수도 있다는데 점도 거론되고 있다. 대선 1년 전부터 예비 후보들을 대상으로 TV토론을 경쟁적으로 벌임으로써 후보간 경쟁을 심화시키는 한편, 나중에 이를 경선 과열이나 경선 혼탁의 이름으로 몰아 부치고 그 책임을 후보에게 떠넘기는 경우가 일례이다. TV정치의 근본 한계인 이미지 정치의 피상성과 선정성도 완전히 뛰어넘을 수 없다. 토론에 이기는 것과 유권자 마음을 사로잡는 것은 별개여서 TV토론 자체가 과연 얼마나 후보자 진실에 접근할 수 있는가 하는 문제를 불러일으킨다. 보여지는 후보자의 외양 및 능력과, 실제 직책을 수행하는 능력과의 간극이 바로 TV토론의 한계이기도 하다.

TV토론을 방송언론의 영역으로 간주하는 것에 대한 문제도 지적된다. 미국에서는 대통령 후보자 TV토론을 'TV 중계 토론회'라고 부르는데, 이는 방송사가 TV토론회 규칙을 만드는 존재가 아니라 합의된 규칙을 정확하게 지키며 경기를 진행시키는 관리자라는 것을 말해준다. 이 경기의 주인공은 언론이 아니라 유권자와 정치후보자이며, 언론은 이 두 존재의 커뮤니케이션을 원활하게 하는 촉매제 역할을 한다. TV토론이 유권자를 단순한 시청자로 전락시키는 폐단을 막는 방법은 시민의 책임감과 선도 아래 TV토론을 진행시키는 것이어야 한다는 얘기이다. 또한 TV를 사용하는 궁극적인 목적은 방송사의 정치적, 상업적 이익 때문이 아니라 시민의 공동선이 되어야 한다. 여기서 바로 TV토론과 시민 저널리즘의 이상이 만난다. TV토론의 한계를 극복하는 방법은 바로 시민 참여와 공동체 의식이며, 이에 대한 언론의 적극적인 지지이다.[133]

---

133) 시민 저널리즘이란 시민들 삶에 언론이 미치는 영향을 생각하는 언론의 능동적인 실천으로서, 기존 언론과 민주주의 위기를 시민과 유권자가 소외된 언론 보도관행

TV토론은 가장 이성적인 커뮤니케이션 형태인 토론을 가장 감성적인 매체인 TV를 통해 한다는데 내재적 모순을 지닌다. TV는 경험의 매체이지 설명과 논리의 매체가 아니며,[134] TV 커뮤니케이션의 특성은 보다 표현적이며 공연적(회화적)이고, 유추적이며 즉각적이다.[135] 따라서 TV에 의한 영상 표현은 추상적 내용을 논리적으로 전개하기 보다 구체적인 내용을 직관적으로 표현한다. TV에 의한 정치 행보는 쟁점을 은폐하고 정치가를 외양으로 판단하는 습성을 유권자에게 심어주기 쉽다(물론 아무리 외양을 꾸미고 연기해도 실체를 속속들이 드러내는 언동의 진실까지 숨길 수는 없다).

TV토론은 이미 알고 있는 정책을 후보자가 어떤 식으로 어떻게 표현하고 설명하는지, 화면에 비치는 실제적이고 구체적인 인간이 이 정책을 어떻게 구현할 것인지를 가늠하게 하는 역할을 주로 하면서 이론적이고 인식적인 정보 뿐 아니라 정보적이고 감정적인 정보를 동시에 전한다. 여기서 문제는 정서적이고 감정적인 정보가 정작 중요한 이론적이고 인식적인 정보의 습득을 방해할 수 있다는 점이다. TV의 영상 영역은 메시지 습득을 저해하기도 하며, 때로 선호도에 영향 미친다.

전통적 선거 캠페인에서는 후보자 발언 내용이 정책을 구체화해 설명하는데 많은 시간을 할애하는데 비해 TV에서는 사실에 대한 증거를 들거나 일례를 드는 경우가 많다. 영화배우 출신으로 카메라 앞에서의 화법구사에 능숙했던 레이건이 당선될 수 있었던 데에는 이러한 TV특성이 큰 영향을 미쳤다. 당시 레이건은 일화를 효과적으로 삽입해 설명하는

으로 진단하고 있다. 따라서 선거보도는 선택 당하는 정치 후보자가 아닌 선택을 하는 유권자에게 관심을 가져야 하며, 유권자들이 관심을 갖는 이슈를 중심으로 진행되어야 한다. 시민저널리즘에 입각해 최근 미국의 많은 언론사들은 TV토론을 유권자 교육과 시민참여의 장으로 활용하는 방안을 모색하고 있다. 새로운 TV토론 형식인 시민포럼(town hall meeting)은 곧 시민 저널리즘 정신의 반영이다. 이종수, 앞의 책, pp.9~11.

134) Limsky, M., *Television and the presidential election : Self interest and the public interest*. Lexington, MA: Lexington Books. 1983.

135) Meyrowitz, J., *No sense of place : The impact of electronic media on social behavior*. NY : Oxford University Press, 1985.

스타일로 유권자에게 친밀한 이미지를 심었다. 그러나 이러한 경우 현실을 지나치게 단순화하며 정치적 논쟁을 훼손한다는 비판이 따를 수 있다. TV토론의 유용성과 의의는 인정하지만 진정한 토론이 아닌 '사이비 토론(pseudo-debate)'이라거나 '극장 공연', '토론 게임' 등으로 불리는 빌미가 되기도 한다.

케네디가 닉슨을 물리친 1960년 미국 대통령 선거 이후 사실과 본질보다 외모나 스타일, 말솜씨 등 외양을 중시하는 TV토론의 특성을 밝히는 많은 연구가 행해진 바 있다. 미디어 속성상 후보자 이미지가 이슈보다 더 큰 비중을 차지하고 영향을 미치는 TV토론의 문제점이 부상한 것이다. TV토론은 유권자들로 하여금 정책이나 가치, 원칙에 따른 인물 선택이 아닌 이미지 중심의 직관적 선택을 자연스럽게 유도한다. 실제로 TV토론은 대중의 참여를 확대하는 순기능을 갖지만, 바로 그 때문에 딱딱한 정책제시보다 대중 심리에 영합하는 후보자 이미지 전략을 강화하는 역기능을 낳는다. 많은 연구들에서 나타나듯이 TV토론은 유권자가 후보자에 대해 갖는 이미지를 강력하게 형성하고 극적으로 변화시키기도 한다.136) 따라서 각 후보는 TV토론에서 자신의 긍정적 이미지를 구성하고 강화하고자 하며, 동시에 상대 후보의 명성이나 이미지에 치명적인 공격을 가하려는 전략을 구사하여 '정치 쇼'를 펼치게 된다. 즉, 본질과는 상관없이 상대 후보보다 훌륭하고 그럴 듯해 보이려는 이미지 관리에 열중하게 되는 것이다.137) 이러한 현상은 TV토론의 가장 큰 문제점으로 지적된다.

제이미슨과 버드셀(Jamieson & Birdsell)은 현행 TV토론의 문제점을 다음과 같이 지적하고 있다.138)

---

136) Jamieson & Birdsell(1988), Keeter(1987), Friedenberg(1997)의 연구를 참조할 것.

137) 제16대 대선에서 이회창 후보가 나이 많고 딱딱하며 보수적인 이미지를 바꾸기 위해 TV에 등장하는 주변 인물들을 젊은 당직자로 교체하고 자신의 외양과 스타일을 젊고 활기차게 바꾸려고 한 것이나, 주름이 많은 노무현 후보가 주름 제거 시술을 받고 젊은이들과 어울리는 모습을 주로 보여주려 했던 사실이 좋은 실례이다.

138) Jamieson, K., & Birdsell, D. *Presidential Debates : The Challenges of Creating an Informed Electo-*

① 토론이 너무 축약된 형태로 진행되어 지나치게 요약, 암기되고 연출되는 경향이다 - 아무리 이상적인 토론회라고 해도 1시간 30분에서 2시간 사이에 성취할 수 있는 것에는 한계가 있다.

② 질문응답 형식이 실제적인 토론을 촉진하지 않는다 - 후보자끼리 논쟁하면서 대중에게 얘기해야 하기 때문에 토론이 힘들다. 질문응답과 상호논쟁이 분리되어야 한다.

③ 패널이 타후보를 대신해서 상대방을 공격하는 형식에 문제가 있다 - 경선 초기부터 선거전에서의 후보 입장 잘 알고 있기 때문에 대부분 유권자가 궁금해하는 내용보다는 뉴스가 될만한 질문을 한다. 언론의 기존 관행에 따라 정치와 선거캠페인에 대한 관심을 맞춘다.

④ 토론관련 보도는 토론의 실질적 내용에 초점 맞추지 않는다 - 경마식 보도의 문제점이 자주 나타난다. 스포츠와 전쟁의 은유로 토론을 보도하기 때문이다. 토론 자체는 논쟁을 제기하지만 역설적으로 토론은 그 내용보다 결과를 강조함으로써 중요한 정보를 무의미하게 한다. 대부분 유권자는 미디어의 판결에 따라 승자와 패자를 인식한다. 특히 정치적 정보가 풍부하지 못하거나 정당 지지도가 약한 유권자층 일수록 미디어 영향을 많이 받는다.

⑤ 후보자의 공적 커뮤니케이션 능력을 나타내기는 하나 정치인으로서 필요한 자질은 드러내지 못한다 - 미디어 시대 공적 커뮤니케이터로서의 자질이나 공직에서의 수사학이 후보자에게 매우 중요한 것은 사실이고, 토론은 이를 보다 효과적으로 드러낸다. 그러나 그 밖의 지도력은 잘 드러나지 않는다. 중요한 질문을 던지고 좋은 자문을 구하는 능력, 현명하게 행동하는 능력, 양심과 기본적 사회 원칙을 위반하지 않고 협상할 수 있는 능력 등을 평가할 수 있는 수단은 제공되지 않는다(때로 가상 상황을 설정하고 질문하는

---

rate, NY : Oxford University Press, 1988. 이종수, 앞의 책, pp. 15~19 재인용.

경우도 있지만 이는 바람직하지 않다. 답변 내용이 이후 직무 수행에 제약이 될 수도 있거니와 실제의 미묘한 상황을 무시하기 때문이다).

⑥ 영상이 때로 잘못된 정보를 전달한다 - 말하는 자의 태도, 외양, 전달방법이 실제 내용보다 중요한 전자매체를 통한 사건이기 때문에 시청자들은 후보자의 실재보다 TV에 의해 중계되는 메시지에 더 깊은 영향을 받는다. 언어보다 화면에 의해 더 많은 영향을 받으며, 영상에 적합한 후보가 능력과 관계없이 유리한 고지를 점령한다.

실제로 모든 후보진영이 만족할 만큼 공정하고, 유권자에게 후보선택에 유용한 정보를 제공할 수만 있다면 TV토론은 여러모로 효율적인 선거 도구 역할을 할 수 있다. 그러나 문제는 수행 역할에 따른 역기능적 요소가 적지 않다는 데 있다. TV의 틀 안에서 제한된 정보와 이미지를 주고받을 수밖에 없다는 한계가 뚜렷하기 때문이다. 그간 우리나라에서 치러진 대선 TV토론은 심도 있는 충분한 토론이 이뤄지지 못해 유권자의 후보 검증 판단에 역부족이라는 평가를 받았다. 핵심적 쟁점이나 후보의 내면적 자질보다는 토론의 승패에만 관심을 갖게 하며, 이성적 판단을 흐리게 하는 경우도 지적되었고 한 후보가 1주일에 몇 번씩 TV토론에 참여하면서 되풀이되는 내용에 유권자가 식상하는 경향도 없지 않았다. 선거 TV토론의 남용이 유권자에게 도움은커녕 오히려 정치 무관심을 부추길 수 있음을 보여주는 사례들이다.

선거토론의 가장 중요한 핵심은 공정성과 형평성이다. 후보 초청토론에서는 진행자나 패널의 주관적 발언과 불공정한 진행, 전문성과 다양성이 결여된 진행에 대한 비판이 지적된 바 있다. 3자 TV토론의 경우 양강구도의 1 대 1 대결에서 오는 집중력과 긴박감이 희석되어 대결 초점이 분산되고 혼란스럽다는 점과 함께, 너무 세분화한 이슈들을 섭렵하느라 정작 가장 중요한 비전 제시는 미흡했다는 불만도 제기되었다. 형식적인 틀에 맞춰 문답을 주고받는 토론 방식은 깊이 있는 검증이 어렵다는 한계를 보여주었다.

현대 선거에서 미디어 영향력은 점점 커지고 있다. TV는 그 가운데 가장 영향력 있는 미디어로서, 현 시점에서 정책에 대한 정보와 입후보자간 차별성을 파악하는데 TV토론을 능가할 방식이 거의 없다. TV토론은 분명 미디어 정치의 실현 가능성을 높여주었지만, 이에 대한 맹신은 경계를 요한다. TV토론은 정치인과 유권자, 언론이 상호 유기적으로 연계된 정치의 한 과정일 뿐, 민주 정치과정을 완전히 대체할 수 없기 때문이다. 토론을 주관하는 방송 조직 자체의 공정성과 투명성이 밑받침되어야 하며, 유권자의 깨어있는 의식과 합리적 판단이 전제되어야 한다는 점도 간과할 수 없다. 하지만 현실적으로 자본주의 미디어 조직의 경제 논리가 자칫 미디어 정치를 상업주의 언론의 소재로 전락시킬 위험요소가 존재한다는 사실을 기억할 필요가 있다. 시청률 경쟁이 미디어 정치의 상업화를 부추기기 때문이다. 이를 감시하기 위해 수용자인 유권자의 적극적 관심과 참여가 요구되지만 실제 유권자 집단이 미디어 정치를 주도해나갈 능력을 갖추는 일은 쉽지 않다.139) 한편 심심찮게 야기되는 TV토론의 공정성을 둘러싼 시비를 종식시키기 위해 정치권과 방송사간 상호 신뢰 형성의 바탕을 이루는 성숙한 정치문화 토양을 갖추는 일이 시급하다. 정치인 - 방송 미디어 - 유권자 3자간 신뢰를 바탕으로 공정성과 형평성을 실현하는 TV토론이 되기 위해 늘 고민해야 하는 것이다. 입후보자간 상호비방이나 힐난이 난무하는 시간이 되어서도 안 된다. 진행 방식을 끊임없이 개선해 보다 바람직한 토론을 이끌 수 있어야 한다. 또 시민의 이성적 판단을 위한 공동의 심사숙고 과정에 활용되어야 할 TV 토론이 일차원적 이미지 게임이나 미디어를 통한 권력의 확장으로 사용되는 일을 막아야 한다. 미디어 민주주의가 자칫 미디어 파시즘으로 변색할 수 있기 때문이다.

---

139) 미국은 TV토론에 대한 시민단체의 참여와 주도가 활발한 나라 가운데 하나이다. 우리나라에서는 'TV토론 시민위원회' 활동이 이에 속하지만 전체 유권자의 다양한 이해와 의견을 누가 대변하는가 하는 문제를 비롯해 적지 않은 한계점이 표출되고 있다.

4) 인터넷의 등장과 미디어 선거

최근 TV토론의 위력이 쇠퇴하는 조짐을 보이고 있는 것은 케이블TV, 인터넷 등 대안매체의 광범위한 보급이 뒤따랐기 때문이다. 후보에 관한 정보를 얻는 채널이 다양해진 가운데, 특히 인터넷 미디어의 위력이 크게 부상하고 있다. 우리나라에서는 TV토론과 인터넷 사용이 거의 동시에 본격화된 상황에서 제16대 대선에서 노무현 대통령 당선에 인터넷 미디어가 크게 기여했다. 인터넷은 TV토론과 더불어 21세기의 중요한 미디어 선거 도구가 되고 있다.

인터넷이 정치와 관련을 맺기 시작한 것은 그리 오래 전의 일이 아니다. 미국에서는 지난 1996년 대통령 예비선거에서 인터넷을 통한 선거 캠페인이 시작되었다. 당시 미국 내 개인 컴퓨터 보유 가구는 3천만 가구였으며, 공화당 자체조사에 의하면 선거초기 예비선거에 참여한 아이오와지역 투표자의 11%, 뉴햄프셔지역 투표자의 14% 정도만이 인터넷을 적극적으로 사용한다고 답했다. 그러나 선거 이후 전국적으로 실시된 여론조사에서 전체 미국 유권자 8백50만명 중 9%에 이르는 숫자가 "인터넷을 통해 접한 정치 캠페인 자료가 투표에 영향을 미쳤다"고 답했다. 이는 1996년 한해동안 무려 6만개의 정치관련 웹사이트가 양산되고, 같은 기간 '네트보트'라는 한 사이트에만 4만3천명에 달하는 투표자가 신입회원으로 가입하는 등 인터넷 정치에 대한 폭발적인 관심이 밑받침된 결과이다.[140] 우리나라에서 진정한 의미의 인터넷 선거 캠페인이 실시된 것은 지난 2000년 제16대 국회의원 선거로서, 후보자의 55.7%가 웹사이트를 개설해 선거 캠페인을 벌였으며 전자정치를 의미하는 'e-politics'라는 말도 이 때 처음 등장하였다.[141]

인터넷이 선거 도구로서 활용 가치가 매우 뛰어난 데에는 여러 이유

---

140) R. Johnson, "Cyberspace and Elections", *Peace Review*, 2001 Sep. Vol. 13., p. 418.
141) 이후 2001년 민주당 최고위원 선거에 터치 스크린 방식의 전자투표 시스템이 도입되었고, 2002년 대통령 후보 경선에서는 전국단위의 인터넷 투표가 처음 실시되었다.

가 있다. 우선 인터넷의 쌍방향성은 대규모 유권자들을 결집시켜 활발한 의견을 펼치고 토론과 모임을 주도하게 하며, 이를 바탕으로 결집된 힘은 투표에 실질적인 영향을 미친다. 목표 집단만을 집중적으로 공략하는 데에도 효과적이다. 수용자 취향과 특성에 따라 전문화되고 세분화된 정보를 제공할 수 있기 때문에 - 이는 대중 뿐 아니라 분중(fragmented audience)을 대상으로 소구하는 특이한 커뮤니케이션 전달 체계를 형성한다 - 메시지를 보다 특별하고 차별적이며 개인적인 느낌으로 전달한다(사이버 선거운동에서 감성 마케팅의 역할과 중요성이 큰 것은 이 때문이다). 메시지에 대한 공중의 피드백이 빠르고 용이하게 이뤄진다는 점도 빼놓을 수 없다. 이는 송신자가 상황 변화에 따라 즉각적으로 메시지를 바꾸어 대처할 수 있게 만든다. 원하는 정보와 메시지만을 관리하고 통제하는 일도 가능하다.

검열이나 게이트키퍼(gatekeeper)가 따로 존재하지 않는 인터넷 미디어의 개방성은 비용이 적게 드는 장점과 더불어 그간 주류 미디어에게 천대받던 소수단체들이 대중에게 쉽게 다가갈 수 있는 직접적인 길을 내주었다. 이는 정치참여의 벽을 크게 낮추는 데 기여했으며, 선거방식 또한 더 이상 수직적인 동원 조직이 아니라 네트워크형 참여 조직에 의존하게 한다. 홈페이지를 이용한 다양한 캠페인 - 웹진, 동영상, 만화, 플래시 애니메이션, 메일 매거진, 무선 인터넷 - 이 가능하며 그 효율성 또한 매우 높다.

인터넷의 기술적 특성을 바탕으로 한 기술결정론적 시각, 예컨대 쌍방향 커뮤니케이션으로 의견교환이 활성화되고 접근권이 개방되어 모든 사람들이 토론에 참여할 수 있으며 이로써 정치적 무관심이나 밀실정치, 소수집단 주도의 정치 같은 문제점을 보완하고 해결할 수 있다는 시각은 전자민주주의 실현에 대한 기대감을 낳고 있다. 오늘날 인터넷 미디어가 과거 어느 미디어보다 나은 기술적 조건을 제시하는 전자민주주의 도구로서, 가장 많은 시민들이 참여할 수 있는 가장 민주적인 환경을 제공해 직접 참정민주주의 이상 실현에 이바지하는 것으로 기대되는 것이다.

얼마 전 까지만 하더라도 전자 민주주의에 대한 논의는 쌍방향이 가능한 케이블 TV 등에 집중되어 왔다. 하지만 컴퓨터 기술의 발전과 인터넷의 폭발적 성장은 전자 민주주의를 새로운 차원으로 진입시켰다. 분명히 이전의 전자 민주주의 논의와 연장선상에 있으나 커뮤니케이션 방식에 있어 일대일(one-to-one)/일대다(one-to-many)/다대다(many-to-many)를 모두 가능케 한다는 측면에서 확연히 구별되는 것이다. 인터넷 정치에 대한 대표적인 낙관론은 이러한 네트워크 사용이 정보를 빠르고 값싸게 전달시키며 정치기금 모금이나 자원 봉사자 모집에 있어 자발적이고 적극적인 참여를 손쉽게 유도할 수 있다는데서 출발한다. 인터넷의 신기술이 정치 커뮤니케이션 행위 비용과 집단행동에 참여하기 위한 개인의 비용을 낮추며, 상호작용을 통해 조직 내부의 수직적 구조를 완화시키고, 참여의식을 강력하게 만들고, 집단의식을 쉽게 형성함으로써 소속감과 참여에 대한 감정적 동기부여를 하고, 네트워크와 형성을 통해 정치적 힘을 효율적으로 보여주어 다른 단체에게 영향을 미친다는 점이 장점으로 꼽힌다.

인터넷이 실현할 수 있는 직접 민주주의의 이상은 물론 하버마스의 공론장 개념을 완전히 충족시키는 것은 아니다. 하지만 접근의 용이성, 안건 발의성이라는 측면에서 인터넷은 공론장의 요건을 갖고 있으며 이로써 다양한 소외세력들의 의견이나 이해를 반영하고자 하는 수평적 커뮤니케이션 가능성을 열어주는 중요한 대안 미디어로 인식되는 경향이다. 실시간 정보교환과 의사소통이 가능한 인터넷 미디어가 대의제 민주주의의 한계를 보완하고 전자공론장의 활성화를 통해 새로운 민주주의의 형태를 제시할 수 있다는 믿음은 여기서 비롯된다.

반면 인터넷을 이용한 정치가 오히려 사회적 불균형을 더욱 확대시킬 것으로 보는 의견도 있다. 이는 기본적으로 사람들이 현실세계에서 평등하지 못하기 때문에 사이버 세계에서도 불평등할 것이라는 전제에서 비롯된다. 다양한 정보에 대한 균등한 접근기회가 보장된다 해도 현재의 사회경제적 불평등이 지속되는 한, 유리한 지위에 속한 집단이나 개인이 경제적 부와 정치적 권력을 배경으로 보다 비싸고 성능이 좋은 정보통신 장비를 이용하거나 자신의 조직을 동원해 보다 많은 정보를 수집·활용함으로써 '정보의 부익부 빈익빈 현상'이 일어나고 따라서 기존의 사회적·경제적·정치적 불평등이 심화될 수 있는 가능성이 상존한다는 것이다. 네트워크 사용은 결국 기존의 정치커뮤니케이션의 참여 형태를 강화시키는 것이며, 더욱 비관적으로 바라보면 뉴미디어는 현재의 있는 자와 없는 자간 격차를 강화시키고 나아가 더욱 확대시킨다는 얘기이다. 예컨대 인터넷상에서의 정보생산 단가가 저렴하다는 것은 매우 고무적인 일임에 분명하지만, 돈을 많이 쓴 정치 캠페인-자료 제공이나 웹사이트 디자인 등에 있어-은 그렇지 않은 정치 캠페인에 비해 유권자들을 설득시키거나 현혹시키는데 있어 여전히 우위를 점한다.

격차와 더불어 문제가 되는 것은 정보 과잉 현상이다. 낙관론의 입장에서는 인터넷을 통해 제공되는 풍부한 정보가 정치발전에 도움이 될 것이라고 보지만 비관론에서는 인터넷이 개인에게 도움이 되는 정보를 주는가에 대해 회의적이다. 여과되지 않은 정보의 홍수가 과다 민주주의를 초래할 위험성도 지적되고 있다. 지나치게 많은 정보는 오히려 올바른 판단을 내릴 수 있는 시각을 흐리게 하고 아예 무관심을 초래할 수 있다. 자신에게 필요한 정보를 선택하고 결정할 능력이 없는 사람에게 더욱 그러하다. 이는 정보전달의 양적 증가가 곧 개인의 힘을 강력하게 만드는 것으로 이어지지 않는 것을 의미한다.

개인들이 정보의 사실여부와 파급효과에 대한 검증 없이 정치과정에 참여할 경우 천박한 여론정치가 사회를 지배하고 자칫 다수의 이름으로 행해지는 민주적 전제통치로 흐를 가능성도 배제할 수 없다. 현안에 대한 충분한 사고를 거치지 않은 즉각적인 반응이 여론 형태로 포장되어 나타날 가능성, 요컨대 인터넷이 무책임한 다수의 횡포로 용이하게 작동될 수 있음을 경계하는 것이다. 일반적으로 인터넷에서 형성되는 여론은 기존의 매스미디어로 수렴되어 사회적 쟁점으로 확대되는 순서를 밟는다는 점을 생각하면 더욱 그러하다. 인터넷 여론은 소문을 출발점으로 삼는 폭로성 사실인 경우가 많고, 따라서 자칫하면 언론의 선정주의를 부추길 위험이 따르게 된다. 이 부분에서 인터넷이 지닌 익명성은 악용될 소지가 크다.

특정 정당이나 후보자에 대한 지지, 비방, 흑색선전 등 여론 조작을 겨냥한 글을 무더기로 올리는 인터넷 선거운동의 문제는 심각하다. 심지어 후보자 사이트 이름과 유사한 사이트를 만들어 그릇된 정보나 미혹시키는 내용을 퍼뜨리는 일도 발생한다. 인터넷의 상호작용성을 이용, 목표집단을 겨냥해 특별한 정보를 전달함으로써 투표자를 조종하려는 매우 비민주적인 정치 캠페인이 행해지기도 한다.

민감한 사안이 발생할 경우 일부러 잘못된 정보를 공개하고 이에 대한 인터넷 여론을 형성해 주도권을 잡으려는 전략이 종종 권력을 잡고 있는 집단에서 사용되고 있으며 인터넷상에서 이뤄지는 각종 사이버투표에 조직적으로 관여, 결과를 자신에게 유리하게 만드는 조작이 가능하다는 점도 우려할 일이다. 실제로 효율성 확대라는 도구적 관심만으로 인터넷 선거를 치르게 될 경우 신뢰성 확보 문제는 매우 커다란 걸림돌로 작용할 수 있다. 예컨대 투표의 전 과정을 다루기 위해서는 중앙의 통제가 불가피하며 따라서 이를 관리하는 소수집단이 선거에 영향을 행사할 수 있다. 고도의 정보관리와 통제로 새로운 파놉티콘(panopticon)[142]적 지배체제가 출현하는 것이다. 선거 시스템 설계과정에서 내부조작이 이뤄

---

142) 벤담(Bentham, J.)이 사회통제의 제도적 장치로 구상한 원형감옥으로, 중앙에 설치된 감시탑을 둘러싸고 원형으로 구성원이 배치돼 중앙으로부터의 감시와 통제가 용이한 체제. 감시자의 효율성이 증대되는 것은 물론 구성원들을 통제하고 감시함에 있어 '보이지 않으면서 감시할 수 있는' 사회통제 장치를 확보할 수 있는 체제를 말한다. 감옥이나 정신병원, 학교, 공장 등에서 제도적 권력과 통제가 자동적으로, 그리고 중단 없이 계속될 수 있는 장치의 형태로 모색된다. 이후 푸코(Foucault, M.)는 원형감옥이 현대의 사회통제방식으로 원용되고 있다고 파악했다. 즉 현대기술 문명은 인간을 통제하고 교도하며 마치 범세계적인 감옥에 갇힌 듯 체제에 순응하는 존재로 만든다는 것이다. 최근에 이르러 정보기술의 발달은 파놉티콘으로 상징되는 권력집단에게 감시와 기록의 수단을 제공하며 개개인들은 미처 감시당한다는 사실도 인식하지 못한 채 감시당하거나 통제되는 결과를 낳고 있어 다시금 이 용어가 자주 거론되고 있다.

질 수 있으며 투표를 수거하고 집계하는 과정에서 해킹 등 부당한 방법으로 중앙서버에 접속, 결과를 조작하고 변질시킬 수도 있다. 정확성 여부를 떠나 비윤리적인 대중 사기(cheating)가 자행될 가능성까지 있는 것이다. 온라인 상에서의 본인확인 여부 또한 쟁점이 될 수 있다. 투표소라는 공적인 장소가 아닌 인터넷에서 이뤄지는 선거는 타인의 명의를 도용한 부정 및 대리, 중복투표를 일일이 감시하는 완벽한 체제로 작동되기 어렵기 때문이다. 이와는 반대로 투표 행위에 대한 개인 정보 유출과 이에 따른 프라이버시 침해도 물론 심각한 문제가 된다.

인터넷 미디어의 등장은 현대 선거의 지형을 바꾸어 놓을 것으로 기대되고 있다. 무엇보다도, 그 어느 매체보다 많은 정보를 제공할 수 있다는 측면에서 그렇다. 유권자 또한 미디어의 일방적인 커뮤니케이션 체계에 노출되는 존재로서가 아닌, 쌍방향 커뮤니케이션에 접근하는 참여자가 됨으로써 '윈-윈(win-win)' 효과를 발생시킨다. 예컨대 지난 2000년 4·13 총선 기간 동안 우리나라에서도 후보자와 네티즌간 쌍방향 커뮤니케이션을 활용한 정치 캠페인이 많이 있었는데, 지지층에 대해선 공약 홍보, 유세 녹화중계, 후원금 모금, 일일동정, 관련 기사 등을 제공함으로써 이미지 구축과 지지 확산을 유도했으며 비판층에 대해선 게시판과 이메일을 통해 토론을 이끌어내는 적극적인 방법으로 설득 작업이 실시되었다. 인터넷이 기존 매스미디어를 통한 정치 캠페인의 대안이자 훌륭한 보완장치로서 '제3의 선거운동 기구'로 불리게 된 데는 분명한 장점이 있다.

그러나 인터넷 미디어를 이용한 정치행위를 바라보는 두 가지 시각에서 드러난 것처럼, 인터넷 미디어는 과거 아테네 직접민주정치 복원에 대한 희망을 실현시키는 만능 도구가 아니다. 인터넷 공간에서의 정치적 기능은 기술적 특성에 의해서만 결정될 수 없다. 현대사회에서 어차피 개인이 관심을 갖는 분야는 한정적일 수밖에 없고 모든 국민이 정치적 사안에 관심을 갖고 정책결정에 참여할 수도 없다. 대의민주주의가 불가피한 현실에서 단순히 기술결정론적 시각으로 인터넷 미디어의 정치도구화 문제에 접근하는 것은 적절치 않은 것이다. 따라서 궁극적으로 전자민주주의를 가능케 하고 실현시키는 힘은 시민의 참여에서 비롯되며, 기술이 아무리 발달하더라도 그것이 미치는 영향은 기술을 사용하는 주체에 달려 있다는 사회결정론적 시각을 떠올릴 필요가 있다. 이와 더불어 향후 인터넷 미디어의 선거 도구 활용 증대가 TV토론에 어떤 식으로 영향을 미치는가에 대해서는 좀더 관심을 두고 살펴볼 일이다.

제 2 절 TV토론의 특성과 프로그램 유형

1. TV토론의 특성

TV토론은 토론자간 대항이라는 상호작용을 통해 사회적 합의나 공통 해결책, 또는 진실 발견에 이르게 한다는 점에서 상업적 목적의 광고나 일방적인 대중연설과 구별된다. 무책임한 낙관적 발언이나 이상주의적 전망 또한 함부로 내놓을 수 없으며 보다 현실적인 안목이 요구된다는 점도 다르다. 보다 구체적이고 핵심적인 의제에 접근함으로써 주제에 선명한 초점을 부여하고 주장의 일관성과 차별성을 뚜렷이 보여주며, 대립하는 당사자가 최선을 다해 주장을 펼치고 설득하는 행위의 결과는 공중에 대한 책임감으로 이어진다.

TV토론은 사회의 쟁점 사안을 주제로 삼으며 이를 심층분석하기 때문에 강한 현실감을 전달한다. 현실감은 토론 주제, 프로그램 내용 구성, 메시지 전달 요소에서 종합적으로 드러난다. 이 가운데 주제의 현실감이 가장 중요한데, 이는 다시 실재성과 시의성, 관심성의 세 가지 차원으로 세분할 수 있다. 실재성은 현실성이 갖는 공간적 차원의 개념으로 실제로 있었던 일이나 있는 일, 자연계의 객관적 현상 등을 의미한다. 이처럼 실제 발생했던 사건이나 쟁점이 토론 주제가 되면 수용자는 쉽게 믿음을 가지며 실재성을 강하게 느낀다. 시의성은 시간의 형태에 속한다. 사건과 개인사이의 간격으로 구분되며 시간적, 공간적, 심적 간격이 좁을수록 현실성이 커진다. 때문에 TV토론은 사회적 관심을 모으고 논란을 야기하는 의제를 적절한 시점에 쟁점화하고 심층적으로 평가 분석하는 것이 중요하다. 관심성은 현실감 자체라기보다, 이를 효과적 차원에서 이해하는데 필요한 개념이다. 일례로 예기치 못한 사건, 혹은 사안이 매우 중요한 사건일수록 주의를 모으고 관심을 고조시킨다.

TV토론은 한 사회 구성원들이 지닌 공중에 대한 인식-시민, 혹은 소비자, 고객, 개인 또는 대중으로서-에 영향을 주며, 사회적 논쟁에 대해 갖는 기대와 논쟁의 사회적 규칙, 논쟁술 등에도 영향을 미친다. 그러나 TV토론은 반(反)사회적이고 충격적이며 동시에 이에 대한 정보가 부족한 주제에 관심이 고조되는 특성을 지닌다. 또한 자신이 속해 있는 집단이나 생활과 밀접한 관련이 있을 때 보다 세분화되고 적극적인 관심이 쏠리는 경향이 크다. 따라서 방송사가 시청률을 의식해 관심 정도에만 집착해 토론 주제를 설정할 경우 공론장으로서의 순기능을 상실하고 사회 현실의 핵심 쟁점들을 외면하는 역기능을 초래하게 된다. TV토론은 순기능을 수행할 경우 객관적 현실과 상징적 현실의 불일치를 가장 많이 좁힐 수 있는 이상적인 프로그램으로 공론장화할 수 있지만, 특정 사안에 대해 의도적인 정보전달과 의견교환을 행하거나 불충분한 정보를 제공하는 경우, 진행에 공정성이 결여되거나 토론자 선정에 형평성이 없는 경우 등 역기능이 초래되는 상황도 배제할 수 없다. 이 경우 여론형성에 막대한 영향을 미치는 것은 물론이다.

TV토론은 쟁점을 중심으로 한 진정한 토론이 유발되지 않을 때 시간 낭비가 초래되고 시간에 제약을 받다보면 너무 축약된 형태로 진행될 수 있다. 내용보다 순발력과 말솜씨를 가늠하게 된다면 본질이 아닌 이미지로 흐를 수 있는데, 이는 TV토론이 이성에 소구하는 지극히 내용 중심의 프로그램이지만 TV 미디어의 특성상 다분히 감성에 소구하기 쉬운 함정을 지니고 있기 때문이다.[143] TV가 지니는 직접성과 투명성 때문에 시청자들은 있는 그대로의 모습을 파악하는 듯한 환상에 빠지기 쉽지만 실제와는 얼마든지 거리가 있을 수 있다. 또한 TV토론은 리허설이 있을 수 없기 때문에 한 순간의 실수와 반응 샷(Reaction shot)에 나타난 표정들이 여과 없이 노출되면서 결정적인 이미지를 형성하고 한번 형성된 이미지는 좀처럼 바뀌지 않는다는 특성을 갖는다. 다음의 표는 TV토론의 복합적 특성을 한 눈에 보여주는 것이다.

<표 16> TV토론의 특성

특 징	내 용
정책 전달의 수단	이슈 소구(issue appeal), 영상매체의 특성이용, 타매체에 비해 강한 전달력
시각적 효과	이미지 소구(image appeal), 출연자들의 외모, 언어구사, 이미지 관리
민주주의의 기여	시청자들의 판단인식 근거 제공, 여론 형성기능 수행

2. TV토론 프로그램의 유형

토론에 대한 기존 논의의 관점에서 본다면 TV토론은 당연히 언어적 메시지가 중심이 되어야 하는 프로그램이다. 그러나 최근에 이르러서는 프로그램 형식과 내용전개 방법이 서로 혼합되거나 구분이 모호해지는 경향이 있다. 통상적으로는 교양과 보도의 이중적 유형 분류가 가능하며, FCC 분류[144]에 따르면 뉴스 프로그램의 범주에 포함된다. 토론 프로그램

---

143) 텔레비전의 신화는 곧 이미지의 신화로서, 그만큼 이미지 창조의 주요한 도구가 되고 있으며 현대사회에 있어 텔레비전이 점차 내용이나 본질보다 의사관념으로서의 이미지를 평가의 대상으로 삼고 있다는 얘기에 귀기울일 필요가 있다. 이상회, <TV방송과 대중문화>, 전예원, 1983, p. 143 참조.

은 광의에서 볼 때 뉴스와 토론, 대담, 인터뷰, 교양강좌, 퀴즈 프로그램 등을 모두 포함할 수 있기 때문에 간혹 토크 프로그램과 혼용되어 사용되기도 한다.[145] 외국의 경우 토크 프로그램과 토론 프로그램을 별도로 구분하지 않는 경향이며 토크(Talk) 프로그램으로 총칭하기도 한다. 하지만 우리나라 방송에서는 오락성이 주된 연성 프로그램은 토크 프로그램으로, 시사성이 강한 사회적 이슈나 쟁점을 다루는 프로그램은 토론 프로그램으로 구별해 사용하고 있다.

TV토론 프로그램에 대한 여러 정의들이 공통적으로 포함하는 것은 '말'이 위주가 된다는 것이다. 다루는 주제는 정치, 경제, 사회, 문화 등 모든 분야를 총망라한다. 따라서 사회적 이슈는 물론 국민의 관심사와 시청자가 궁금해하는 것 등 시청자에게 흥미와 관심을 유발하는 모든 것이 모두 토론 프로그램 영역에 포함된다고 볼 수 있다. 형식과 진행방식에 따라 다음과 같이 구분할 수 있다.

〈표 17〉 TV토론 프로그램의 유형

구 분	유 형	특 징
시청자 참가형태	일방적(one-way) 방식	전문 출연자 몇 사람이 방송에 참가하여 주로 출연자끼리 토론을 전개하거나 질의 응답하는 방식이며 일체의 직접적인 시청자 참여가 없는 프로그램.

---

144) 대체로 프로그램 형태나 프로그램의 소스에 의한 분류 또는 스폰서 유·무에 의한 분류로서 첫째, 프로그램 형태에 따른 분류는 ①농사 프로그램 ②오락 프로그램 ③뉴스 프로그램 ④종교 프로그램 ⑤학습 프로그램 ⑥스포츠 프로그램 ⑦사설 ⑧ 정치 프로그램 ⑨교육기관 프로그램이며 둘째, 소스에 의한 분류는 방송 프로그램의 제작국 또는 공급원이 어디냐에 따른 분류방식으로 ①로컬 프로그램 ②네트워크 프로그램 ③신디케이트 형식 프로그램이 있다. Sydney W., *Broadcasting in America*, 3rd ed, Houghton Mifflin Co, Boston, 1976, pp.345~347. 손용, <현대 방송이론>, 나남, 1989에서 재인용.

145) 방송위원회의 프로그램 유형분류에 따르면 토론 프로그램은 대담/토론 또는 토크쇼에 모두 해당된다.(방송위원회의 프로그램 유형분류 참조)

쌍방적(two-way) 방식	직접 참여 방식	시청자가 방청객으로 참여하여 직접적으로 질의, 응답하는 방식.
	간접 참여 방식	시청자가 전화, FAX, PC 통신 등을 이용하여 참여하는 방식.
프로그램 진행형식	인터뷰 형식	출연자로부터 정보나 의문을 알아내기 위한 질의응답 방식. 유명인을 출연자로 진행하는 방식으로 주로 전문가로부터 전문적인 정보의 답변을 획득.
	토론 형식	인터뷰나 질의응답이 곤란할 때 주제별로 토론을 전개하는 방식. 특정한 인물을 선정하여 출연한 인물들을 위주로 집중적인 토론을 전개해나가는 방식.
	대담 형식	인터뷰가 출연자와의 일률적 대화를 말하는 것이라면 대담은 서로의 입장이 쌍방향적 상황의 대등한 관계를 유지하며 상호의견을 교류하는 방식.
프로그램 구성형식	단순구성	일정한 시간에 한가지 주제로 일방적 구성하는 토론 프로그램.
	복합구성	일정한 시간에 한가지 이상의 주제를 다루며 시청자가 직·간접적으로 참여하여 생동감과 현실성을 가능케 하는 쌍방향 구성의 토론 프로그램.

　　TV토론 프로그램의 내용은 기본적으로 정보가치 차원이 가장 중시되며 구성상 현장감과 긴박감을 유지하는 역동성을 갖는다. 그러나 토론이 중심이 되는 내용을 사전에 완벽한 대본 형식으로 준비하는 것은 불가능하다. 대개 원고에는 주제, 상황, 토론 안건 등이 구체적으로 제시되어 있을 뿐 구체적인 토론 내용은 토론이 이뤄지는 바로 그 시각에 결정된다. 때문에 TV토론은 대부분 사회자가 있는 형태로 진행된다. 토론회 진행방식과 아울러 사회자 역할이 중요한 것이다. TV토론의 질문은 심층적인 답변을 유도해낼 수 있을 만큼 충실해야 한다. 그러나 아무리 질문이

좋아도 패널들이 의제를 벗어나거나 토론 규칙을 어기면서 불필요한 공방으로 끌고 가려고 하는 경우가 있으므로 이때 사회자의 제재와 문제제기가 필요하다.

3. 우리나라 TV토론 프로그램의 역사와 현황

1) 우리나라 TV토론 프로그램의 역사

꽤 오랫동안 우리나라 TV방송에서는 토론 프로그램이 정착되지 못했다. 방송을 정치적 입장을 널리 알리고 국민지지를 획득하기 위한 도구로 이용하려는 부끄러운 과거 때문이다. 권위주의적 정치 지배체제의 통제로 방송 자율성이 위축되면서 의견 교환의 장인 토론 프로그램이 제대로 발전하지 못한 것은 당연한 일이다. 이러한 분위기 탓에 TV토론 프로그램은 한동안 비인기 프로그램으로 소외당해 왔지만 1999년을 기점으로 우리 사회의 토론에 대한 관심 증가와 방송사 측의 적극적인 편성전략과 맞물려 크게 활성화되었다. 이로써 천편일률적이었던 프로그램 포맷의 다양화와 첨예한 쟁점을 부각시키는 주제선정, 긴장감을 더하는 구성방식 등이 등장했다.

토론 프로그램으로서 가치를 인정받은 최초의 프로그램은 1967년 11월부터 방송된 TBC의 <동서남북>이다. 방영 초기에는 한 주간의 화제를 중심으로 한 45분 짜리 사회교양 프로그램으로 만들어지다가 70년에 시사대담 프로그램으로 형태 바꾸어 그 해 10월 제5회 방송윤리위원회상을 받았다. 71년에는 <대화>라는 프로그램이 신설되었으나 국가 비상사태가 선포된 후 74년 10월을 기해 이 두 프로그램이 폐지되었다. 그 외 <회전목마>, <TBC 방담>과 MBC의 <정경토론>이 있었으나 활성화되지 못했고, 80년대에 들어와서 <일요토론>, <일요광장> 등의 대담 및 토론 프로그램이 산발적으로 제공되었으나 본격적인 토론 프로그램이 아닌 좌담이나 대담 프로그램에 그쳤다. 이후 6공화국에 들어서면서부터 방송에 대한 직접적인 통제가 완화되고 언론사노조가 설립되면서 토론 프로그램이 활성화되기 시작했다. 이 가운데 오늘날 토론 프로그램의 효시가 되는 것은 1987년 10월 17일 첫방송을 시작한 KBS의 <생방송 심야토론, 전화를 받습니다>이다. <심야토론>은 이후 중단 없이 방송되고 있다. MBC는 1,2년 단위로 잦은 개편을 단행해 오다가 1999년 <정운영의 100분토론>을 시작으로 토론 프로그램이 정착되었다. SBS는 KBS나 MBC에 비해 토론 프로그램 제작에 소극적인 자세를 유지해왔다. 주요 TV토론 프로그램의 역사는 다음과 같다.

<표 18> 우리나라 TV토론 프로그램 역사

구분	KBS	MBC	SBS	EBS
1987 ~ 1994	생방송 심야토론 금요토론	진단 '87 진단 '88 박경재의 시사토론 여론광장 MBC 시사토론 금요기획 추성춘의 시사진단	시사진단 핵심 SBS 시사기획 SBS 일요포럼	-
1995 ~ 1999	생방송 심야토론 길종섭의 쟁점토론 정범구의 세상읽기 정범구의 시사비평	추성춘 포커스 안병찬의 일요광장 MBC 대토론회	갑론을박 동서남북 오늘과 내일	터놓고 말해요 생방송 난상토론 미래토크 2000
1999 ~ 2000	생방송 심야토론 길종섭의 쟁점토론 일요진단	정운영의 100분 토론 100분 토론	시사포럼	생방송 난상토론 미래토크 2000
2001	생방송 심야토론 시사난타 세상보기 일요진단	100분 토론	토론 공방	생방송 난상토론
2002	심야토론 일요진단 100인 토론 어떻게 생각하십니까	100분 토론	토론 공방	생방송 난상토론

2003 ~	심야토론 일요진단 100인 토론 어떻게 생각하십니까	100분 토론 생방송 이슈&이슈	염재호의 시사진단	EBS 여론광장 청소년 원탁토론

2) 우리나라 TV토론 프로그램의 현황과 문제점

한때 TV토론 프로그램은 일부 고소득층과 지식계층 남성의 전유물로, 낮은 시청률의 대명사처럼 여겨져 왔다. 방송사로서는 많아야 4~5%, 낮을 땐 1% 가량의 시청률에 머무르는 TV토론 프로그램이 달가울 리가 없었다. 적은 예산 투입과 사각지대 편성으로 애물단지 취급을 해온 것이 사실이다. 하지만 공영성 명분을 충족시키기 위한 구색 맞추기라는 TV토론에 대한 고정관념이 변화하면서 몇 해 전부터 시청률이 크게 늘었다. 우리 사회가 지닌 민감한 사안들을 주제로 선정하고 문제점을 과감히 진단하는 등 내용과 형식에 있어 다양성을 추구하고 질적으로 많은 변화를 보이기 시작한 것이 계기가 되었다. 1998년 EBS가 편성한 <난상토론>이 참신한 토론문화를 선도했다는 평가를 얻은데 이어 MBC <100분 토론> 시청률이 10%대에 진입함으로써 종래 부진한 시청률을 대표하던 TV토론 프로그램의 면모가 쇄신되었다. 가장 큰 성공 요인은 구성상 변화로서, 문제점을 과감하게 드러내기 위해 찬반 양론을 날카롭게 대비시킨 것이 시청자의 눈길을 끌었다. 토론문화의 수준은 사회 민주화 정도와 비례하며 토론에 대한 사회적 관심 또한 이와 상관관계를 이룬다고 할 수 있다. 때문에 과거 권위주의 시대와 같은 강압적인 외부환경이 사라진 오늘날 시청률 확보에 가장 중요한 변수는 주제 선정 시 '뜨거운 감자'를 피하지 않으려는 제작진의 의지라는 것이 드러나고 있다.

이밖에 TV토론 프로그램의 활성화 배경으로는 어느 한 방송사가 아닌 모든 방송사가 앞다퉈 편성한 다종다양한 토론프로그램들이 발생시킨 시너지효과를 들 수 있다. 실제 최근 들어 각종 쇼·오락 프로그램이 선정성과 표절시비로 물의를 빚자 각 방송사는 땅에 떨어진 자사 이미지를 끌어올리려는 방패막이로 TV토론 프로그램 편성을 급격히 늘렸고, 이것이 결국 TV토론 대중화에 도움을 주었다.

TV토론 프로그램 성패의 3요소를 주제, 토론자, 사회자라고 볼 때 가장 큰 문제는 토론자 확보이다. 최근 방송사마다 토론 프로그램이 증가하면서 비슷한 주제는 물론 한정된 토론자로 인해 섭외가 매우 어려워지고 있기 때문이다. 심지어 같은 방송사 안에서도 토론 프로그램이 복수로 제작되다보니 토론자를 확보하는데 많은 고충이 따른다. TV토론의 대중화를 이루게 하는 이 같은 현상은 일단 긍정적으로 받아들일 수 있지만 토론 프로그램 증가가 곧 토론 수준의 향상으로 이어지는가의 여부가 문제이다. 실제로 여전히 일부 TV토론 프로그램에서는 토론자에 대한 자격 시비가 거론되고 있으며 의견 개진 시 논리나 주제에 어긋나는 등 성숙한 토론문화 정착을 위해 개선해야 할 점이 많다. 이는 우리나라 여건상 뛰어난 논객의 발굴이 쉽지 않고 방송 기피증이 있는 사람 또한 적지 않다는 점에 일정 부분 기인한다. 또, 민감한 사안일 경우 직접적인 이해 당사자가 출연을 거부하거나 권위적인 의식에 매여 자신과 격에 맞는 토론자만을 상대로 고집하는 풍토도 토론문화 정착을 저해하는 요소다.[146]

무엇보다 토론상황에 익숙하지 않은 탓에 빚어지는 문제가 크다. 건전한 토론 대신 극단적인 대립만 존재하는 우리 사회의 모습이 거울처럼 그대로 반영된다. 극언이 오가는 여야의 정쟁, 편가르기와 아전인수격 말꼬리 잡기 등 사회 전반에 만연한 미성숙한 토론문화가 TV토론에서 예외 없이 드러나고 있다. 특히 최근의 TV토론은 대개 찬반이 분명한 쟁점을 택해 청문회식으로 간략한 논지발표 → 반대심문 → 상대편 논지공격 → 양쪽 공방 순으로 진행하는데, 그 주제에 대한 전문가임에도 불구하고 진행 형식을 숙지하지 못해 난감해하거나 상대방의 예상논지를 충분히

---

146) MBC <100분 토론>은 이와 관련, '토론프로그램 운영준칙'을 제정해 출연자가 일방적으로 불참하더라도 토론을 진행한다는 조항을 넣었다. 이는 외압을 막고 주요 이슈에 대한 토론이 토론자의 불참으로 방송되지 못하는 것을 막기 위해서다.

공부하지 않고 참석해 낭패를 보는 경우가 많다. 심지어 논지 공격 시간에도 남의 말은 듣지 않고 자신이 준비해온 이야기만 계속하는 경우도 허다한 실정이다. 이 경우 극한적인 의견대립이 오히려 문제의식을 명확히 드러낸다는 점에서 전혀 의미가 없지는 않다는 평도 있지만, 남의 얘기를 듣는 토론 문화의 확립이 절실하다. 이와 더불어 진행을 맡은 사회자의 지나친 개입이나 방관하는 자세 또한 원활한 토론을 방해하는 걸림돌로 지적되고 있다.

현재 지상파 방송에서 방영되고 있는 본격적인 TV토론 프로그램들은 시의성 있는 정치·사회적 거시 사안을 주제로 선정하거나 대립의견을 지닌 전문집단간 토론 대결을 벌이고 방청객 및 시청자그룹에게 발언기회를 부여하는 등 구성상 큰 줄기에 있어 유사한 모습을 보이고 있다. 생방송으로 진행되며 주제선정-출연자 섭외-토론내용 흐름에 관한 협의를 바탕으로 하는 방송 과정도 동일하다. 출연하는 토론자들은 4~5명 정도이며 시청자 전화나 인터넷을 통한 참여를 유도하고 있는 것도 공통적이다. 따라서 대결구도가 토론 프로그램의 성격을 결정짓는 가장 큰 틀이 되고 있다.

한 때 정치 경제 등 무겁고 굵직한 현안에 초점을 맞춰 왔던 TV 토론을 실생활과 관련된 사회-문화적 이슈 쪽으로 관심을 돌리는 추세가 새롭게 등장하기도 했다. 토론 주제 연성화의 선발주자는 KBS의 <시사난타 세상보기>였다. 누구나 쉽사리 관심을 갖는 소재를 통해 '재미있는 토론'이라는 인식을 형성하고자 하였으나 시청자들의 호응을 얻지 못했다. 거창한 주제를 다룰수록 토론의 효과가 적고 구체적인 결론을 얻기 힘들기 때문에 효율성 측면에서 긍정적으로 받아들여졌으나 결과는 성공적이지 못했고, 결국 6개월만에 폐지되고 말았다. TV토론의 연성화는 사실 문제가 될 수 있는데, 연성 소재에 집착하다 보면 토론이 지니는 비판적 사회감시 역할이 약화될 수 있기 때문이다. 이러한 의미에서 TV토론은 무엇보다 사회적 의제를 설정해내는 TV의 공적인 기능을 감당해야 한다. 정치 및 경제 주요 현안이 주제로 선택할 수밖에 없는 이유이다.

단, 이 때 중요한 것은 무겁고 가벼운 주제들을 번갈아 배치함으로써 시청자들을 논의의 장으로 끌어들이는 제작진의 균형감각이다.

방송언론의 힘은 매우 크다. 특히 민감한 사안일수록 토론에 대한 관심이 집중되고 한층 진가를 발휘한다.[147] 그러나 우리나라 TV토론 프로그램의 갈 길은 아직 멀다. 특히 토론문화가 취약하고 자생력을 기대하기 어려운 환경이 문제다. 최근 토론문화에 대한 중요성 인식과 더불어 TV토론이 급증하고 있으나 프로그램 신설 못지 않게 중요한 것은 실질적인 토론문화 향상이다. 이에 대한 방송사의 꾸준한 사후 관리와 노력이 필요하다.

제 3 절 TV토론과 영상언어

TV토론이 이성적 판단을 위한 이상적인 공론장이 되지 못하는 데에는 무엇보다 이미지 전달력이 강한 TV 매체의 속성 탓이 크다. TV는 메시지 전달에 있어 극히 효과적인 수단인 시각 이미지를 언어에 첨가한다. 인간이 현실을 인식하는 것과 매우 유사한 부호들을 사용하는 이러한 특징은 TV를 이데올로기 도구로서 뛰어난 기능을 수행하게 만드는 근본적인 이유가 된다. 따라서 TV토론에 대해서는, '그것이 지니고 있는 이데올로기적 의미를 특정한 방향으로 이끌어 가는 서사물'이라는 시각을 완전히 배제할 수 없다.

---

147) 일례로 미국에서 극우 반공주의 광풍인 '매카시즘'의 정체가 대중에게 드러난 것은 CBS TV의 <See It Now>라는 프로그램을 통해서였다. 당시 에드워드 머로우라는 언론인은 동료 프로듀서인 프레드 프렌들리와 함께 조셉 매카시를 비판하는 내용을 방송하는 한편 매카시에게 프로그램을 통해 반론할 수 있는 기회를 주었다. 그 결과 매카시에 대한 부정적 이미지가 전국적으로 확산되면서 정치 인생을 마감하게 되었다.

　　피스크(Fiske)는 사실적 측면을 지닌 TV 프로그램 유형인 토론 프로그램이 지배적 신화를 더 잘 보여준다고 했으며, 엘리스(Ellis)는 TV토론 프로그램의 주체 구성은 주로 수용자와 화면 속의 커뮤니케이터들(사회자, 토론자)간의 '공모' 구축을 통해 이뤄진다고 했다. 즉 텔레비전 토론 프로그램에서는 출연자와 시청자간의 시선접촉을 유지하는 것이 관행이 되어 있고, 시청자와의 대화형식이나 직접적인 소구 형식으로 프로그램을 이끌어가게 되며 출연자들 사이의 대화의 경우에서도 진행자는 항상 시청자를 대신하는 입장으로 스스로를 위치 지운다[148]는 것이다. 이 때 수용자는 자신이 송신자에 의해 조작 당하고 있다는 사실을 인식하지 못한 채 송신자가 전달하는 영상 메시지에 따라 현실구성을 하기 쉽다. 그러므로 텔레비전 영상은 현실과 유사한 조작력으로 대중적 합의를 이루게 하는 '합의의 제조기(manufacturing of consensus)'가 된다.[149]

　　특히 TV토론 프로그램은 사람이 직접 나와서 충분한 설명과 함께 표현방법, 설명요령, 감정의 표출까지 동원해 자기 의견을 펼치기 때문에 다른 방송 형태보다 진실성 면에서 의심을 덜 받으며, 의사전달 효과와 사회적 영향력이 더 강하다.[150] 송신자에 의한 조작 가능성을 염두에 둔다면, 수신자는 조작 사실을 인식하지 못한 채 전달받는 메시지를 바탕으로 현실을 구성할 위험성이 존재하는 것이다.

　　TV는 우리 외부에 존재하는 현실을 있는 그대로 반영하기보다 재생산해낸다. 그러므로 TV가 보여주는 '현실'은 우리가 머무는 '현실'과 구분되며, 의미를 생산하는 '문화적 기제(cultural agent)'로 간주된다. "오늘날의 우리는 TV를 비롯한 영상매체권 내에서 세상을 경험하고, 의미를 부여하며, 우리에게 의미 있는 현실을 구성한다."[151]고 한 피스크(Fiske)의

---

148) Ellis, J., *Visible Ficture : Cinema, Television, and Video*, London : Routledge & Kegan Paul, 1982, p. 167.
149) 이상회, <텔레비전 인간론>, 배영사, 1976, p. 14.
150) 호현찬, "시청자 참여 프로그램의 개발", 방송위원회, 방송연구 1986년 가을호, p. 46.
151) Fiske, J., *Television Culture*, London : Methuen, 1987, p.21.

지적은 이와 일맥상통한다. 이에 우리는 TV토론을 논하면서 TV가 제공하는 현실과, 그것을 구성하는 영상언어에 대해 알아볼 필요가 있다.

1. TV 영상언어

1) 영상언어의 정의

인간이 살아가면서 접하는 다양한 정보의 형태들 가운데 대표적인 것은 청각 정보와 시각 정보이다. 청각 정보란 우리가 일상적으로 사용하는 언어와 음향을 통해서 지각되는 것이며, 시각 정보란 우리가 보는 모든 사물을 통해서 지각되는 것이다. 이들 청각 정보와 시각 정보들은 일반적으로 '자연적인 형태의 정보'로 제공되어 왔으나 과학기술의 발달에 따라 등장하게 된 대중매체로 인해 점차 '인공적인 형태의 정보'가 양적인 측면에서 엄청나게 제공되면서 인간이 받아들이게 되는 전체 정보의 범위를 전반적으로 증대시키게 되었다.

그러나 그 중에서도 특히 주목할만한 현상은 바로 영상정보의 증대이다. 현대를 '영상의 시대'나 '시각의 세계'로 표현하듯이 현대인들은 시각매체에 직·간접적으로 영향을 받는 가운데 살아가고 있으며, 영상을 떠나서는 생활할 수 없다고 할 수 있을 만큼 오늘날 주변세계는 영상으로 가득 차 있다. 상품디자인, 광고, 상점 전시물(show window display), 사진, TV 등에서 제공하는 다양한 영상 이미지들 속에서 우리는 마치 우리가 영상 이미지를 바라보는 것이 아니라 오히려 영상 이미지가 우리를 바라보고 있다고 느낄 정도이다. 그리고 이러한 환경 속에서 이제 영상 이미지들은 단지 보이는 것이 아니라 우리의 의식 속으로 자연스럽게 스며들어 우리의 사고와 행동양식을 규정하고 있음을 알 수 있다.[152]

---

152) 영상(映像)의 자전적(字典的) 의미는 映(비칠 '영') 像(형상 '상')이다. 이러한 의미에서 이 단어를 풀이해보면 '어떤 상이 비치어 상이 되는 것'을 뜻한다. 또한 사전적(辭典的)으로는 세 가지 뜻이 있는데, 첫째, 광선의 굴절이나 반사에 따라 비친 물

　　영상 이미지를 제공하는 미디어의 대중적인 확산은 우리의 생활 속으로 수많은 영상 정보들을 제공하게 되면서 인간의 감각적 인식 패턴을 바꾸어 놓고 있다는 주장들도 나오고 있다. 이러한 감각 및 지각 이론 가운데 대표적인 것들로는 게슈탈트 이론, 구성주의 이론, 생태학 이론, 기호학 이론, 인지 이론 등이 있다. 게슈탈트와 구성주의 및 생태학 이론은 영상 이미지를 통한 커뮤니케이션의 감각 이론에 해당하는 것으로 직접적이거나 매개된 이미지들이 빛으로 구성되어 있다고 주장하는 것이며, 기호학과 인지학 이론은 지각 이론으로서 주로 인간이 갖는 이미지와 관련된 의미에 관심을 두고 있다.[153] 이들 이론은 인간이 영상언어를 어떻게 지각하며 해석하는가에 초점을 맞추면서 그 과정에서 나타나는 인간의 인지적이고 감각적인 인식 측면에서 발현하는 특징들에 주목한다.

　　체의 모습, 둘째, 머릿속에 떠오르는 사물의 모습, 이미지(Image), 심상(心象), 셋째, 영화나 TV의 화상(畵像)이 바로 그것이다.(이기문, <동아 새 국어사전>, 동아출판사, 1995, p. 1578.) 오카다 스스무(Okada Susmu)는 영상을 특정 기술에 따라서 표출된 객관적 대상이자, 인간들 간의 만남을 창조해내는 공간이며 동시에 인간내부의 심적 대리자로서의 역할을 수행한다고 지적했다.(오카다 스스무, 강상욱 역, <미디어 영상학>, 이진출판사, 1997, pp. 18-19.) 또한 버넷(Burnett, R.)은 영상이 갖고 있는 의미를 다음과 같은 세 가지로 구분하여 제시했다. 영상은 첫째, 구체적이거나 심적으로 시각화하여 나타낼 수 있는 표시인 지각된 형태를 의미하고, 둘째, 이미 경험된 감각(지각)의 심적 반복인 상상된 형태를 의미하기도 하며, 셋째, 정신작용에 따라서 구성된 구체적 표현인 창조작용에 따라서 인위적으로 재현된 형태인 것이다. Burnett, R., *Cultures of Vision : Image, Media, and the Imaginary*(Cambridge: Indiana University Press, 1995), p. 28. 그러므로 영상이란 '영화나 TV 등과 같은 특정한 매체 기술에 따라서 표출된 객관적 상(image)으로서, 구체적이거나 심적으로 시각화시킬 수 있는 동시에 이미 경험된 감각(지각)의 심적 반복인 상상된 형태로서 인간의 정신 작용에 따라서 구성된 표현인 창조작용에 따라서 인위적으로 재현된 형태'인 것이다.
153) 이준일, 금동호, 김영식, <영상매체학 개론>, 커뮤니케이션북스, 2000, pp. 43-62.

〈표 19〉 영상커뮤니케이션의 감각이론과 지각이론

이론적 범주	이 론	대표적 학자	내 용
감각 이론	게슈탈트 이론 (Gestalt theory)	막스베르트 하이머 에드가 루빈	-영상인식을 감각적 요소와 형태를 다양한 그룹으로 조직한 결과로 봄 -이미지의 내용을 구성하는 각 형태에 대해 관심을 가짐. -영상 커뮤니케이터가 색, 형태, 깊이, 움직임의 기본적 요소를 결합하여 의미있는 전체를 만들도록 가르침
	구성주의 이론 (Constructive theory)	줄리안 호흐버그	-관람자의 눈 움직임이 적극적인 인식 상태임을 강조 -영상 이미지 수용 과정에서 적극적으로 행동하는 인간의 모습을 관찰, 해석함
	생태학 이론 (Ecological theory)	제임스 깁슨	-영상의 인식 과정은 실제로 인간이 살아가고 기능하는 외부 환경의 주제를 포함해야 함 -영상인식은 시계(視界) 내에서 빛이 대상의 모습에 영향을 미치는 방식의 결과물이자 장면에서 관찰자의 움직임에 따른 변화임 -주변 환경의 광학적 배치에 있어 약간의 변화로 크기와 깊이 인식의 결정은 의식적인 과정이 아닌 두뇌에서 자동처리되는 것임
지각 이론	기호학 이론 (Semiotic theory)	피어스	-영상 지각과 커뮤니케이션 행위에서 갖는 상징의 중요성을 강조 -기호로서의 이미지가 갖고 있는 의미의 해석을 통해서 새로운 커뮤니케이션 방식을 제공할 수 있다는 것
	인지 이론 (Cognitive theory)	페르난드 생 마르탱 어빙 비더맨 리처드 그레고리	-인간은 영상인식 과정에서 빛으로 구조화된 대상을 단순히 생태학적 접근 방식으로 보지 않고 정신작용을 통해 적극적으로 지각하여 결론을 내린다고 주장

* 출처 : 이준일 외, <영상매체학개론>, 커뮤니케이션북스, 2000, pp. 43-62 재구성.

2) TV와 영상언어

인간의 일상생활은 영상 미디어에 의해 반복적으로 매개된 경험과 판단 기준에 의해 이뤄진다. 영상 미디어를 통한 직접 경험이 주가 되고, 친구들이나 친지들과의 의견 교환으로 얻은 간접 경험이 일상생활을 규정하게 되는 셈이다. 일상생활에 대한 인식은 미디어가 제공하는 영상물로만 이루어지는 것은 아니지만, 넓은 의미에서 볼 때 미디어 스스로 일상생활에 관여하며 총체적인 사회 변화를 일으키는 접근 방식을 통해 현실개념을 역사적으로 변화시킨다는 것이다.[154]

TV는 영상미디어 가운데서도 현대인의 생활에 가장 직접적이고 광범위한 영향력을 지속적으로 행사한다. 물론 20세기 중반부터 등장한 웹(Web)으로 인해서 신문과 방송, 출판 등 전통적인 매스미디어들이 인터넷을 통해 정보제공 서비스를 시작함으로써 인터넷이 갖는 역할이 그 어느 때보다 중요시되고 있지만, 현재까지 어떤 미디어도 TV만큼 대중적이지 못하다. 전 세계적으로 사람들은 여가시간 가운데 1/2 내지 1/3을 TV와 함께 보낼 만큼, TV는 어떤 미디어보다 대중들과 친화성을 가지며 보편성과 공공성, 즉시성과 현실성, 매력성과 환상성, 그리고 수동력을 띤다.

TV가 수행하는 매스 커뮤니케이션은 본질적으로 영상적 요인에 의해 크게 좌우된다. 이는 TV가 영상을 주된 커뮤니케이션 도구로 삼기 때문이며 이러한 특성이야말로 면대면으로 이루어지는 대인 커뮤니케이션과 뚜렷이 구별된다. 그럼에도 불구하고 영상은 마치 일대일의 대인 상황과 같은 조건을 만들어 낼 수 있는데, 이는 매스 커뮤니케이션이 지향하는 것이 결국 대인 커뮤니케이션이라는 것을 보여준다. 이와 관련해 슈람(Schramm)은 "전반적으로 대인 커뮤니케이션과 매스 커뮤니케이션 사이에는 차이보다 유사점이 훨씬 많다"[155]고 했으며, 호튼(Horton)과 월(Wohl)은 '유사 사회

---

154) H. Bettina, "Kinder und Medien in ; Merten Klaus", in J. Siegfried, W. Siegfried(Hrsg,), *Wirlkichkert der Medien: Eine Einfuehrung und die Kommunikationswissenschaft*(Opladen 1994), p. 398.

155) W. Schramm, "The Nature of Communication Between Humans," in W. Schramm and D. Roberts(eds.), *The Process and Effects of Mass Communication*(University of Illinois Press, 1971), p. 50.

적 상호작용(para-social interaction)'156) 연구를 통해 이를 잘 설명하고 있다.

미디어를 통한 매스 커뮤니케이션은 면대면 상황 하의 대인 커뮤니케이션과 여러 모로 유사점이 많지만 본질적인 차이점도 분명히 존재한다. 애버리(Avery)와 맥캐인(McCain)은 매스 커뮤니케이션과 대인 커뮤니케이션의 차이를 다음과 같이 밝히고 있다.157)

첫째, 매스미디어의 기술은 수용자의 감각기관 동원을 제한한다. 기술의 산물인 미디어는 수용자에게 유사 면대면 상황을 제공하지만 청각과 시각, 후각, 촉각, 미각을 모두 충족 시키지는 못한다. 예를 들어 텔레비전 미디어는 후각과 촉각, 미각의 사용을 제한한다. 따라서 사람들은 불완전한 감각기관에 의존한 채 과거 경험이나 지식에 근거해 미디어에 등장하는 물체를 파악하는 수밖에 없다. 이와는 달리 대인 커뮤니케이션 상황에서는 언제나 오감을 사용하는 것이 가능하다.

둘째, 대인 커뮤니케이션은 수용자의 정보 제공자에 대한 기능 조절(피드백)이 크게 일어난다. 하지만 매스 커뮤니케이션에서는 매우 드물거나 일어나지 않는다. 매스 커뮤니케이션은 직접적인 상호작용을 일으키지 않기 때문에 수용자 반응이 즉각적으로 전달되지 못하며, 이로써 미디어 메시지가 긍정 또는 부정적 반응에 의해 조절되기 힘들다.

셋째, 매스미디어 메시지의 수용자는 정보 제공자에 대해 제한적이거나 가상적인 지식을 가질 뿐이다. 일반적으로 메시지 수신자는 자신의 지난 경험을 바탕으로 하는 선유 경향, 그리고 상대방이 누구인가에 따

---

156) 유사사회적 상호작용이란 예를 들어 텔레비전출연자들이 시청자를 정면으로 쳐다보고 말함으로써 감정의 공유와 친밀감을 유도하고 시청자들은 그에 몰입함으로써 옆에 사는 이웃보다 그를 더 잘 안다고 착각하게 되는 것을 말한다. 모든 종류의 토크프로그램과 뉴스가 이 방식을 택함으로써 시청자와의 친밀감을 높이고 있지만 이러한 커뮤니케이션 형태는 미디어 소스에 의해 통제되는 일방적이고 비지향적인 작용이라는 점에서 바람직한 대인관계 상호작용과는 거리가 있다. Horton, D., & Wohl, R., "Mass Communication and Para-Social Interaction : Observation on Intimacy at a Distance," *Psychiatry*(vol. 19, 1956). in Gumpert, G. & Cathcart, R. (eds.), *Inter Media 3rd edn.*(Oxford University Press, 1986), pp. 185-188. 참조

157) Avery, R., & McCain, T., "Interpersonal and Mediated Encounters : A Reorientation to the Mass Communication Process," in Gumpert, G., & Cathcart, R., op. cit., pp. 122-130.

라 주제에 대한 커뮤니케이션 형태를 결정한다. 그러나 매스미디어 수용자는 정보 제공자에 대해 불분명하고 상이한 개념을 가질 뿐이며, 제한된 감각기관 작용 때문에 얻을 수 있는 자료가 불충분하다. 따라서 정보 제공자가 조작하는 신뢰에 무능하게 대처할 수밖에 없다. 일례로 카메라 앵글과 이미지의 크기 등은 정보 제공자의 신뢰도와 매력을 인식하는데 결정적 영향을 미친다. 또한 미디어가 전통적으로 사용하는 전문적인 제작방법들-렌즈의 사용, 편집, 조명, 음악, 색, 이미지 크기, 카메라 움직임 등을 포함하는 기술적이고 미학적인 요인들-은 정보 제공자의 이미지를 왜곡하고 조절할 수 있지만 수용자는 이에 대응할 방법이 없다.[158] 따라서 수용자는 애초부터 제한적인 지식과 함께 미디어에 의해 만들어지는, 즉 가상의 지식을 가질 수밖에 없다.

넷째, 매스 커뮤니케이션 과정은 이해를 달리 한다. 대인 관계를 통한 커뮤니케이션의 특징은 면대면 상황 하에 피드백이 발생하고, 오감을 사용하며, 대화의 내용이 자연적이고 독특한 형태를 띠고 있고, 발신자와 수신자 역할이 교환되며 평등하게 이루어진다.[159] 그러나 매스 커뮤니케이션의 모델은 이와 전혀 달라서 커뮤니케이션 과정에 대한 이해 자체를 달리 해야 한다. 물론 미디어의 고도화된 기술은 얼마든지 대인 커뮤니케이션에 근접한 형태를 만들어낼 수 있다. 라디오 방송 진행자가 전화를 걸어온 청취자와 1 : 1로 상호작용을 하는 것이 하나의 예가 될 수 있다. 그러나 이 경우에도 청취자는 여전히 진행자에 대해 제한되고 가상적인 지식을 가질 뿐이며, 커뮤니케이션 흐름이 전적으로 진행자의 통제 아래 이뤄진다. 이러한 점들이 일반 대인 커뮤니케이션과 영상미디어를 통한 매스 커뮤니케이션 사이의 좁혀지지 않는 차이인 것이다.

TV를 시청하는 주된 이유로는 고독을 달래기 위한 동반성, 현장에서 볼 수 있다는 임장감, 인간에 대한 친근감, 1대 1로 마주보는 일종의 체험감과

---

158) 소리를 듣지 않고 화면을 보는 것만으로도 '좋은 사람'과 '나쁜 사람'을 가려낼 수 있는 것은 바로 이 같은 전통적 제작방법에 의한 결과이다.

159) Schudson, M., "The ideal of Conversation in the Study of Mass Media," *Communication Research*(July 1978) 참조.

참가성, 그리고 희열감 등이 꼽힌다. 이 가운데 친근감과 관련한 부분은 TV
가 제공하는 영상을 보다 친근하고 현실적인 느낌으로 만들기 때문에 '친근
감의 환상', '현장의 환각', '유사환경의 환영(illusion)', '현실의 환상' 같은 현
상을 불러일으킨다.[160] TV가 등장한 이후 확산된 영상화 및 이미지화 현상
은 결과적으로 글을 보완적으로 대체함으로써 오히려 근대적 이성의 자리
를 없애고 그 자리에 감각을 불러일으키는 결과를 초래하였다.[161]

우리가 TV를 통해 어떤 상을 보는 것은 심리적인 과정에서만 진행되
는 것은 아니다. 보는 것은 우리가 이미 알고 있는 것이나 믿고 있는 것
을 통해서 본다는 것이고, 보여지는 대상이 우리에게 무엇인가 말을 한다
는 것을 뜻한다. 또한 사회나 문화가 어떤 것이라고 규정한 것을 보는 것
이다.[162] 그러므로 본다는 것은 바라보는 나(주체)와 보여지는 대상 사이
의 대화이며, 대상이 놓이는 사회적, 문화적 맥락으로 위치되는 행위인
것이다. 이와 같은 맥락에서 강준만은 "텔레비전을 켜는 것은 한 나라의
집단 의식을 들여다보는 것과도 같다"라는 아들러(Adler)의 말이 타당하
다고 지적했다.[163]

TV와 같은 영상미디어와 수용자 사이에 이루어지는 담론적 해석과정
에서 가장 중요한 대상은 바로 언어로서의 영상이다. 실제로 언어는 사
람과 동물을 구별하는 유일한 척도로 사용되고 있다. 동물은 언어와 유
사한 신호를 갖고 있지만 언어를 갖고 있지는 못하며, 언어는 사람만이
가지고 있는 '종의 특유한(species-specific) 현상'[164]이다. 이러한 언어는 커
뮤니케이션을 목적으로 하고 있으며, 커뮤니케이션은 언어의 원인이기도
하다. 그러나 언어가 고안된 기호의 체계인 것에 비해 시각 언어, 즉 영
상언어는 자연이 가지고 있는 기호로 되어 있고 거기서 선택하고 배열하

---

160) 김규, <방송 미디어>, 나남, 1996, pp. 120-121.
161) 정일준 옮김, <탈현대의 사회이론>, 현대미학사, 1995, p. 197.
162) 주창윤, "영상언어의 이해", 한국언론정보학회 엮음, <현대사회와 매스 커뮤니케
    이션>, 개정 2판, 한울 아카데미, 2000, p. 334.
163) 강준만, <이미지와의 전쟁>, 개마고원, 2000, p. 86.
164) 조명한, <언어심리학-언어와 사고의 인지심리학>, 민음사, 1991, p. 37.

여 발전시킨 것이라 할 수 있다. 즉, 문학이 언어를 표기하는 문자기호에 의존하고 음악이 청각기관을 자극하는 소리에 의존하며, 무용이 인간의 신체에 의존하는 것이라면 영화와 텔레비전을 위시한 영상미디어는 바로 영상에 의존하여 표현하는 매체인 것이다.[165]

특히 영상미디어는 어떤 영상과 사상을 관객이나 시청자에게 전달하는 것이 궁극적인 목적이기 때문에 이들 매체는 근본적으로 영상을 통해 언어의 속성을 강하게 나타낸다고 볼 수 있다. 따라서 영화와 TV 같은 영상미디어에는 자연언어(구술언어, 청각언어, 문자언어)와 대응되는 개념으로 '영상언어'라는 용어를 사용할 수 있을 것이다.

메츠(Metz)는 영상언어란 자연언어와 여러 가지 다른 특성을 갖고 있는데 그것을 '표현하는 것'과 '표현된 것'의 관계로 이해하고 있다. 그리고 그에 대한 예로서 영화의 영상언어에서 가장 기초적인 구성단위인 컷(cut)이 문자언어에서와 같이 '문장 속의 단어'가 아니라 '문장 그 자체'로 작용한다고 지적했다.[166] 즉, 영상언어는 그 자체로서 의미를 담고 있는 '표현하는 것'의 성격을 지니고 있기 때문에 영상을 어떻게 구성하고 표현하는가, 즉 어떠한 영상언어를 사용하는가에 따라서 전달효과에 큰 차이를 낳을 수 있는 것이다. 그래서 이러한 영상언어를 그 자체로서 이미지이자 메시지로 보기도 한다.

〈표 20〉 매체의 언어 대비

구 분	문자적 언어	청각적 언어	시각적 언어
수 단	글	말/음향	사진/영상
인식과정	읽음	들음	봄
성 격	이성적	이성적/감성적	감성적
결 과	설명적	설명적/현장적	현장적/생동적

* 출처 : 김성문, <방송 · 영상의 실제적 이해>, 커뮤니케이션북스, 1998, p. 89.

---

165) http://www.videoacademy.com/html/image-institude.html
166) 임학송, "텔레비전 드라마의 어제와 오늘", <영상포럼>, 한국방송촬영인연합회, 1990, pp. 52-54 참조.

　사실 영상언어는 언어로는 표현하거나 설명할 수 없으나 분명히 존재하는 현실적 메시지를 시각화하여 보여주는 것이며, TV는 영상언어를 사용하는 가장 대중적인 매체이다. 영상언어는 무엇보다 언어에 비해 직접적이라는 특성을 갖는다. 추상적인 음성이나 문자를 이용하는 언어는 실물감이나 현장감을 부여하기 어려우며 개념적이고 간접적이다. 그러나 영상 미디어를 통한 충격적인 사건이나 사고 전달은 그 자체가 엄청난 파급 효과를 지니는 것에서 알 수 있듯이, 영상언어는 매우 직접적이며 구체적이다.167) 또한 국경과 인종을 초월한 만국 공통어이다.

　눈과 카메라는 모두 시간 속에서 움직이는 빛으로부터 시각적 재현물을 창조해내지만 살아 움직이는 유기체로서 눈의 창조성과 기계적 작동의 연속성을 통해 제작되는 카메라의 메커니즘에는 그들 양자간을 구별짓는 근본적인 특징이 존재한다. 인간의 시각 경험 차원에서 영상이란 끊임없이 변화하는 빛에 의해 망막 위에 생기는 시각적 이미지다. 이에 반해 사진, 영화, 텔레비전의 영상은 고정된 면에 각인시키는 입자의 모임168)으로, 영상언어의 표현은 지식 및 상식에 예술적 감각(sensitivity)이 보태져 기술적으로 이뤄진다. 따라서 영상의 언어화는 기계적 현상을 거치고 기계적 특성을 만족시키는 형태, 즉 촬영과 편집이 요구되는 인위적인 과정의 산물이다.

　이러한 인공적 조작과정은 그 기술적 메커니즘의 특수성과 인간의 심리적, 감성적 정서와 어우러져 신비성, 예술성, 대중성, 권위적 이미지를

---

167) 2001년 9월 11일 뉴욕에서 납치된 여객기가 세계무역센터와 충돌하는 장면이 TV를 통해 방영된 것은 영상언어의 극치를 보여준다. 각 TV 채널에서 반복적으로 방영되는 건물 붕괴장면을 시청한 미국민들은 심리적 충격에 휩싸였으며, 결국 국민들에게 심리적 후유증을 남길 것을 우려한 ABC 방송은 일주일 뒤인 18일부터 충돌 장면 방영을 중단키로 결정하기에 이르렀다. 데이비드 웨스틴 ABC 회장은 그 이유에 대해 "그것은 우리 시대의 가장 강력한 이미지이다. 정신과 의사들은 '어린 아이들은 반복되는 장면을 보고 또 테러 공격이 일어난 것으로 오해한다'고 말한다. 이제 그 얘기는 충분하다."고 얘기했다. 또한 부시 대통령 부인 로라 여사는 5개 방송에 출연, "TV를 끄고 아이들에게 책을 읽어주라"고 호소했다. 2001년 9월 20일자 조선일보 3면 '기자수첩', 워싱턴 주용중 특파원 보도.
168) 권중운, <뉴미디어의 영상 미학>, 나남, 1997, p. 5.

갖는 영상을 창출한다. 따라서 인간은 직접적인 경험에 의한 것보다 영상을 통해 접하는 대상에 더 큰 의미와 가치를 부여하게 된다. 또한 영상은 시청각에 소구하므로 가능한 보기 좋은 것을 선택하기 때문에 아름다움과 화려함을 추구하기 마련이다. 이러한 영상의 모든 특성은 결국 영상을 알 수 없는 매력과 마력을 지닌 환상의 세계로 만들고, 인간은 영상을 그렇게 인지하고 받아들인다.[169]

영상언어를 이용한 메시지는 제작자의 의도를 파악하기 쉽도록 강한 이미지를 수반하는 것이 보통이다. 이러한 경향 때문에 영상언어를 이용한 커뮤니케이션은 많이 알수록 많이 감각하고, 많이 감각할수록 더 많이 선택하며, 많이 선택할수록 많이 지각하게 되고, 많이 지각할수록 더 많이 기억한다. 그리고 더 많이 기억할수록 더 많이 배우게 된다. 이를 그림으로 나타내면 다음과 같다.

 **그림 17** 　영상 커뮤니케이션의 원형 구조

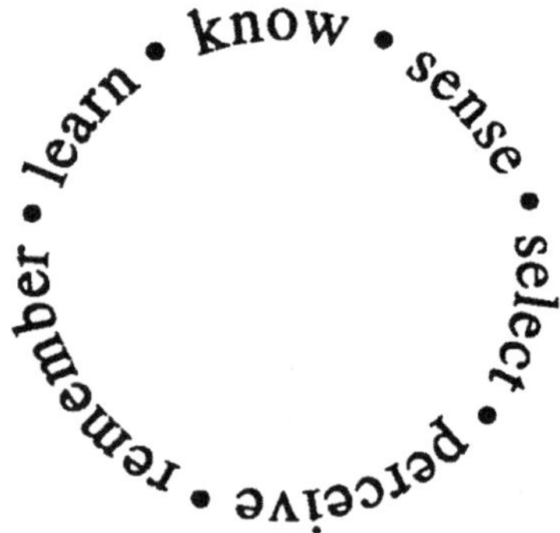

* 출처 : 이준일 외, 앞의 책, p. 24.

---

169) 김성문, 앞의 책, p. 91.

　　TV 영상언어의 특성은 다음과 같이 정리할 수 있다.[170]

　　첫째, TV 영상언어는 개인의 이성과 사고를 생략하고 즉흥적이며 즉물적이게 한다. 즉, 수용자는 사고와 상상을 배제한 채 영상이 곧 확신이라는 점을 통해 자기 경험을 축적하고 영상에 따라 즉흥적이고 감상적인 언행에 지배된다.

　　둘째, 논리적이고 과학적이라기보다 감정적이고 가시적인 것에 의해 좌우된다.

　　셋째, 과정보다 결과를 중요시하여 결과론을 강조한다.

　　넷째, 깊이보다 넓이를 강조한다. 즉 구체적인 지시력에 의한 전문성과 심층성보다는 메시지의 보편성과 획일성에 치우쳐 메시지 자체가 주체가 되며 직감적이다.

　　다섯째, 최면 효과를 갖는다. 비자발적이고 단정적이기 때문에 개인의 직감적인 경험을 유도하게 되는 것이다.

　　여섯째, 현시성과 구체성으로 인간의 정신력, 사고력의 한계를 가져오게 한다. TV는 이러한 단점을 보완하기 위해 인간의 감성과 감각을 자극한다.

　　일곱째, 개인적 접근을 강조한다. TV 영상언어와 개인의 회로는 일대일의 관계에서 지극히 폐쇄적이다. 또한 영상언어는 그 속성상 일과성을 갖기 때문에 지속성과 저장성이 떨어져 발신자에 대해 수용자는 단지 소비 위치에만 있게 된다.

　　여덟째, 시간의 구속력을 갖고 수용자의 공간성을 빼앗아 수용자의 물리적 공간성은 물론 정신적 공간성까지 점령하게 된다. 이는 지식과 경험을 영상에서 구하려는 징후를 낳아 정신적 소비성향이 높아진다.

　　아홉째, 목표 달성적이며 의식의 공동화를 조장하게 된다.

　　이러한 TV 영상언어의 특징은 개인들의 생활패턴을 좌우하는 중심체

---

170) 오명환, <텔레비전 영상론>, 나남, 1998, pp. 267-268.

로서 기능하게 되는데, 그 결과 일반대중은 '텔레비전에 의한', '텔레비전 때문에', '텔레비전에 따라' 일상의 틀과 리듬을 구현하는 속성을 갖게 되었다. 이처럼 자신의 행동과 사고, 그리고 생활의 구심력을 TV에 놓고 이에 맞추어 가는 'TV 증후군'은 오늘날 매우 흔한 실정이다. TV 메시지가 갖고 있는 정기능과 역기능은 논외로 하더라도, 현대인의 생활 축이 TV가 제공하는 영상언어의 자력에 끌려가고 있음은 분명한 현상이며, 이러한 가운데 TV가 개인 생활이나 사회 전반에 미치는 영향력이 크게 증대되어 왔다.

2. TV 영상언어의 비언어적 요소와 특징

1) TV 영상언어의 기술적 코드 : 상징성과 의도성

영상언어를 구성하는 다양한 기술적 코드들은 광범위한 영상미디어에 두루 적용되고 있으며 TV 역시 예외가 아니다. 즉 영상언어의 다양한 기술적 코드들을 통해서 시청자들과 커뮤니케이션하고 있는 것이다. 기술적 코드들에는 정지화면에서 포착할 수 있는 다양한 샷(shot)의 구성, 카메라 앵글과 렌즈의 사용 등과 함께 물체의 이동, 색, 선, 형태 등이 해당되는데, TV는 이들을 다양하게 사용함으로써 전달하고자 하는 내용을 각기 다르게 표현하는 다양한 영상언어를 구사하게 되는 것이다. 영상언어의 대표적인 기술적 코드와 그 의미들은 다음과 같다.

〈표 21〉 영상언어의 기술적 코드와 의미

구 분	기 표	기 의
샷 크 기	빅클로즈업 클로즈업 미디움 샷 롱 샷	중요한 순간, 감정의 고조 친근감 인물과의 개인적 관계 맥락, 객관적 거리

카메라 앵글	높음	등장인물의 나약함, 무기력
	시선과 일치	평등한 관계
	낮음	등장인물의 지배력, 권력, 지위
초 점	선택초점	특정부분의 강조, 관심끌기
	연초점	로맨스, 향수
	깊은 초점	모든 배경과 요소의 중요성
조 명	명조광(high key)	행복
	암조광(low key)	불행, 우울함
	강한 대비	연극적 효과나 극적 효과
	약한 대비	현실적 또는 다큐멘터리
렌즈유형	광각	감정의 고조
	표준	일상성, 규범성
	망원	관음주의
구 성	대칭	고요함, 침착함
	비대칭	일상성
	정적구성	갈등의 결핍
	동적구성	혼란
색 채	노랑, 주황, 갈색 등	낙관주의, 열정
	파랑, 녹생, 회색 등	비관주의, 침잠, 이성
	검정과 흰색	리얼리즘, 사실
영화적 코드	줌 인(zoom in)	관찰
	줌 아웃(zoom out)	맥락
	팬(pan)	관찰
	틸트(tilt)	관찰
	페이드 인(fade in)	시작
	페이드아웃(fade out)	끝
	디졸브	시간의 경과, 장면의 연결
	와이프(wipe)	강요된 결론

* 출처 : 주창윤, 앞의 책, p. 341 재구성.

위의 기술적 코드들은 모두 다양한 기표와 기의를 갖고 있다. 이는
이 기술적 코드들이 나타내는 상징성과 의도성이라는 기의가 일반적으로
어떻게 표현되는지를 나타내는 것으로, 기호학에서 사용하는 '기표'와
'기의'의 개념을 차용한 것이다. 기호학의 관점에서 보면 기호는 어떤 것

들을 표상하는 그 무엇으로서, 수많은 커뮤니케이션이 직접적이라기보다는 간접적으로 다양한 기호를 통해 행해진다는 것을 의미[171]하며, 이것이 바로 TV에서는 영상언어로 표현되는 것들이다.

피스크와 하틀리(Fiske & Hartley)는 TV를 가리켜 '인간의 고안물(human construct)'이라고 지적한 바 있는데,[172] 이는 TV가 제공하는 영상언어가 시청자들의 자의가 아닌 TV 프로그램 제작자의 자의에 의한 것임을 뜻하는 말이다. 이는 곧 TV 제작 과정에서 사용되는 다양한 기술적 코드들이 지닌 기의에 대한 숙지와 이해를 재고시키는 것이자, TV를 통해 제공되는 영상언어의 의도성을 은유하는 것이다.

한편 맥루한(McLuhan)이 지적한 대로 TV는 쿨미디어(cool media)이기 때문에 그 나름의 약점을 지니는데 그 대표적인 예가 바로 TV 카메라로 보이는 사물이 실제 인간의 눈으로 보는 사물과 비슷할 뿐 같지는 않다는 것이다.[173] TV는 이러한 약점을 보완하기 위해서 특수한 코드를 개발하여 시청자들을 무의식적으로 개입시킨다. 역설적인 것은 시청자들의 이러한 무의식적 개입이 시청자들의 능동성을 암시하는 동시에, 모르는 사이에 수동적인 소비자로서 그들을 위치 지운다는 것이다. 시청자들을 몰입시키는 TV의 능력 가운데 대표적인 것은 카메라의 다양한 샷과 크기이다.[174] TV 카메라가 보여주는 다양한 샷의 크기는 피사체와 시청자 사이의 대인 거리감을 의도적으로 조작하여 제작진이 임의로 바꾸는 샷의 크기에 따라 다른 의미의 정서적 효과를 시청자들에게 일으킬 수 있기 때문이다.

일례로 클로즈업과 롱샷을 보자. 클로즈업은 피사체의 크기를 확대하므로 사물의 중요성을 강조하며, 종종 상징적인 의미작용을 일으킨다. 또한 사물의 질감이나 형태, 세부묘사 등을 확대시킴으로써 표정에서 보이

---

171) 최영묵, "영상 이미지의 세계-영상과 기호", 인터넷 강의 2001. 10 참조.

172) Fiske, J., & Hartley, J., *Reading Television*(London : Methuen, 1978), p. 17.

173) McLuan, M., *Understanding Media : The Extension of Man*(New York : McGraw-Hill, 1964) 참조

174) Fiske, J., *Television Culture*(London : Methuen, 1987) 참조.

지 않는 내면적인 세계를 끌어낼 때 사용된다. 이런 점에서 인간의 내면적 혹은 심리적 경험을 묘사하는 표현주의 영화에서 많이 사용되었다. 인물을 묘사하는 클로즈업 샷은 인물에 대한 감정을 시청자나 관객에 이입한다. 클로즈업은 관객의 주의를 끌고, 인물에 대한 동일시와 직접성을 구축하며, 한 장면 안에 세부를 분리해 넣고, 장면 속에 시각적 다양성을 창출하고, 극적인 강조의 지점을 마련한다. 그리고 롱 샷은 일반적으로 연극에서 관객과 무대 사이의 거리에 해당된다. 롱 샷은 어떤 맥락이 진행되고 있는가를 밝혀주는 공간적 준거 틀의 의미를 담고 있는데, 서사적 영화에서 많이 쓰인다. 롱 샷의 넓은 시야는 관객으로 하여금 크기, 모양, 위치 등을 한 장면 내 여러 요소들의 상대적 비례 관계를 파악할 수 있게 한다. 롱 샷은 관객의 방향 감각 확보를 위해 필수적인 요소로서 간주된다.

게다가 TV 카메라는 '특별한 관점'을 가질 수 있으며, 그것을 시청자의 관점과 대치시키는 힘이 있다.175) 그것이 바로 카메라의 앵글인데, 카메라는 그것의 시각을 변화시킴으로써 시청자로 하여금 그의 사회적 위치와 TV에 나오는 대담자의 위치에 대해서 적절히 맞추게 하기도 하고, 시청자의 의견을 TV 카메라 관점으로 모으는 기능도 한다. 또한 카메라의 앵글은 선택된 소재에 대한 작가의 해석이나 논평이라고도 볼 수 있다. 즉 평범한 앵글은 화면의 일상적 표현에 적합한 형식이지만 극단적인 앵글은 영상의 핵심 의미를 나타내고자 할 때 사용되며, 높은(high) 앵글(혹은 부감)에서 촬영된 인물은 낮은(low) 앵글(혹은 앙각)에서 촬영된 동일 인물의 영상과는 정반대의 해석을 낳기도 한다.

TV 영상언어는 선과 형태라는 특성을 갖고 있기도 하다. 즉, 하나의 영상 속에서 나타나는 피사체가 존재하는 위치나 구도선상의 배치에 따라 수용자는 전혀 다른 느낌을 가질 수 있기 때문에 다양한 이미지 구사가 가능해진다. TV 영상언어의 효과는 다음과 같은 심리적 효과를 갖는다.

---

175) Jamieson, K., & Cambell, K., *The Interplay of Influence : News, Advertising, Politics, and the Mass Media*(Belmont, California : Wadsworth, 1992), p. 64.

〈표 22〉 선의 심리적 효과

선의 종류	심리적 효과	선의 종류	심리적 효과
직선	솔직, 엄격, 남성다움	굴곡선	불안, 불안정, 우유부단, 불규칙
곡선	매력, 우아한 동작, 여성스러움. 미와 고급스런 동작의 선이다.	수평선	휴식, 안정, 정적. 많이 사용하면 단조롭게 된다.
수직선	중요함, 향상, 의지적, 영적인 것. 수평선보다 강한 흡인력이 있다.	대각선	힘, 활력, 침략성, 동작의 변화. 극적으로 흥분을 고조시키는 선이다.

* 출처 : 황인선, <프로 영상제작 실무>, 미진사, 1998, p. 222 재구성.

〈표 23〉 형태의 심리적 효과

형태	심리적 효과	형태	심리적 효과
정사각형	경직, 균등한 관심	원	연속적인 운동, 흥미의 연속
직각	약식, 이해의 대립	S형	동작의 미, 우아함, 각각의 관심
삼각형	안정, 관심의 일치, 클라이막스	Z형	변화, 관심의 고조
+자형	결합, 보다 강한 관심	방사형	초점의 강조, 이해의 집중

* 출처 : 황인선, 앞의 책, p. 222 재구성.

한편 TV 영상언어는 TV 매커니즘의 중요한 표현수단으로서 늘 유동적이라는 특성을 지닌다. 즉 화면을 구성하는 선과 형태를 다양하게 변화시키면서 메시지를 전달하게 되고 이때 시청자들이 느끼는 감각은 화면 내의 피사체가 움직이는 방향에 따라 제각기 달라지게 되는 것이다. 이는 글로써 대상을 표현할 때와 마찬가지로 영상언어로 대상을 표현하는데 적용되는 몇 가지 문법, 즉 영상문법에 따라 표현하는 것이라 할 수 있다.

영상문법은 여러 가지 샷을 적절하게 구성하여 하나의 의미를 가진 이야기로서의 영상을 만들기 위한 구성원리인데 이러한 영상을 위한 기본적인 원칙에 다음과 같은 세 가지가 있다. 첫째, 영상은 어디까지나 시청자들에게 볼거리를 제공해주는 것이므로 가능한 한 미적(美的)이어야 하고, 둘째, 가능한 한 역동적인 화면이 흥미로우며, 셋째, 가능한 한 다양한 화면을 보여줄 수 있어야 한다는 것이다. 이러한 기본원칙을 실현하기 위해 각 영상언어는 구성에 대한 기본 법칙을 갖는데, 다름 아닌 피사체의 형태 및 이동에 의한 심리적 효과에 근거하는 것이다.[176] 대체로 왼쪽에서 오른쪽으로 이동하는 것이 자연스러우며, 카메라를 향해 가까이 다가오는 것은 매우 강한 움직임으로 인식된다. 이는 인간이 본래부터 지니고 있는 심리적인 감각에 기인하는 것으로서 다음과 같이 도표화할 수 있다.

〈표 24〉 물체 이동의 심리적 효과

	쾌적		물체의 하강
	스피드감, 중량감, 박력		기쁨
	극적		공포감
	힘이 떨어짐, 의지적		단조로움, 잔혹함
	득의, 대상		쾌활, 민첩함
	중량감, 위협, 파괴력		폭동
	등산, 강한 의지의 천명		강한 의지의 강조

* 출처 : 황인선, 앞의 책, p. 220.

이 밖에도 TV 영상언어는 내용과 일치한 의지를 가진 통일된 색채의 조화를 창조하기도 한다. 특히 색채는 사람의 감각이나 감정을 자극하는 효과가 있으며, 색마다 그에 따른 감각과 감정도 다르게 나타난다. 물론 색채와 감각 또는 감정의 관계가 구체적으로 어떻게 연결되는가는 개인차가 있지만 어느 정도의 보편성을 띠고 있다. 또한 어떠한 색에 대한 경

---

176) 이일로, <방송기술의 이해>, 우진출판사, 1992, p. 108.

험과 인상의 강약에 따라 색은 그와 관계된 여러 가지 사항을 연상시킨다. 예를 들어 붉은 색을 보았을 때 사람들은 불, 사과, 사랑, 혈액 등의 이미지를 떠올리는데 이러한 이미지는 뇌 중추의 흥분에 의해서 일어나는 심적 현상이며 과거의 경험이 재편됨으로써 생기기도 한다. 또한 어떤 색상이 모든 사람에게 공통된 연상 작용을 일으키는 경우에는 그 색상이 하나의 상징이나 기호로서 역할을 하게 된다.[177] 즉 TV 영상언어로서 색은 사람의 감각이나 감정을 자극하는 의도적 효과를 갖는 동시에 색이 갖고 있는 고유의 상징성을 지님으로써 커뮤니케이션 소구력을 높이는데 용이하게 사용된다. 영상언어로서 색채가 갖는 이미지적 감정 표현을 정리하면 다음과 같다.

〈표 25〉 색과 감정

색 채	이미지적 감정 표현
빨 강	격정, 노함, 활동적
주 황	기쁨, 활동성
노 랑	명랑, 쾌활, 원기
녹 색	평정, 너그러움, 젊음
보 라	우아함, 신비
청 록	부드러움, 우울
파 랑	깊은 고요함, 비애
남 색	신비, 숭고, 고독
흰 색	순수, 맑음, 순결
회 색	우울, 가라앉음
검정색	어두움, 절망, 엄격함

* 출처 : 황인선, 위의 책, p. 221.

TV 영상언어로 표현되는 기술적 코드들은 다양한 요소들로 구성되어 있으며 프로그램 제작자의 의도를 표출할 수 있는 저마다의 기의를 갖고 있다. 이러한 기의들은 각 기술적 코드의 상징성을 의미하는 것으로, 시청자들은 이 기술적 코드들의 상징성을 굳이 의식하여 수용하지 않더라

---

177) 이준일 외, 앞의 책, pp. 143-144.

도 쉽게 이해하게 된다. 이러한 의식작용은 프로그램 제작자의 의도에 따른 다양한 기술적 코드들의 구성작용 가운데 발생하게 되는데, 이는 그만큼 영상을 통한 커뮤니케이션이 본능적이며 자연스럽고 침투력이 강하다는 것을 의미하는 것이다. 영상언어가 갖고 있는 상징성과 의도성이야말로 오늘날 텔레비전이 강력한 영향력을 갖추게 된 가장 큰 요인 가운데 하나이다.

2) 비언어적 신체언어의 제한적 재현: 현실에서 '구성된 현실'로

TV는 여타 매체보다 특히 비언어적 커뮤니케이션 특성에 민감한 미디어이다. 이는 TV 영상언어가 갖고 있는 소구력이 청각적인 요소가 지닌 전달력보다 시각적인 요소가 지닌 전달력에 의해 그 효과가 극대화되기 때문이다. 하나의 프로그램에서 비언어적인 신체언어가 시각적인 영상언어로 표현되는 순간, 시청자와 프로그램에 등장하는 대상간에는 'TV를 매개로 하는 비언어 커뮤니케이션'이 이루어지게 된다. 그리고 다음과 같은 TV 영상언어의 특징적인 면모가 반영되어 조화를 이루게 된다.

첫째, 신체언어[178]의 중요성이다. 신체의 움직임은 중요한 TV 영상언어 가운데 하나이다. 특히 실제 상황과 달리 제한된 화면 속에서 일어나는 신체 움직임은 다양한 영상언어의 기술적 코드들을 적용함으로써 미세한 동작까지 짧은 시간 안에 포착되어 시청자에게 전달되는 동시에 강

---

178) 신체 언어는 아이디어, 의도, 또는 느낌을 전달하는데 사용되는 몸(또는 몸의 일부분)의 움직임이다. 대표적인 예로는 엠블렘과 설명 동작, 조절 동작, 감정 표현 동작, 무의식적 동작 등이 있다. 말을 충분히 대신하는 구체적인 신체적 움직임이 엠블렘이며, 언어와 밀접하게 연관되어 있으며 전달 내용을 보완해주는 신체 언어가 설명 동작이다. 조절 동작은 다른 사람과 상호작용 하는데 도움을 주는 몸의 움직임으로, 말할 때나 대화의 주제를 바꿀 때 혹은 상호 작용의 시작과 끝을 알리는 머리 끄덕임, 손짓, 자세 바꾸기 등 다양한 유형이 이에 포함된다. 감정 표현 동작은 감정의 정도를 반영하는 행위를 말하는 것으로 우리가 몸에서 느끼는 긴장의 양으로 측정되는 것이다. 그리고 무의식적 동작은 육체적 또는 심리적 욕구를 충족시키기 위해 일어나는데 이러한 행위는 개인적 욕구를 충족시키고 몸의 기능을 수행하여 감정을 관리하고 대인적 접촉을 유지한다. 최윤희, 앞의 책, pp. 42-53 참조.

조의 효과를 지닌다. 이는 무엇보다도 상황에 따라 가장 효과적인 샷을 구사할 수 있는 카메라 기능의 덕택이다.

둘째, 자세(posture)의 중요성이다. 자세는 텔레비전 영상언어 속에 나타나는 인물의 심리적, 사회적 지위 등과 관련된 상태를 읽을 수 있게 하는 주요한 특징이다. 일례로 드라마에서는 높은 지위의 권위적 인물로 하여금 등을 뒤로 많이 젖힌 자세로 의자에 앉게 하며, 비천한 지위의 인물은 가능한 한 등을 앞으로 많이 숙여 자세를 낮추도록 하여 대조적인 특성을 드러내도록 하는 설정이 일반화되어 있다.

셋째, 안면 표정의 중요성이다. 얼굴은 느낌과 감정을 표현하는 가장 큰 비언어 커뮤니케이션 도구이다. 특히 텔레비전 화면에 클로즈업되는 안면 표정은 극대화된 비언어 커뮤니케이션이자 영상언어로 작용하게 된다.

넷째, 시선의 중요성이다. 시선은 커뮤니케이션의 상호작용 흐름을 조절하는 동시에 감정 표현, 대인 관계 성격 전달 등의 기능을 한다. TV 등장 인물의 시선은 상호작용이 아님에도 불구하고 실제로 이루어지는 커뮤니케이션 상황 하에서보다 시청자들과 훨씬 긴밀한 커뮤니케이션을 할 수 있도록 만든다. 영상을 통해 마치 면대면(face-to-face) 만남과 같은 유사 사회적 관계(para-social relationship)가 형성되어 대인관계에 환영(illusion)이 만들어지기 때문이다.[179] 이러한 유사 사회적 관계는 실제 상황에서는 불가능한 커뮤니케이션도 가능하게 할 수 있으며, 더욱 이상적으로 만들기도 한다. 대체로 퍼스낼러티 프로그램(personality program; 진행자의 특성이 잘 드러나는 프로그램으로 텔레비전의 토크 프로그램이나 라디오의 DJ 프로그램이 이에 속한다)들이 노인이나 소외된 계층, 사회적으로 외면당하는 고립된 사람들에게 인기를 모으는 데에는 이러한 측면이 작용되

---

179) 출연자들이 시청자를 정면으로 쳐다보고 말함으로써 감정의 공유와 친밀감을 유도하고 시청자들은 그에 몰입함으로써 옆에 사는 이웃보다 그를 더 잘 안다고 착각하게 되는 것이 그 예이다. 모든 종류의 토크프로그램과 뉴스가 이 방식을 택함으로써 시청자와의 친밀감을 높이고 있지만 이러한 커뮤니케이션 형태는 출연자에 의해 통제되는 일방적이고 비지향적인 작용이라는 점에서 바람직한 대인관계 상호작용과는 거리가 멀다. Horton, D., & Wohl, R., op. cit., pp. 185-188.

기 때문이라고 볼 수 있다.

다섯째, 의상 혹은 장신구의 중요성이다. 의상 또는 장신구 같은 의복이 지니고 있는 비언어적 메시지는 주로 비의도적으로 전달되고 수용되지만, 때로는 메시지의 의도성과 함께 전달되기도 한다. 이는 의복이 사회적 신분이나 지위, 또는 성향을 표현하는데 이용될 수 있기 때문인데, 최근에는 상업적 목적을 지닌 의복의 비언어 메시지가 양산[180]되고 있으며 선거 때에는 이미지 메이킹의 수단으로 활용된다.[181]

여섯째, 공간과 시간 사용의 중요성이다. 출연자를 포함한 제작 종사자(정보 제공자)와 시청자 집단(수용자)는 참여 공간이 다르며 사용하는 시간 또한 다르다.[182] 이러한 근본적인 차이 때문에 제작 종사자 집단과 수용자 집단 사이에는 합치될 수 없는 인식이 존재하게 되므로 이를 최대한 줄이는 일이 필요하다.

일곱째, 인상의 중요성이다. 인상은 타인(보통 낯선 사람)과 대하는 상황 하에서 나타나는 불확실성의 산물[183]로서, 상호작용이 어떻게 진행될 것인가를 어느 정도 예측해주는 역할을 한다. 이러한 인상은 부분적으로

---

180) 스타에 대한 맹목적 추종심리를 이용, 인기인으로 하여금 의도적으로 특정한 장신구를 착용하게 하여 유행을 시키는 상업적 목적이 공공연하게 시도되고 있음을 말하는 것으로 우리 사회에서도 최근 몇 년 사이 드라마 여주인공이 착용한 헤어밴드나 핀, 목걸이 등이 크게 유행하는 현상이 빚어지고 있다.

181) 지난 97년 대선 이후 정계에서는 이미지 메이킹(image making)이 전략적으로 이루어져 화제가 된 이후 이미지 메이킹에 대한 관심이 다양한 분야에서 지속적으로 증가하고 있다. 2000년 4월에는 한 의류업체에서 전, 현직 대통령 가운데 가장 패션감각이 뛰어난 사람을 가렸는데 1위는 김대중 현 대통령인 것으로 결과가 나왔다. 이는 김대중 대통령이 화려한 원색 넥타이와 줄무늬 셔츠 등 젊은 취향의 패션감각으로 고령의 나이를 보완, 젊고 패기 있는 이미지를 만드는 데 성공한 것으로 분석됐다. 또 상의 주머니에 행커칩을 꽂아 서구적인 이미지까지 연출하는 등 진보적이고 신선한 이미지 메이킹이 정치인으로서의 입지에 긍정적인 영향을 준 것으로 풀이됐다.(한승주 기자, "대통령 패션감각 DJ가 으뜸", 국민일보, 2000. 4. 7 일자 참조)

182) 대부분의 TV 프로그램이 녹화 형태로 제작되며, 녹화로 인한 시차는 며칠 혹은 몇 달까지 이를 수 있다.

183) Berger, C., & Bradac, J., *Language and Social Knowledge : Uncertainty in Interpersonal Relations*(London : Arnold, 1982), 최윤희, 앞의 책, p. 129에서 재인용.

고정 관념에 바탕을 두고 형성되는데, 사람은 상대방에 관하여 일반적으로 유사한 사람에 대해서 알고 있는 점에 의존하여 인상을 형성하게 된다. 이 과정은 이해와 정보처리 행위를 반영하는 것으로서 사물을 이해하는 방식과 유사하게 이루어진다.[184]

오늘날 TV는 외부 세계에 대한 우리의 이미지를 고정관념화 하고 있을 뿐 아니라 개인의 태도 및 행위 형태에까지 유형·무형으로 영향을 미치고 있다. 따라서 출연자들에게 있어 인상 즉, 포괄적 의미로서의 이미지는 매우 중요한 것이다. 특히 출연자의 공신력과 매력[185]은 그 사람의 가치를 결정하는 잣대가 되기도 하는데, 이는 결국 주변환경에 대한 이미지들이 매스미디어를 통해 형성되고 있음[186]을 의미하며 그 가운데 텔레비전의 영상언어가 자치하는 역할은 두말할 나위 없이 중요하다.

이처럼 TV를 통해 나타나는 신체언어와 그와 관련된 비언어적 요소들로 구성된 영상언어는 실제 세계에서 나타나는 비언어적 요소들의 특

---

184) 최윤희, 앞의 책, p. 129.

185) 공신력(credibility)과 매력(attraction)은 대인 커뮤니케이션에서 매우 중요한 파워를 지니는 요소로서, 많은 부분 인상 혹은 이미지 형성에 의존한다는 공통점을 지닌다. 공신력은 아리스토텔레스가 가장 강력한 설득 수단으로 강조했던 에토스(ethos)이며, 매력은 일반적으로 신체적/성격적 이끌림이나 자주 접하게 되는 근접성, 격려를 통한 강화(reinforcement), 비슷한 사람에게 이끌리는 유사성, 전혀 다른 사람에게 이끌리는 보완성에 의해 주로 발생한다. 박기순, 앞의 책, pp.164-172 참조.
한편 임태섭은 공신력을 전문성과 신뢰성, 정열의 세 가지 차원으로 나누어 다음과 같이 설명하고 있다.(임태섭, <스피치 커뮤니케이션>, 연암사, 1997, p. 51.)

차 원	구성개념	영향을 미치는 요인
전문성	능력, 자질, 자격, 현명함, 지식, 경험, 권위	지위, 증거사용, 조직성, 세련된 언어, 복장
신뢰성	인격, 도덕성, 선의, 좋은 동기, 개방성, 너그러움, 객관성, 편견없음	친절함, 친근함, 상호간 유사성, 가치관 부합 여부, 동의의 정도, 용모, 진지함
정 열	역동, 박력	확신, 집중, 몰입, 진지함

186) 슈람과 포터는 현대 사회에서 매스 미디어는 커뮤니케이션 과정에 있어 중추적인 요소이고 거의 모든 뉴스가 매스미디어를 통해 제공되며, 결과적으로 우리 '주변환경에 대한 이미지'도 거의 대부분 매스 미디어를 통해 형성되고 있다고 주장했다. Schramm, W., & Porter, W., "Men, Women, message and media," *Understanding human communication, 2nd edn.*(New York: Harper & Publications, 1982), p. 14.

징들을 TV 미디어가 지닌 특징과 조화되어 '구성된 현실'을 제시하게 된다. 현실의 입체성과 다양성은 정확하게 모니터 화면 크기만큼의 단위적 통일성을 위해 깎이고 잘려 사람들에게 보여진다. 현실세계가 TV 제작진의 무수한 선택 즉 소재의 선택, 카메라의 편집, 편집의 선택, 방송시간의 선택 등의 연결고리를 거쳐서 우리에게 도달하게 되는 것이다. 그리하여 이러한 연쇄의 끝에 이르게 되면 현실세계는 재현되고 구성된 새로운 모습의 현실로서 도달하게 되는 것이다.[187]

이는 결국 TV가 보여주는 구성된 현실과 실제 현실 사이에서 영상언어가 괴리를 유발하는 직접적 요소가 된다는 것을 의미한다. 이는 TV가 이미지 창조를 위한 중요한 도구이며, 현대사회 TV가 점차 내용이나 본질보다 의사이상(pseudo-ideal)으로서의 이미지를 평가 대상으로 삼는 경향을 보이는 것과 무관하지 않다.

3. TV 영상언어의 사회적 수용과 기능

1) TV를 통한 사회화

오늘날 TV를 비롯한 다양한 영상미디어들은 수많은 영상언어들을 제공하면서 영상이미지의 시대를 구성하고 있다. 이로써 영상미디어 그 자체가 사회적 기능을 갖고 있으면서 사회 체제 내에서 일정 부분의 역할을 해내고 있다고 보는 견해가 점차 증가하고 있다. 즉, 영상미디어는 단순하게 과거의 라스웰(Lasswell)이 말한 사회감시의 기능, 상관조정의 기능, 그리고 사회화의 기능과 더불어 라이트(Wright)가 제시한 오락적 기능의 4대 기능을 행하면서 우리 사회, 개인, 하부집단, 그리고 문화에 영향을 미칠 뿐만 아니라 사회 체제 내에서 정치적, 경제적, 사회적, 문화

---

187) 백지숙, 텔레비전이 나를 본다, <TV 가까이 보기 멀리서 읽기>, 현실문화연구, 1995, pp. 25-26 재구성.

적 기능을 수행해왔으며188) 특히 거대 미디어 산업군을 이루면서 사회 체계 내에서 막대한 영향력과 생산력을 과시하고 있는 것이다.

이러한 논의 가운데 쟁점이 되는 것은 영상미디어, 특히 **TV**를 통한 사회화이다. 심리학에서는 사회적 상황에서 다른 사회 구성원들과 상호 접촉하는 가운데 이루어지는 인간 행위의 사회적 발전을 사회화로 보고 있으며, 인류학에서는 문화가 한 세대에서 다음 세대로 전승되는 과정, 즉 새로 태어난 한 인간이 소속된 사회의 구성원이 되어 그 사회가 그 인간에게 거는 전통적인 기대를 충족할 수 있는 능력을 학습하는 과정으로 보고 있다. 그리고 정치학에서는 정치적 정보와 가치, 그리고 행위의 학습을 사회화로 규정하고 있다.189) 이처럼 다양한 분야에서 내리고 있는 사회화의 규정을 볼 때, 사회화란 궁극적으로 소속된 사회의 문화를 학습하고 정치, 사회, 문화적 가치에 맞는 태도와 행위를 형성하는 것이라고 볼 수 있다.

이 같은 논의는 미디어에 관한 연구들의 논의틀과도 크게 다르지 않다. 미디어에 관한 연구는 대체로 사적 고찰이나 사회이론의 시각에서 이루어졌는데, 이들 연구의 초점은 주로 미디어가 갖는 사회적 기능이나 역할, 그리고 그 효과에 관한 것이기 때문이다. 이런 맥락에서 미디어를 연구하는 학자들은 매스커뮤니케이션의 두 가지 측면을 인식하고자 노력해 왔다. 첫 번째 측면은 미디어를 출발점으로 해서 미디어가 작용하는 사회와, 사회 속의 구조 및 제도를 고찰하는 측면이다. 이 같은 입장의 학자들은 미디어-사회의 연계에 관심을 두면서 미디어가 한 사회에 깊이 연관되어 있는 방식들과 더 큰 사회구조와 미디어간의 상호영향력을 중시하는 사람들이다. 두 번째 측면은 집단에 소속된 사람들이나 개인들을 고찰하는 측면이다. 이 같은 입장에 서 있는 학자들은 미디어와 수용자 들간의 관계를 기술하는 사람들이다. 이처럼 미디어-수용자 관계에 관심을 두는 이론가들은 미디어 교류 또는 거래의 집단적이고 개인적인 효과

---

188) 이정춘, <언론학원론>, 이진출판사, 2000, 제3장 참조.
189) 이상회, <매스커뮤니케이션과 사회화>, 평민서당, 1978, p. 42.

와 결과에 초점을 두고 있다.[190]

특히 여기서 중요한 것은 영상미디어로서 TV와 사회화의 상호연결 부분이다. 즉, 사회체계와 텔레비전이 서로 연결되어 영향을 미친다고 파악한다면, 텔레비전의 내용인 영상언어는 그 사회 문화의 산물인 동시에 생산자라는 관계가 형성된다. 그리고 생산자로서의 TV는 일반 대중의 인식방법, 사고방식, 행위방식, 사회적 관계 등에 영향을 끼치기도 하고 받기도 한다.[191] 이미 TV의 사회화는 미디어의 기능 중에서 중요한 기능으로 지적되어 왔으며, TV를 위시한 매스미디어를 통한 사회화의 기능은 그 중요성이 인식되어져 왔다. 영상미디어, 특히 매스미디어로서의 TV는 여타의 사회화 기구들보다도 인간의 사고와 행위의 방식뿐만 아니라 가치와 규범을 매개하는 사회화의 중심적인 매개체로서 사고와 행위의 모범상, 가치관, 그리고 규범을 선별적으로 매개해 주며, 또한 복합적인 사회체계에 적응하여 삶을 가능하게 해줌으로써 궁극적으로는 인간과 사회 구성체의 지속적인 유지와 발전에 필수적인 전제인 것이다.

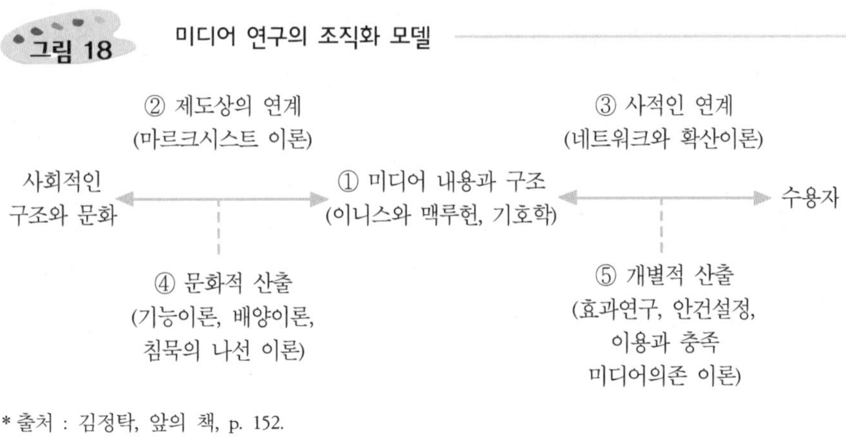

그림 18 미디어 연구의 조직화 모델

* 출처 : 김정탁, 앞의 책, p. 152.

---

190) 김정탁, <미디어와 인간>, 커뮤니케이션북스, 1998, pp. 151-152.
191) 최창섭, <미디어교육론>, 나남, 1986, p. 16.

TV의 사회화 기능이 갖고 있는 긍정적 영향력에 대해서 표명한 입장들은 대부분 인쇄미디어와 영상미디어가 혼재하게 되면서 미디어의 내용이 어느 정도 풍부해지고 더 다양해졌다는 점을 인정하고 있다. 현대사회에서 TV는 개인의 성장과 국가의 발전을 위한 중심요소로 인정되고 있는데, 이러한 입장에서 윌리엄스(Williams)는 새로운 전자미디어는 나라는 건국한 조상들도 생각할 수 없었던 새로운 정보와 참여를 시민에게 제공하는 기회를 준다[192]고 하여 새로운 전자미디어를 바탕으로 한 미래사회를 낙관적으로 조명했다. 또한 사회발전에 미치는 미디어의 중요성에 대한 연구로서 더치와 레믹스(Duch & Lemieux)는 정치경제적 발전과정에서 미디어제도의 성장을 중요한 요인으로 보는데, '도시화 → 문명 → 미디어발전 → 사회발전' 등의 네 개 변인으로 설명하면서 미디어와 사회발전에 대한 낙관적 논리를 전개[193]하여 국가통합과 국가형성에서 전자미디어의 역할을 강조하고 있다.

반면 TV의 사회화 기능이 갖고 있는 부정적 영향력을 표명한 입장들도 많다. 20세기 들어 급속한 도시화와 산업화는 다수 인구의 동질성 및 개인간이나 집단 생활의 약화를 야기했다. 즉 가족생활의 쇠퇴, 직장에서의 소외감 증대, 지역공동체의 쇠퇴, 일체감과 연대의식의 약화 등 공동체 의식과 정치적 소속감의 상실이 급속히 진행되었다.[194] 이러한 상황에서 TV는 소속감을 찾는 고립되고 뿌리 없는 개인들에게 국가중심의 새로운 동질성을 제공하는데 이용되게 되었다. TV를 통해 상징되는 것들은 대중들을 움직이기 위해 정치적으로 조작해낸 가상의 권위를 나타내며, 이는 깊이 없는 내용을 지니면서도 직접 개인에게 영향을 미쳐 강제적이고 비합리적인 형태의 충성을 촉구했던 것이다.[195] 또한 산업화와

---

192) Williams, F., The *Communications Revolution*(Beverly Hills : Sage, 1982), p. 199.

193) R. Duch & P. Lemieux, "The Political Economy of Communications Development," *Working Paper*, Research Program on Communications Policy(MIT University, 1986) 참조.

194) Beniger, J., *The. Control Revolution : Technological and Economic Orgins of the Information Society*(Cambridge : MA, Harvard University Press, 1986), pp. 43-56.

195) Kornhauser, W., "Mass Society," in D. Sills(eds.), *The Encyclopedia of the Social Science*(New

도시화로 인한 전통적인 행동규범의 급속한 붕괴, 그로 인한 몰가치적인 심리상태에 놓인 개인들은 TV를 통해 드러나는 가상의 권위와 가상 공동체에서 편안함을 구한 것으로 보인다. 즉 이러한 개인들은 TV를 통해 선동적인 소구에 쉽게 동원될 수 있는 것이다. 이러한 관심사들로 인해서 설득, 태도변화, 대중심리, 정치커뮤니케이션 등과 같은 개념에 관한 많은 사회과학적 연구196)를 자극하기도 했다. 대중들의 정치뉴스에 대한 텔레비전의 의존 정도가 높아짐에 따라 대중들의 정치불안이 고조된다고 주장하기도 하였으며, 또 5, 60년대에는 고립감을 더 많이 느끼는 개인들일수록 텔레비전에 더 쉽게 설득되고 극단적인 정치적 관심으로 흐른다는 증거를 발견하기도 했다.197) 이렇게 점유영역을 최대화하려는 특성을 지닌 텔레비전의 등장과 확산으로 대중들의 획일화를 우려하는 내용의 연구도 있다. 대표적인 것이 리흐텐버그(Lichtenberg)의 연구로, 그는 오웰(Orwell)의 소설, 히틀러의 권력부상, 역사와 민주주의 제도의 와해 과정 등 앞으로 어떠한 상황 하에서 이와 유사한 일이 발생할 것인지에 대한 의문을 TV라는 전자미디어의 특성을 논의하면서 제기했다.198)

한편 엘루(Ellul)는 TV를 통한 선전과 대중교육이 갖고 있는 유사성을 주장했다. 즉 선전은 설득하거나 태도를 변화시키기 위해서라기보다는 기존 문화를 강화시키기 위해서 더 자주 사용되는데, 그것은 의도적인 허위보다는 의심할 바 없는 반진실을 강조하는 현대정치의 정교하고도 자연스러운 현상이라는 것이다. 또한 그것은 널리 알려진 신화를 이용하고, 복잡한 현실을 단순화하며 무심코 경청하고 있는 대중 수용자에게 모든 것이 잘되어간다는 확신을 심어준다는 것이다. 따라서 TV를 통한

York : Free Press, 1978), p. 50.

196) 이강수, <매스커뮤니케이션 사회학>, 나남, 1987, p. 21.

197) Nimmo, D., "Politics, Media, and Modern Democracy: The United States," in Swanson, D., & Mancini, P. (eds.), *Politics, Media, and Modern Democracy*(London : Praeger, 1996), pp. 29-31.

198) Lichtenberg, J., *Democracy and Mass Media*(New York : Cambridge University Press, 1990), pp. 44-47.

선전은 대중의 생활 구석구석에 스며들고 있음을 말하는 것이며, 중앙 집권화된 정치기구가 문화를 움직이는 매스미디어나 미디어기술에 대해 지나친 통제를 하는 위험에 대해 경고하고 있다.199) 또한 엔젠스베르거 (Enzensberger)는 전자미디어가 발전함에 따라 의식을 형성하는 산업은 후기 산업시대의 사회에서 사회발전을 위한 보조자가 되어왔으며, 그것은 생산과 더불어 모든 다른 부문에도 침투하여 점점 관리적이며 통제적인 기능을 갖고 지배적인 기술의 기준을 결정한다고 하였다.200) 이러한 주장은 광고주의 지원을 받는 방송내용 속으로 개인들이 몰두하게 되어 TV가 대중들에게 낭만적 성향을 심어주고 개인화를 조장한다는 것이다. TV가 문화와 사회에 부정적인 영향을 미친다고 강조하는 연구들은 TV의 지나친 상업화와 오락화, 획일화를 비판하고 있다. 이를테면 수동성을 유발시키고 교육에 대한 중요성을 희석시키며 어린이들로 하여금 너무 이른 나이에 성인의 기대와 가치를 갖도록 강요하며, 현실세계의 폭력에 대해 시청자들을 무감각하게 한다는 등의 것이 그러하다.

이처럼 미디어 혹은 미디어 기술의 발전에 대한 관점과 인식이 충돌되어 혼재되고 있는 가운데 TV 중심의 영상미디어는 계속 개발·발전되고 있는 것은 자명한 사실이다. 이러한 새로운 영상미디어는 우리 생활 속에 다양하고 수많은 이미지를 쏟아 붓고 우리들의 사고방법까지 철저히 변화시킴은 물론이고 사생활까지 영향을 미치고 있는 것이다.201)

산업혁명 이후 분업화 체제, 그리고 공장체제 속에서 너무나 바빠진 부모들의 일정은 사회화를 준비하는 어린이와 청소년들에게 제1차 준거 틀로서의 역할을 해주지 못하게 만들었다. 따라서 부모들의 역할은 대중 교육을 기반으로 하는 학교체제와 미디어 체제로 넘겨지게 되었는데, 미디어를 준거틀로 택한 어린이는 TV와 함께 성장을 시작하고 가치관과

---

199) Ellul, J., *Propaganda : The Formation of Men's Attitudes*(NY : Random House, 1965), pp. 118-119.

200) Enzensberger, H., *The Consciousness Industry*(New York : The Seabury Press, 1974), p. 98.

201) Toffler, A., *The Third Wave*(New York : Morriw, 1980). 이규행 감역, <제3의 물결>, 한국경제신문사, 1981, p. 235.

행동방식을 학습한다. 이들에게 있어 TV는 외부세계와 접하는 최초의 창문(early window)[202]이며, 사회생활에 필요한 규범과 여러 가지 정보를 습득할 뿐만 아니라 다양한 인간들의 삶을 대하게 해준다. 즉 TV를 통한 사회화는 궁극적으로 인간의 사회적 관계, 가족 관계 등 모든 인간관계를 대체시키는 결과를 낳았다. 사회화 도구로서 TV가 갖는 역할은 객관적인 현실과 수용자의 주관적 현실간의 구분을 모호하게 하면서 결국 사회 문화적으로 이전의 문자세대와는 전혀 다른 새로운 질서의 창출을 가져왔음을 의미한다고 볼 수 있다.

2) TV 영상언어를 통한 현실과 허구의 인식

미디어를 통해서 인식하는 현실세계는 이미 있는 그대로의 세계가 아닌 유사세계이다. 즉 실제의 경험을 통해서 인지된 것이 아니라 미디어를 통해서 인지하게 되고 현실 상황을 조건 지운다는 이 사실은 매스미디어에 의존하는 인간들이 허구를 사실로, 사실을 허구로 생각하지 않을 수 없는 조작된 상황 하에 있다는 리프만(Lippmann)의 지적과 함께 그 위험성이 지적된 바 있다. 인간은 그가 만들어냈거나 남이 만들어준 가상에 근거하여 행동한다. 미디어는 지식의 주요한 원천으로 외부환경의 메시지를 전달하고 사람들은 이 메시지를 이용하여 현실세계에 대한 상을 마음속에 그리게 됨으로써 유사환경(pseudo-environment)을 만든다. 인간은 이 유사환경 속에서 판단하고 행동하게 되는 것이다.[203] 특히 이 부분은 TV에 대한 논의에서 더욱 심각하게 부각되는 문제점이다.

호킨스(Hawkins)는 어린이들이 TV를 실제 세계로 통하는 '마법의 창문'으로 여긴다고 설명하는데[204] 이는 비단 어린이들에게만 한정된 것은

---

202) Libert, R., Sparafkin, J., *The Early Windows : Effect of Television on Children and Youth, 3th edition*(New York, Peraganon Press, 1988), p. 8.

203) 이상회, 목진자, <매스커뮤니케이션 총론>, 법문사, 1976, pp. 45-47, 이정춘, <매스커뮤니케이션 효과이론>, 나남, 1986, pp. 67-68. 재인용.

204) Hawkins, R., "The Dimensional structure of children's perceptions of television reality", *Communication Research* 32(1977), pp. 86-97.

아니다. 그런 측면에서 TV는 '미지의 세계를 향한 창문'이며, 중요한 것은 창문이 각기 저마다의 독특한 특성을 갖고 있다는 것이다. 첫 번째 특성은 창문의 크기이다. 우리는 이 창문의 크기에 의해서 우리가 볼 수 있는 넓은 외부 세계를 제한하게 된다. 즉 TV는 제한된 크기를 갖고 있기 때문에 시청자들로 하여금 제한된 만큼의 세계만을 볼 수 있도록 시야를 한정시킨다. 두 번째는 창문의 단절 기능이다. 창문은 그 성격상 창문 밖의 소음과 열기, 냄새, 흥분, 즐거움, 미움 등을 모두 차단한다. 즉 우리가 실생활에서 느끼는 갖가지 숨결들이 창문을 통해서 막히고 마는 것이다. 결국 시청자들은 창문을 통해 죽은 세계를 보는 것이지만, 마치 살아있는 세계를 보는 것으로 착각하게 된다. 세 번째는 창문의 색깔이다. 우리는 창문에 칠해진 색깔 때문에 이미 채색되어진 세계를 보게 된다. 이로써 TV를 통해 보는 세계는 실제와 다른 허구의 세계이자 죽은 세계, 그리고 채색되고 변질된 세계라는 것을 알 수 있다.

미디어 현실지각, 즉 인지된 현실성의 개념은 TV 내용을 현실로 받아들이는 정도, 또는 TV 내용을 현실과 혼동하여 현실과 유사하게 받아들이는 정도이다. 연구자들은 시청자가 느끼는 현실감이 그들의 사회적 현실인식과 사회관에 영향을 미치며, TV 프로그램을 현실적으로 지각할 경우 허구적이라고 인식하는 것보다 더 많은 영향을 받는다는 사실을 증명해왔다. 바흐마르(Bachmair)는 실제 레슬링 경기와 TV 중계되는 경기를 예로 들어 현상적 특징을 지적한 바 있다. 레슬링과 같은 격투기 쇼는 하나의 사회적 사건이 미디어에 융합되는 과정에서 '무엇이 우선이며 무엇이 정말인가?'라는 개념에 혼동을 가져와 사실 여부를 알 수 없게 하며, TV 연속극 역시 마찬가지라고 말하고 있다. 모저(Moser) 역시 같은 맥락에서 축구대회, 팝 음악 팬들의 거리행진이나 방송대상이 TV를 통해 방송되는 것을 예로 들었다. 예컨대 축구의 경우 실제로 현실을 접한 사람이 축구장에서 직접 경기를 본 사람들인지, TV를 통해 결정적인 장면 등을 느릴 속도로 반복시청하면서 절망하는 골키퍼의 모습을 시청한 TV 시청자인지 분간해내기 어렵다는 것이다.205)

이처럼 TV는 시청자들이 '현실'과 'TV로 매개되는 현실'이 매우 유사하다고 믿도록 만들어 두 가지 상황을 구분하기 어렵게 한다. 이 결과 TV에 등장하는 인물이나 가상 상황에 대해서 시청자들이 마치 일상생활 속에서 흔히 접하는 일처럼 인식하는 경향이 늘고 있다. 여기서 분명히 제기되는 문제점은 1차적이고 직접적인 경험이 아닌 2차적이고 간접적인 경험, 인위적으로 축적되고 만들어진 경험을 통해 시청자들이 사고하게 된다는 것이다. 자신에게 가장 가치 있는 일차적 경험 대신 선호하는 TV 프로그램이 매개하는 경험을 갖게 되어, 영상미디어 시대를 살아가는 사람들은 직접 경험과 사고가 아닌 단순한 모사(模寫, 시뮬라시옹)만으로 만족한다.

보드리야르(Baudrillard)의 시뮬라시옹 개념은 시뮬라크르(simulacre)를 이해하는데서 출발해야 한다. 보드리야르에게 있어 시뮬라크르(simulacre)는 상이한 테크놀로지들이 생산해 내는 이미지에 대한 매혹과 불안을 모두 집어넣을 수 있는 텅 빈 격자(grid)로서의 개념이다. 그런데 특히 이미지를 설명하는 사전에 이 개념을 등장시킨 매체가 바로 TV다.206) TV는 이미지 기호가 의미와 실재에 가하는 테러리즘이 가장 적나라하게 드러나는 매체로서, 미디어와 신체의 인접성을 바탕으로 가정 공간과 노동 공간의 위상을 변화시키는 사전 정지작업을 거쳤다. 또한 '진실인 것은 TV며, 진실을 만든 것은 TV'라는 가설까지도 증명하였다. TV는 과거와 현재, 미래를 넘나들며 실재의 경험적 시공간을 소거시키고 인공적인 세계를 실재의 세계라고 설득한다. 아우슈비츠 학살 다큐멘터리처럼 잔혹한 역사적 비극을 조작한 인위적 기억이건, 일상사의 자연스러움을 흉내내는 몰래 카메라(candid camera)건, TV 수상기는 그 자체의 현존만을 나타낸다. 그리고 그것은 수상기에 나타나는 이미지에 공감하고 그것을 집단적 기억이나 현실로 받아들이는 침묵하는 시청자들의 존재만을 유일한 현실

---

205) Bachmair, B., *Fernsehkultur*(Opladen 1996), p. 19.

206) Baudrillard, J., Pour une critique de l'economie politique de signe(Galilee, 1981), 하태완 역, <시뮬라시옹>, 민음사, 1990, pp. 53-60.

로 공인할 뿐, 이미지 바깥의 어떤 현실도 인정하지 않는다.

보드리야르는 시청자 주체가 곧 TV의 일부, 즉 TV 전파를 무비판적으로 받아들이는 일종의 브라운관이나 다름없다고 말하고 이렇게 구성된 현실을 가리켜 "원천이나 실재 없이 실재적인 것의 모형들에 의해 만들어진 것, 즉 유사현실"이라고 정의하였다. 유사현실의 영역에서는 실재와 가상과의 경계가 끊임없이 서로 충돌하며 붕괴되어진다. 그리고 그 결과 이 두 가지가 아무런 차이를 가지지 않는 것으로 경험하게 된다. 나아가 실재 자체보다 모사가 더욱 실재적인 것으로 경험되곤 한다.

TV는 현실과 시청되는 현실이 매우 유사하다고 믿도록 시청자를 감동시키고, 시청자들은 이 사실을 구분하기 어려워진다. TV에 등장하는 인물 혹은 시각적 상황에 대해서도 마치 일상생활 속에서 흔히 접하는 일처럼 인식하는 경향이 늘어나는 것은 그 때문이다. 이 점은 포스트만 (Postman)의 미디어 비판에서 정점에 이루고 있다. 그는 TV가 문화의 지배자가 되면서 정치, 종교, 뉴스, 스포츠, 교육, 교역 등 공공담론이 모두 쇼 비즈니스로 전락했으며 현대인들이 목숨을 걸고 '즐기기'에 몰두하게 되었다고 지적하였다.[207]

이처럼 TV를 통한 현실인식은 미디어를 통한 간접 경험 수용이란 측면과, 가상과 실재의 구분을 어렵게 한다는데 문제가 있다. 이러한 와중에 눈부신 기술발전으로 TV의 표현형태에 대한 사실성 체감지수는 더욱 높아지고 있는 현실이다. 점점 더 우리의 현실인식 경계를 모호하게 만들고 있는 것이다.

---

207) 닐 포스트만 지음, 정탁영, 정준영 공역, <죽도록 즐기기> (참미디어, 1997) p. 8.

제 4 절 TV 영상언어와 커뮤니케이션 능력

1. 영상언어를 통한 TV 매개 커뮤니케이션 환경 : 유사공간과 인상관리

대인 커뮤니케이션 상황과 영상언어를 사용하는 TV가 매개된 커뮤니케이션 상황은 본질적으로 다르다. 무엇보다 대인 커뮤니케이션에서는 인간이 사용할 수 있는 모든 감각 기관인 시각, 청각, 후각, 미각, 촉각이 동시에 동원되는 반면, 영상언어를 이용한 커뮤니케이션에는 이보다 훨씬 적은 감각기관 활동이 요구된다는 차이가 있다.

미디어 기술은 수용자가 지닌 감각 기관의 잠재성을 제한한다. 예를 들어 라디오는 청각적 언어와 청각적 비언어에, TV는 시각적 언어에 호소함으로써 나머지 감각 기관의 활동이 필요한 부분에 상상력의 동원을 필요하게 한다. 이러한 특징은 곧 수용자로 하여금 정보 조작에 무기력하게 만드는 한편 가상의(imaginary) 지식을 갖게 만든다.208)특히 TV 영상언어는 렌즈와 편집, 조명, 샷의 크기(image size), 음악, 카메라 움직임 등의 조작을 통한 메시지 구축이 가능하다. 일례로 대부분의 TV 시청자는 별다른 설명이 없는 상태에서도 영상만 보고 선한 사람과 악한 사람을 구별해 낼 수 있다. 그러나 대부분의 수용자들은 이러한 '영상화와 표현

---

208) Avery, R., & McCain, T., op. cit., pp. 122-125.
　　 한편 옹(Ong)에 의하면 라디오와 텔레비전은 '이차적 구도성(secondary orality)'의 형태로서, 귀나 청취력을 다시 한번 강화시킨 것이다. 이 가운데 TV 뉴스캐스터 같은 미디어 등장인물의 개인적 특질, 신뢰성, 적격성과 같은 요인들을 강조하는 미디어로서 이성적인 이해나 분석에 있어서 뒤떨어지며, 정보의 재빠르고 파편적인 전달에 적격한 미디어로 수용자의 논리력을 약화시킨다. TV는 추상화된 개념적 언어의 전달보다 생생하고 특수한 이미지 전달에 적격한 '스타'들의 미디어이다. 이 점은 1980년, 1984년, 1988년 미국 대통령 선거에서 여실히 나타났는데 사진이나 음성, 이미지 등이 신중한 토론이나 비판적 평가 등을 압도하게 되었다. 이러한 환유적인 이미지로서의 영상언어는 많은 사회적 영역에 상징적으로 이용될 수 있다. 김정탁, 앞의 책, p. 124 참조.

에 대한 문법 해독'에 무지하며, 심지어 TV에 출연한 인물에 대해서는 단순히 그 사실 하나만으로 손쉽게 사회적 지위를 안겨주기도 한다.[209]

영상언어의 소구력은 청각적인 전달력보다는 시각적 전달력에 의해 그 효과가 극대화된다. TV의 시각적 효과는 앞서 살펴본 대로 샷과 앵글, 조명, 색, 카메라 이동 등에 의해 크게 좌우되며 이러한 요소들은 수용자에게 매우 설득력이 높은 비언어 커뮤니케이션으로 작용한다. 이 가운데서도 샷의 변화는 가장 함축적인 의미를 지닌 비언어 커뮤니케이션이라 할 수 있다.[210]

일반적으로 샷은 크기나 조절 개념을 바탕으로 분석한다. 이러한 방법은 인간의 적응에 관한 추상적 개념과 관련한 것이다. 영화학자 제이콥스(Jacobs)는 "물체의 크기는 우리의 감정뿐만 아니라 물체를 인식하고 이해하는 데에도 영향을 미친다. 큰 것은 특별화를, 작은 것은 일반화를 의미하게 만든다. 세밀한 부분을 확대하고 원치 않는 부분은 제거하는 클로즈업은 중요한 것이라는 인식과 함께 우리의 주의를 집중시킨다. 풀 샷은 주제의 모든 부분을 포함하여 이해를 돕는다."라고 말하고 있다. 한편 영화 이론가인 바진(Bazin)은 미디엄 샷이 널리 쓰이는 이유에 대해, "감독은 되도록 자주 미디엄 샷으로 돌아가는 경향이 있는데 그것은 관객들의 무의식적인 집중을 유발시키는데 가장 좋은 방법이기 때문이다. 미디엄 샷은 관객의 정신 적응과 균형을 이루는 자연스러운 포인트이

---

209) 라자스펠트와 머튼(Lazarsfeld, P., & Merton, R.)은 이러한 현상을 가리켜 '미디어의 지위부여'라고 말한 바 있다. Lazarsfeld, P., & Merton, R., "Mass Communication, Popular Taste, and Organization Social Action," in Bryson, T. (ed.), *The Communication of ideas*(New York : Harper, 1948), p. 127.

210) 일례로 인물 샷은 우리가 그를 어떻게 바라보아야 하는가에 대한 제작자의 기본 설정이다. 심리학적 관점에서 볼 때, 일반적으로 뉴스 앵커 샷으로 주로 사용되는 미디엄 샷은 개인적으로 친근감을 줄 수 있는 거리에서 촬영되기 때문에 가장 차분하고 편안한 환경을 조성해 정서적인 동요를 일으키지 않는다. 리포터 샷으로 많이 쓰이는 미디엄 롱샷 (혹은 '니 샷'; 'knee shot')은 객관성을 강화하고 중립성을 느끼게 해주며, 클로즈업은 친근감과 긍정적 이미지를 증가시키는 역할을 한다. 황인성, "텔레비전 영상 저널리즘 재현장치와 소외집단", <텔레비전 문화연구>, 한나래, 1999, pp. 124-129 참조.

다."라고 말한 바 있다.211)

여기서는 메이로비츠(Meyrowitz)가 밝힌, '유사공간'과 '인상관리'라는 비언어 커뮤니케이션을 토대로 한 분석 방법을 살피고자 한다. '유사공간'은 홀의 공간학212) 개념을 발전시킨 논의이며, '인상관리'는 고프만(Goffman)의 이론을 바탕으로 하는 것이다. 자세한 내용을 보자.213)

1) 유사공간(Para-Proxemics) 모델

대인 커뮤니케이션이 이루어지는 거리는 상대방을 명확하게 볼 수 있는 거리를 뜻한다. 그러나 TV를 매개로 이루어지는 커뮤니케이션에서는 이러한 거리감이 다름 아닌 샷을 통해 전달된다. TV는 기술적 조작에 의해 시각적인 단서를 왜곡시킬 수 있는데 이는 시청자들이 화면에 등장하는 대상을 어떤 식으로 인식하게 만드느냐에 대한 것이다. 그러므로 어떤 특정한 하나의 샷은 인물을 프레임(frame)에 넣는 방법이자 출연자와 시청자간의 대인거리를 암시하는 것이기도 한 것이다.

만약 인간이 보고 듣는 것, 생각하는 것, 표현하고자 하는 것을 그대로 표현할 수 있다면 적어도 이 '거리'의 문제는 발생하지 않았을 것이다. 그러나 문제는 그대로 표현할 수 없다는 것이고, 적어도 그것은 자신의 의지가 아닌 사회적인 표현양식-기술적으로든 사회적으로든-으로 재현하지 않으면 안 된다는 것이다. 바로 여기서 '거리'가 발생하고 미디어와의 커뮤니케이션 방식이 형성된다.214)

---

211) Bazin, A., "The Evolution of the Language of Cinema," in *What is Cinema?* by Bazin, A. (ed.) and trans. Hugh Gray, Berkeley : University of California Press, 1967, p. 32.

212) 홀(Hall, E.)의 공간학은 두 사람이 상호작용하는 거리에 대한 논의로서 요지는 "공간은 말한다(Space speaks)"는 말로 압축된다. 홀은 거리에 따라 밀접한 영역(45cm 이내), 개인적 영역(45~120cm), 사회적 영역(120~360cm), 공적 영역(360cm 이상)의 네 가지 영역으로 공간을 구분하고 이러한 분류는 어디서나 보편적일 수 있지만 문화에 따라 각각의 거리는 차이를 보인다고 설명하고 있다.

213) Meyrowitz, J., "Television and Interpersonal Behavior : Codes of Perception and Response," in Gumpert, G. & Cathcart, R. (eds.) op. cit., pp. 253-270.

214) 성동규, 라도삼, "사이버네틱 영상 미디어의 발전에 따른 사회적 '거리'(距離)변화에

기본적으로 미디어란 매개(물)를 말한다. 다시 말해 자아와 대상 사이에서 그 거리를 매개하고 관계하도록 만드는 것이 미디어인 것이다. 기술적인 것으로서 미디어가 그 관계의 형식과 범위, 내용을 결정해 왔다면, 사회적인 것으로 미디어는 공통의 상징과 기호를 사용하도록 함으로써 인식의 조건을 구조화하고 행동의 양식을 결정하도록 만들어 왔다.215) 그 결과 미디어는 대상에 대한 재현과 커뮤니케이션 관계 형성을 통해 대상에 대한 거리를 새롭게 재구성하게 되는 것이다.

'미디어가 형성하는 거리'에 대한 연구는 일찍이 하이데거(Heidegger)에 의해 제기된바 있다. 실존적 인간으로서 현존재의 문제를 제기한 하이데거는 세계와 관계 맺는 방식에 의해 실존의 문제를 풀게 된다. 그가 보기에 물리적인 공간은 인간이 체험하는 여러 방식들 중에 하나일 뿐이다. 보다 더 현존재를 관계하는 방식은 세계와의 소통을 통한 것으로, 인간은 소통의 거리에서 거주한다. 그가 주목한 것은 미디어의 발달, 특히 영화와 라디오의 발달로 인해 좁혀지는 거리였다. "시간과 공간상의 모든 거리는 좁혀지고 있다. …… 그러나 이 모든 거리가 좁혀졌다고 해서 친근성이 주어지는 것은 아니다. 왜냐면 친근성은 거리가 짧다고 해서 주어지는 것이 아니기 때문이다. 영화의 영상과 라디오의 음성 덕분에 우린 우리와 최소한도의 거리에 있는 것을 멀리 둘 수 있다. 또한 역으로 까마득하게 멀리 떨어져 있는 것을 아주 가깝게 둘 수 있다." 하이데거는 현존감을 부여하는 미디어의 발달로 미디어와의 거리는 좁아지는 반면 현실과의 거리는 멀어졌다는 점을 들어 기술문명에 대한 비판적 자세를 취하면서 "그것은 분명 일상적 환경을 확장시키되 파멸시키는 길로 나아가고 있다"고 선언하게 된다216)

미디어가 형성하는 거리의 문제를 본격적인 제기한 사람은 맥루한이

관한 연구", 2000, p. 3.

215) 라도삼, <비트의 문명, 네트의 사회>, 커뮤니케이션북스, 1999, pp. 46-59.

216) Heidegger, M., *Vorträge und Aufsätze*, (Pfüllingen, Neske, 1954), p. 157, 김상환, '매체와 공간의 형이상학', <언론과 사회> 제9호, 성곡언론문화재단, 1995, pp. 9-11에서 재인용.

었다. 인간의 감각기관에 초점을 맞추어 미디어가 인간을 어떻게 확장시켜 가고 있는가를 주목하였던 맥루한은 '미디어는 메시지다'[217]는 대명제 아래 관여하는 감각의 정도에 따라 미디어를 핫미디어와 쿨미디어로 나누고 미디어에 의해 형성되는 거리의 문제를 본격적으로 제기했다. 그에 따르면 모든 미디어는 인간의 감각기관을 확장시키는데, 핫미디어는 높은 정밀도를 가지고 인간을 대상에 깊게 끌어당기는 반면, 쿨미디어는 낮은 정밀도를 가짐으로써 수용자의 사고력을 요구한다.[218] 그 결과 핫미디어에 가까울수록 대상과 자아 사이의 거리는 축소되고, 자아는 '미디어에 의해 재현된 대상'을 받아들이게 된다. 기본적으로 매체의 발달은 인간의 감각을 극대화시키고 다양한 감각에 소구하도록 만들었으며 그에 따라 대상과 미디어, 그리고 인간 사이의 거리는 좁혀지고, 미디어에 의해 재현된 대상에 의해 세계를 구성하게 되었다는 것이 맥루한의 사고다.

그의 이러한 사고는 이후 프랑스의 포스트모던 이론가인 보드리야르와 미국의 포스터(Poster)에게 막대한 영향을 미쳤다. 맥루한에게 받은 영향을 다시 보드리야르로 연결한 포스터는 '정보양식' 문제를 제기했다.

---

217) 맥루한은 <미디어의 이해: 인간의 확장>(*Understanding Media : The Extensions of Man* ; The MIT Press, 1964)에서 '미디어는 메시지다'(The Medium is the Message)라고 했다. 이는 미디어가 곧 내용인 메시지를 결정한다는 의미와 더불어 그 미디어에 의해 인간이 변화한다는 사실까지도 포함하고 있다. 즉 그에게 있어 미디어는 중추신경계의 확장과 같은 것이었다. 1967년 프랑스의 포스트모던 화가 쿵땡 피오르(Quentin Fiore) 함께 쓴 책에서는 <미디어는 맛사지다>(*The Medium is the Massage*)라는 제목 하에 미디어가 어떻게 인간의 감각기관을 자극하여 인간과 사회를 변화시켜 나가는지를 설명했다.

218) 핫미디어란 단일감각을 높은 정밀도까지 확장시키는 미디어를 말한다. 이에 반해 쿨미디어란 낮은 정밀도를 가진 미디어로 메시지를 이해하는데 훨씬 더 많은 수용자의 참여가 요구된다. 예컨대 라디오와 전화를 비교했을 때 라디오는 핫미디어이며, 전화는 쿨미디어 된다. 같은 방법으로 영화는 핫미디어이며 텔레비전은 쿨미디어다. 어떤 절대성보다는 소구하는 감각의 정밀도에 의해 구분된 이러한 구분법은 미디어에 의해 인간이 대상을 인식하는 방법이 달라질 수 있음을 보여주고, 더불어 구성하는 세계 자체가 달라질 수 있음을 설명하게 된다. M. McLuhan, *Understanding Media: The Extensions of Man*(The MIT Press, 1964), 박정규 옮김, <미디어의 이해; 인간의 확장>, 커뮤니케이션북스, 1997, pp. 47-48.

이는 쉽게 말해 미디어, 특히 TV나 컴퓨터 네트워크와 같은 전자미디어 발달에 의해 형성된 사회적 환경으로 실재와 허구, 진실과 허위, 안과 밖, 원인과 결과의 거리가 사라진 사회를 가리키는 것이다. 포스터는 역사적인 정보양식을 구어/인쇄/전자의 단계로 나누고, 오늘날 전자미디어가 어떻게 실재를 해체하고 있으며, 인간의 인식이 어떻게 파편화되어 가고 있는지에 대해 정보양식 변화를 통해 보여주고 있다. 이밖에 톰슨(Thompson)은 미디어에 의해 형성되는 일상성과 정보의 폭발에 대한 분석을 주장한 바 있다.

프레임과 거리에 대한 개념은 예술가인 그로서(Grosser)가 분석한 바 있는데, 그에 따르면 초상화에 대한 관람객의 반응 형태를 결정짓는 데에는 거리가 중요한 요인이 될 수 있다고 한다. 이는 단순한 크기보다는 '작가의 눈이 모델에게 얼마나 가까이 다가갔는가'라는 거리 요인이 중요하다는 이야기이다. 메이로비츠는 그로서의 주장을 바탕으로 9인치 TV의 클로즈업이나 21인치 TV의 클로즈업이 동일한 대인 거리를 제시한다고 지적하면서 상대적인 크기 개념이 절대적인 크기의 개념보다 훨씬 중요하다고 주장했다. 이와 관련된 논의로는 심리학자들이 연구한 '크기의 유지 현상' 연구를 들 수 있다. '크기의 유지 현상'은 사람들에게 낯익은 물체의 경우, 비록 이미지의 크기가 시야를 벗어나면서 축소된다 하더라도 동일한 크기로 머물러 있는 것으로 인식된다는 것이다.219) 이는 친구가 우리로부터 멀리 떨어져 걸어가 결국 사라진다고 해도 우리는 친구가 작아졌다고 생각하지 않고 단지 멀어지는 것뿐이라고 생각하는 것이 대표적인 예이다.

이와 유사하게 TV 프레임 안에서는 이미지의 크기와 상관없이 거리 개념으로 반응이 일어나게 되기 때문에 따라서 중요한 것은 크기가 아니라는 것이 메이로비츠의 주장이다. 그에 따르면 화면이 시청자 망막의 연장선이 될 수 있으며 화면 안의 사람이나 물체의 상대적 크기는 시청

---

219) Ittelson, W., *Visual Space Perception*(New York : Springfield, 1960), pp. 169-188.

자로부터 떨어져 있는 거리의 단서로 작용하게 되는 것이다.

이것이 바로 '유사공간 관계'로서, 이는 대인 행동이 본질적으로 포함하는 거리에 대한 요인들이 어떤 방식으로든 TV 제작에 사용되는 요소와 관련을 갖는다는 것을 의미한다. 즉 클로즈업이나 롱샷의 의미는 대인관계에서 거리가 갖는 의미에 기초하게 되는 것이다. 이로써 TV화면의 구조 및 의미와 공간 사용 및 개념 간 관계에는 명백히 '프레임 변수'가 작용하며, TV 영상언어는 샷을 선택함에 있어 거리를 요인으로 삼게 된다. 이 때 홀의 공간학 이론이 대인 거리와 프레임 변수 개념 사이의 가능한 관계를 제시한다는 것이 메이로비츠의 설명인 것이다.

실제로 TV 매개 커뮤니케이션 행위와 관련한 몇 가지 개념 현상은 공간학 용어로 묘사하는 것이 가능하다. 첫 번째는 시청자와 이미지, 즉 영상언어 사이의 시각적 관계이다. 축구경기 샷을 예로 들자면, '프레임 변수'에 의해 시청자는 시시각각 다른 거리에서 관전을 하는 기분을 직접 느낄 수 있다. 물론 이 거리는 현실의 거리가 아닌 TV에 의해 매개된 거리이므로 '유사 공간학'의 개념으로 설명될 수 있다.

두 번째는 '화면 내 거리'에 대한 인식이다. 시청자들은 TV가 매개하는 이미지, 즉 영상언어와의 거리를 경험할 뿐 아니라 이미지 안에서의 공간관계를 보기도 한다. 예를 들자면 축구 게임 시청자들은 관중석에 앉아 그라운드를 뛰고 있는 선수들간의 거리감을 측정하는 기분을 갖는 것이 가능한데, 이러한 거리 개념은 화면 내의 사람과 물체간에 형성되는 관계에도 동일하게 적용된다.

이러한 거리의 개념은 객관적 거리와 주관적 거리라는 두 개의 카테고리로 분류될 수 있으며, TV 유사 공간 차원에서 보자면 객관적인 샷과 주관적인 샷의 두 가지 유형이 있다. 객관적인 샷은 피사체의 행동에 대한 관찰자 역할을 고수하는 것이기 때문에 카메라가 그 행동을 보여줄 때 가장 좋은 각도를 취할 수 있다.[220] 객관적인 샷의 목적은 화면 안에

---

220) Lightman, H., "The Subjective Camera," in Jacobs, L. (ed.), *The Movies as Medium*(New York : Farrar, Straus and Giroux, 1970), p. 61.

누군가 특별한 사람을 보여주는데 있는 것이 아니라 시청자들을 위한 관점을 채택하는 것에 있다. 예를 들어 두 사람 사이의 상호작용을 보여주는 방법으로, 동시에 두 사람을 함께 화면에 담는 샷을 사용하는 것이다. 이러한 방법을 사용하게 되면 물리적인 거리를 객관적으로 표현하는 것이 가능해진다.

　일반적으로 TV에서 이보다 훨씬 비중 있게 다뤄지는 것은 주관적인 샷을 통한 두 인물간의 상호작용이다. 주관적인 샷은 상호 작용하는 인물들 가운데 한 사람만의 관점을 떠맡게 되는데, 이 경우 시청자는 한 인물의 시각으로 나머지 인물의 행동을 바라보게 된다. 그러나 단 한 사람의 주관적인 샷이라 할지라도 이미지가 스크린 안에서 프레임 되는 방식은 두 인물 사이의 물리적인 거리를 제시하게 된다.

그림 19 TV가 가진 잠재적인 거리들

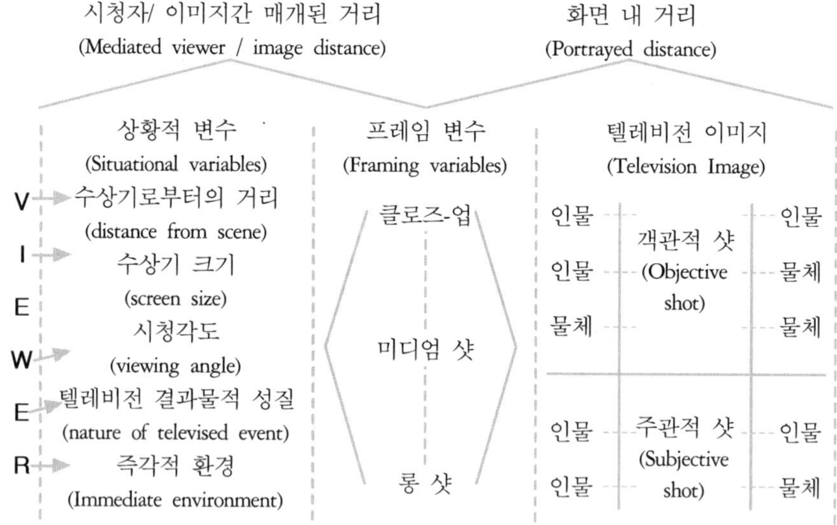

* 출처 : Gumpert, G. & Cathcart, R. (eds.), *Inter Media,* 3rd edn.(NY : Oxford University Press, 1986), p. 259.

메이로비츠는 TV를 통해 이루어지는 커뮤니케이션에서 시청자와 이미지, 즉 영상언어 사이에는 3가지의 잠재적인 'TV 거리'가 존재하게 된다고 지적한다. 매개된 거리, 화면 내의 객관적 거리, 화면 내의 주관적 거리가 그것으로서 그림으로 나타내면 앞의 <그림 19>와 같다.

TV가 제공하는 샷에 대한 유사공간 분석은 매우 중요한 함의를 지닌다. 이를 기초로 하는 제작 관습이 정상적인 화면 구성은 물론 특수 효과의 측면에서도 매우 유용하게 사용되기 때문이다. 이를 보다 구체적으로 살펴보면 다음과 같다.

(1) 장면에 대한 시청자 적응

현실 세계에서 대인간의 만남은 갑자기 얼굴을 마주하는 것으로 시작되지는 않는다. 만남을 위해서는 빌딩과 사무실에 들어서고, 멀리서 많은 사람들을 본 뒤 상호작용을 하기 위해서 상대방에게 가까이 다가가야 한다. 상호작용의 완료는 반대의 절차를 통해서 이루어진다. TV 역시 이와 마찬가지로 자연스럽게 롱샷으로 시작되어 점진적으로 화면의 중심으로 들어가며, 결국 롱샷이나 페이드 아웃으로 끝나게 된다. 페이드 인과 페이드 아웃은 장면의 들어가고 나감을 알리는 지름길과 같이 사용된다.

가끔씩은 아주 드물게 암전으로부터 갑자기 시작하거나 암전으로 끝나는 수도 있다. 이동에 대한 물리적이고 개념적인 대인 경험이 특수효과를 위해서 고의적으로 위반될 수도 있기 때문이다. 공포 영화가 갑작스런 커트로 장면을 시작하고 경고나 카메라의 이동 없이 시청자의 재적응을 요구하는 것이 그 대표적인 예이다. 갑작스런 암전 컷은 시청자들로 하여금 눈을 떼지 못하게 하여 앞으로 벌어질 장면에 몰두하게도 할 수 있다. 감독은 이처럼 특수 효과를 위해서 의도적으로 빠른 컷과 거친 팬(pan) 등을 사용할 수 있으나 실제 물리적 위치 및 개념과의 관련성은 여전히 존재한다.

(2) 시청자들의 인물에 대한 개념 및 반응

공간학의 이해는 TV에 등장하는 인물들에 대한 시청자 개념과 반응을 분석하는데 있어 많은 도움이 된다. 광고에 등장하는 배우의 유사공간 변화-클로즈업일 때 친밀감을 주고 미디엄 혹은 롱샷일 땐 사회적 역할로 접근하는-로 인해 인물에 대한 시청자 반응이 달라지게 된다. 클로즈업에 가까울수록 개인적 성격이나 반응에 대한 집중이 요구되고 롱샷으로 보여지는 행동에 대해서는 추상적인 느낌을 받게 되기도 한다.

총 쏘는 경찰의 모습을 롱샷으로 보는 것과, 부상한 자의 얼굴에서 눈물이 흐르는 모습을 클로즈업으로 보는 것은 매우 다른 반응을 낳게 한다. 이는 당연히 현실 경험과 관련이 있는 것이다. 인물 개념 및 인지에 대한 유사공간의 잠재적인 효과는 한 인물 이상이 개입되는 장면에서 보다 명확하게 드러난다. 법정 드라마의 경우 감독은 샷의 구조를 변화시키는 것만으로도 판사와 피고에 대한 조작 반응을 만들어낼 수 있다. 판사가 롱샷으로 보일 때 시청자의 관심은 주로 판사로서의 판결 행동에 집중되게 된다. 그러나 클로즈업으로 보여질 때는 판사 자신의 감정이나 역할에 대한 반응에 관심이 기울여지게 된다. 이처럼 샷 타입의 변화는 보다 복잡한 반응을 야기한다.

거리가 인물에 대한 시청자 반응에 영향을 미친다는 사실의 개념은 많은 인물들이 등장하는 법정 장면에서 보다 확실히 알 수 있다. 클로즈업이 등장하지 않는 먼 거리에 있는 인물들은 세심한 주의를 기울이지 않으면 누가 누구인지 식별하기 어려울 만큼 단지 배경으로만 보여질 뿐이기 때문이다.

내용에 대한 변수는 당연히 구조적 변수들과 함께 상호작용함으로써 정확한 시청자 반응을 형성하는데 기여하게 된다. 그러나 반응의 강도라는 측면에서 보자면 샷에 의해 만들어지는 거리와 상당히 관련이 깊다는 것을 알게 된다. 드라마에 출연하는 피고를 불쌍히 여기거나, 사형 받아 마땅하다고 여기는 것은 드라마 내용에 따라 좌우된다. 그러나 그 반응의 강도는 유사공간 개념에 입각한 샷의 구성과 관련이 깊다.

한 인물에 대해 유사공간 개념으로 접근하는 방법은 때로 현실을 왜곡하는 일이 될 수도 있다. 직접적인 대인 상황과 유사한 점 없이 영상언어를 구성할 수 있기 때문이다. 그러나 중요한 것은 그러한 왜곡이 우리에게 주는 영향이 우리가 실제 만남에서 경험하는 감정 및 반응과 여전히 관계가 있다는 점이다.

(3) 인물들간 관계에 대한 시청자 개념

주관적인 샷에서의 프레임 변수는 시청자가 인물들간의 관계를 이해하는데 영향을 미친다. 주관적인 샷을 통한 드라마 인물들에 대한 반응 개념들이 논의될 수 있다는 얘기는 주관적인 샷에서의 유사공간적 요인들이 해당 장면에서 등장 인물이 느끼는 육체적, 정신적 반응을 시청자에게 보여준다는 것을 의미한다. 이는 홀의 공간학에서 말하는 거리가 '인물들간 관계의 강도'라면, TV에서 나타나는 유사공간 거리는 등장 인물의 행동과 관련한 전반적인 성격을 설명하고 있음을 의미하는 것이다.

인물의 관점을 그리는 샷은 특수 효과를 위해서 현실 개념을 왜곡하여 표현할 수 있다. 예를 들어 방안에서 두 사람이 서로 마주 보는 상황이 주관적인 클로즈업 샷으로 잡힌다면 심리적인 친밀감과 함께 감정적 강도를 제시하는 것을 이해될 수 있다. 그러나 이와 반대로 만약 두 사람이 공적 거리로 떨어진 모습의 객관적인 샷으로 잡히고 서로를 바라보는 모습은 주관적인 롱샷으로 보여진다면 심리적인 소외감을 나타내게 될 것이다. 더 나아가 어울리지 않는 주관적인 샷은 비상호적 개념과 반응을 제시하게 된다. 즉 부모로부터 소외감을 느끼는 젊은이의 모습이 주관적인 샷으로 보여지고 부모가 바라보는 그는 미디엄 샷으로, 그가 바라보는 부모는 롱샷으로 보이는 경우가 이에 속하는 것이다.

메이로비츠는 유사공간 개념에 따른 분석이 TV 영상언어에 대한 광범위한 틀 작업이 될 수 있다고 주장한다. 프레임 변수가 시청자를 장면 안에 머물게 할 수도 있고, 인물에 대한 공간적 반응을 보여줄 수도 있으며, 이때 거리를 그려내는 샷은 대인 상호작용에 있어서 공간 단서의 기능에 상응하는 의미를 갖는다는 것이다.

2) 인상 관리(Impression Management) 모델

고프만(Goffman)은 '일상생활에서의 자기 표현'[221]이라는 저서를 통해 사람들은 누구나 사회적 상황에 진입할 때 다른 참여자에 관한 어느 정도의 정보와 주어진 맥락에 대해 알고 싶어한다고 지적했다. 예를 들어 나이, 결혼 여부, 재산, 교육 혹은 지식 정도에 대한 궁금증과 함께 다른 사람이 수행하는 특별한 역할에 대해 알고 싶어한다는 것이다. 하지만 이러한 정보의 상당량은 자연적인 것이 아니다. 이는 사회적 만남에서 개인들이 '겉모습(front)'을 갖는 경향 때문이다. 고프만은 사람들이 항상 사회적으로 의미 있는 인상을 창조하기 위해, 즉 자신의 인상을 관리하기 위해서 자신의 노력을 동원하고 있다고 말한다. 개인의 사회적 역할은 어떤 면에서 드라마적 특성을 지니고 있다고 볼 수 있는데, 이는 개인이라는 배우가 특정한 성격을 부각시키거나 은폐한다는 점에서 더욱 그러하다. 그리고 드라마에서와 마찬가지로 무대가 적절하게 설치되어 있으며 개인은 자신의 역할을 배우고 연습함으로써 동료들과의 행동을 조화롭게 해나갈 수 있다. 겉모습은 세팅(setting)[222]과 개인적 겉모습(personal front)[223]으로 나뉘며, 이러한 요인들을 바탕으로 하는 인상 관리는

---

221) Goffman, E., *The Presentation of Self in Everyday Life*(New York : Anchor, 1958).

222) 세팅(setting)은 가구와 조각, 창문, 전문적 장비 등과 같이 고정된 요소를 의미한다. 세팅은 그 자체로서의 역할과 적절한 행동에 대한 기대를 설정한다. 근사한 식당에서 식사를 하는 것과 맥도널드에서 햄버거를 먹는 것의 차이 가운데 가장 큰 것이 바로 이러한 세팅의 차이이다. 세팅의 변화는 포함되는 모든 행동에 영향을 미친다.

223) 이것이 '세팅'과 다른 점은 수행자 자신에게 속해 있다는 점이다. 나이, 키, 성별, 인종, 머리카락 길이, 자세, 스타일, 의상, 얼굴 표정, 제스처 등을 말한다. 이 가운데에는 고정적이어서 상황이 변해도 바뀌지 않는 것이 있지만, 바람직하기로는 자신의 역할에 맞추어 쉽게 바뀔 수 있어야 한다. 이는 다시 용모(appearance)와 매너(manner)로 나뉘며 용모는 사회적 신분을 나타내는 옷, 유니폼, 기장 등을, 매너는 주어진 상황 하에서 개인이 표출하는 특정한 차원의 행동을 의미한다. 매너와 용모는 서로 어울리지 않을 수 있다.

일종의 '사회적 속기(social shorthand)' 구실을 한다고 볼 수 있는 것이다. 인상 관리를 통해 사람들은 자신이 어떤 사람인지를 드러내고 행동에 대한 기대감을 제공하기 때문이다.

고프만의 관심사는 주어진 세팅 내에서의 개인 행동으로, 이를 다시 두 개의 카테고리로 나누어 사람은 누구나 '후면 영역(타인을 의식하지 않는 본연의 자연스러운 모습으로 하는 행동)'과 '전면 영역(타인 앞에서의 모습. 사회적 역할 개념에 이상적인 행동)'을 갖는다고 설명하고 있다. 그에 따르면 모든 사회적 역할은 선택적인 행동에 달려 있으며, 수행자는 마치 무대 위의 배우처럼 자신의 역할을 배우고 연습하는 사적인 장소를 갖고 있다는 것이다.

이러한 인상 관리 모델은 TV 드라마 개념과 관련지어 살펴볼 수 있는데, 첫째는 상황 및 인물의 동일시, 둘째는 선별된 인물과 시청자와의 연대감 설정, 셋째는 인물들 간의 관계 노출이 바로 그것이다.

(1) 상황 및 인물의 동일시

TV 장면 가운데 그다지 주목받지 못하는 역할의 인물이라 할지라도 그가 표현하는 겉모습은 매우 중요하다. 드라마 장르 프로그램의 첫 장면에서는 보통 세트의 전체 분위기와 함께 인물의 용모가 드러나게 되는데, 이때 조금이라도 동일시의 느낌이 부족하면 흡인력을 잃기 마련이다. 또한 이후 장면들에서 나타나는 모든 샷들은 시청자로 하여금 인물의 매너 변화에 주목하게 만든다.

TV 샷의 목적은 현실 만남에서 우리가 기대하는 모든 것들을 구성하며 나아가 그 이상의 요구에 부응하기도 한다. 실제 만남에서 세심하게 주의를 기울여야 볼 수 있는 세팅과 개인적인 겉모습이 TV 샷을 통해서는 매우 빠르게 부각되게 된다.

(2) 선별된 인물과 시청자와의 연대감 설정

여러 사회적 상황에서 우리 자신은 타인과의 관계에 따라 각기 다른 위치에 처하게 된다. 즉 전면 영역의 역할을 해야 할 때도 있고 후면 영역의 역할을 해야 할 때도 있다. 이는 상황에 따른 차이로서, 친구가 학생으로 소속되어 있는 교실을 방문하는 경우와 친구가 교사로 소속되어 있는 교실을 방문하는 경우가 매우 다른 것과 마찬가지인 것이다. TV 드라마 프로그램에서도 이와 크게 다르지 않다. 샷의 구조와 배열이 시청자들에게 인물(character)을 설정하며, 이때 카메라 위치가 시청자에게 선별된 인물에 대한 연대감을 형성할 수 있게 한다.

카메라는 시청자를 단순히 후면 영역에 위치하게 함으로써(혹은 후면 영역의 관점을 제공함으로써) 연대감을 만들어낸다. 법정 판사석 뒤의 평범한 피사체로서의 판사와, 판사석 앞에서 로우 앵글로 비추어지는 판사의 모습은 매우 다른 관계에 놓이는 것이다. 이러한 변수들은 유사공간 개념이 갖는 효과와 함께 시청자와 인물 사이의 유대를 형성하는 것이다.224) 반면 대화와 몇몇 불분명한 행동의 표현은 결과적으로 작은 의미를 갖는다.

(3) 인물 관계 노출

시청자들은 주관적인 샷을 통해서 인물이 관찰하는 세팅과 개인적인 영역의 측면을 볼 수 있다. 형사 드라마에서 흔히 사용되는 기술 코드 가운데 하나가 바로 형사가 수상하게 여기고 의심하는 대상에 대한 세팅이

---

224) 많은 수사 드라마의 중요한 구조는 시청자에게 범죄와 관련된 후면 영역의 행동에 대한 노출 타이밍과 노출 범위를 알리는데 달려있다. 시청자가 인물에 대해 알게 되는 순서는 현실 생활에서와 마찬가지로 연대감 형성에 영향을 미친다. 예컨대 만약 우리가 형사를 먼저 알았다면 그와 연대감을 형성하게 된다. 따라서 범죄자의 후면 영역을 나중에 보게 된다 해도 별다른 연대감을 갖지 않게 되고 대신 '스파이로 엿보는 듯한' 느낌을 갖게 될 것이다 반대로 범죄자를 잘 알게 되고 형사를 전면 영역의 역할로만 본다면 범죄자와 연대감을 느끼게 될 것이다. 이처럼 두드러진 차이를 드러내는 시청 행태는 영화 '언터처블(Untouchable)'과 '대부(The God Father)'를 통해 볼 수 있다. 연대감 형성은 전쟁 드라마나 카우보이 드라마에서 가장 터놓고 애용된다. 선택된 샷이 명확하게 '그들'과 '우리'를 구분 짓는 관점을 만들어내기 때문이며, 이 때 적은 보통 전면 영역만 보여진다. 그러나 '우리 편'의 인물은 전면과 후면 영역의 모습을 모두 보여준다.

나 개인적인 영역의 모습을 담은 주관적인 샷이다. 주관적인 샷은 시청자들에게 인물간의 연대감 혹은 공모 관계의 모습을 보여줄 수 있다.[225]

고프만의 인상관리 이론은 대인 상호작용과 TV 장면 구조간 많은 유사성을 제시하고 있다. 이는 물론 TV 프로그램 본연의 성질이나 실제 현실에서 이루어지는 대인간의 상호작용이 모두 드라마틱하며 고도로 구조화되어 있고 연습되며 계획되기 때문이며, 사회적으로 중요한 단서를 밝히거나 행동 혹은 인물의 개념을 형성하는데 영향을 미치기 때문이다. 이것은 곧 TV가 제시하는 영상언어에 대한 시청자의 반응을 살펴볼 수 있는 분석 틀로 쓰일 수 있다.

2. TV 매개 커뮤니케이션과 수용자로서의 시청자

TV는 기존의 일상성을 'TV적인' 일상성으로 전환하며, 그로써 시청자들을 통제한다. 수용자들이 TV 영역을 빠져나오려고 할지라도 TV의 거대한 위력은 어느새 수용자를 순종적이고 종속적인 인간형으로 만들어낸다. TV의 이러한 특성은 비단 영상언어가 재현하는 가상세계에 그치지 않고 실제 세계에 영향을 준다.

TV가 현실과 매우 유사한 가상세계를 만들고 현실과 상응하는 시간감각과 정서를 형성할 수 있는 것은 TV제작 환경의 기술적 코드에 기인한다. 일례로 사진은 실제 있었던 일을 과거 이미지로 보여주지만, TV는 현재의 시점에서 이미지를 눈앞에 펼침으로써 새롭고 현재적인 시간성을 획득한다. 또한 생중계 내지 생방송을 통해 우리가 깨어 있는 시간 내내

---

225) 예컨대 살인 사건을 다룬 드라마에서 총이 덤불 뒤에서 발견되는 순간 시청자들이 피살자의 부인과 옆집 남자와의 공모관계를 짐작할 수 있게 만드는 경우. 이를 가능하게 만드는 것은 주관적 샷으로서, 시청자들은 인물들간의 관계가 동료인지 아닌지를 알 수 있다.

함께 할 수 있는 존재임을 확인시키고, 일상적인 정서와 리듬에 가장 유사한 형태로 다가온다. TV의 시제는 항상 현재진행형인 것이다.

여기서 좀 더 자세히 살펴볼 것은 TV의 기술적 특징이 구현하는 매개 커뮤니케이션 상황에서 TV와 상호작용하는 시청자의 반응이다. TV와 시청자 사이의 상호작용은 일반 대인 커뮤니케이션과 매우 다른 형태를 보인다. 시청자의 적극적이고 능동적인 커뮤니케이션 행위가 실종되며, 수동적인 위치에서 TV가 제공하는 영상언어의 흐름에 따라 TV 커뮤니케이션에 종속된다. 시청자들은 극도로 수동적인 자세로 눈앞에 펼쳐지는 이미지들의 조각을 무방비 상태로 흡수하고 몰입한다.

현실에서는 바람직한 대인 커뮤니케이션을 위해 심리적 측면의 폭넓은 정보교류가 있어야 한다. 반면, TV 매개 커뮤니케이션에서는 속성상 문화적·사회적 정보 전달의 수준에 그치면서 다루는 내용 역시 일반적인 범주에 국한되는 경향을 지닌다. 이것이 TV 드라마 출연자들에게서 문화적·사회적 스테레오 타입들이 자주 발견되는 이유이기도 하다.

무대 세트를 만들고 시청자들의 기대를 설정하여 제작되는 TV 프로그램은 타인에 대해 개인의 특이성 대신 일반성을 먼저 찾아낸다. 따라서 TV 영상언어에 많이 노출된 사람들은 다른 사람의 개성을 존중하기보다는 문화적으로 그들의 개성을 단순화시키며, 사회학적으로 불완전한 캐리커처로 인식하게 되어 결과적으로는 대인 관계 능력을 상실할 우려가 있다.[226] 그러므로 이미 미디어 노출과 대인 커뮤니케이션 능력의 관계에 대해 관심을 가져온 많은 연구들에서는 미디어가 면대면 커뮤니케이션을 방해하고 이로써 심리적 차원에서 필요한 정보를 얻는 힘을 약화시킨다는 문제점을 지적해 온 바가 있다.

베케(Backe)는 커뮤니케이션 능력을 다양한 행동양식을 생산해 내는 인간의 능력으로 이해하였다. 이는 커뮤니케이션 능력을 다분히 사회적 의미를 지닌 해석으로, 새로운 상황들에 적응하는 인간의 능력으로 본

---

226) Miller, G., "A Neglected Connection : Mass Media Exposure and Interpersonal Communicative Competency," in Gumpert, G. & Cathcart, R. op. cit., p. 137.

것이다. 그의 주장에 따르면 사회는 권력과 지배로부터 자유롭지 못하므로 자율과 단결이 조건 없이 보장되는 사회가 아니라 인간들이 다양한 방법으로 다른 사람들이나 조직들, 기관들의 권력 욕구와 지배욕구로부터 파생되는 타율에 종속되는 사회이다. 하지만 경험에 대한 자율적인 커뮤니케이션이 없다면 커뮤니케이션 능력은 제한되거나 존재할 수 없게 된다. 그러므로 커뮤니케이션 능력의 구현에 있어 반드시 필요한 것은 자율적이고 단결된 행동 경험과 이 행동이 어떻게 제한되는가에 대한 커뮤니케이션[227]인데, 급진적인 정보화와 미디어화로 인해 커뮤니케이션 능력을 얻을 수 있는 인간의 가능성이 방해를 받고 있다. 경험을 통해 진정한 커뮤니케이션 능력에 이르기 위해 충족되어야만 하는 한계규정-시간과 공간, 감성, 실체성, 인간들과의 의사소통, 실수에 대한 기회와 시간, 의미가 관여된 행동 등-에 손실이 발생하기 때문이다. 다음의 표는 이러한 문제를 한 눈에 보여주는 것이다.

〈표 26〉 사회적 이성 손실 요점들

경험(능동적인 자연과 조응)과 커뮤니케이션 능력	광역대 커뮤니케이션의 부산물 : 정보화와 미디어화	예기되는 위험의 핵심점들
시간과 공간의 개관성 (인간적인 척도)	미디어를 통한 "인공적인 이웃들"	고독, 고립화
감성(의미성)=유체성+실체성	탈유형화, 경험의 탈의미화	스트레스, 질병
의사소통의 미디어 (언어, 제스처, 표정, 신체)	의사소통의 미디어기술(인간-기계 커뮤니케이션, 이해내용의 형식화와 감소) TV : 타자의 손을 거친 현실	프로그램된, 감소적인 합목적적인 사고 : 현실의 탈정향성
실수에 대한 기회 (사회적인 보호공간들)	시간이탈, 통제, 실수 피하기	지루함, 창조성 손실, 커뮤니케이션 권한의 장애
의미 관여적 행동	감성이탈	단합된 자주적 행위, 이질화의 증가, 감성이탈

* 출처 : 이정춘, <미디어사회학>, 이진출판사, 2000, p. 205.

---

227) 이정춘, <미디어사회학>, 이진출판사, 2000, p. 204.

앞의 표에서 알 수 있듯이 미디어를 통한 '인공적인 이웃들'이 양산되면 자결, 단합의 훈련과 학습의 공간은 더욱 영향을 받거나 또는 부분적으로 철저하게 파괴될 수밖에 없다. 이미 잘 알려진 대도시들에서의 고독, 인간의 접촉 결핍, 그리고 개인적인 안녕을 위해 필요한 사회적 접촉의 결여가 광범위한 인공적 이웃들의 생산에 의해 개선되지 않고 오히려 강화되는 것이다. 영상미디어의 발달은 경험의 탈유형화과정, 즉 경험할 수 있고 느낄 수 있는 현실로부터 이탈시키는 과정을 초래한다. 특히 TV 프로그램 시청행위는 사실적 인지와 행동, 그리고 경험의 가능성을 가공의 과정들로 대체함으로써 탈현실화를 신장시킨다. 또한 면대면 커뮤니케이션의 물리적 거리감이 미디어에 의한 매개 커뮤니케이션으로 이전하면 실재감의 작용과 함께 상대방에 대한 주관적이고도 심리적 평가가 일어나지만, 현실과 현실 재현 사이의 불명확성 문제가 심각하다. 즉 '남의 손을 거치는' 문제에 대한 것이 그것이다.[228]

결론적으로 예측할 수 있는 것은 미디어화가 바로 경험의 탈의미화와 탈유형화 과정을 현저하게 촉진한다는 것이며, 이러한 이유로 인해 TV를 위시한 영상미디어는 인간의 커뮤니케이션 능력을 감소시킨다는 것이다. 탠(Tan)은 "TV에 노출되어 TV와 상호작용하는 시간이 길수록 진정한 사회적 상호작용과 레저 활동이 감소한다"는 TV중독 역기능 우려를 일찍이 지적[229]한 바 있고, 이 같은 우려는 일부 현실화되고 있는 실정이다. TV와의 커뮤니케이션 양이 나날이 증가하는 현대의 아동들에게서 신체적 활동의 감소로 비만 증세가 자주 발견되고 있는 것이 한 예이다. 또 TV에 많이 노출될수록 정보처리를 위한 종합적 인지능력이 개발되지 못하고, 이로써 대인 커뮤니케이션에서 꼭 필요한 심리적 단계의 예측 능력이 떨어지게 된다는 주장이 지속적으로 제기되어 왔다. 이 모든 내용은 TV가 어떻게 인간의 커뮤니케이션 능력을 제한하고 있는가를 보여주는 것이다. 영상 미디어 권력시대를 살아가는 오늘날 우리들은 TV가 제

---

228) 이정춘, 앞의 책, p. 208.
229) Tan, A., "Why TV Is Missed," *Journal of Broadcasting*, 21, Summer(1977), p. 378.

한하는 커뮤니케이션 능력을 인식하는 한편, TV가 요구하는 형태의 커뮤니케이션 능력이 무엇인가를 알고 적절히 대처할 필요가 있다.

참·고·문·헌

1. 국내 문헌

1) 단행본 및 번역서

강준만, <이미지와의 전쟁>, 개마고원, 2000.

강태완, 김태용, 이상철, 허경호, <토론의 방법>, 커뮤니케이션북스, 2002.

권중운, <뉴미디어의 영상 미학>, 나남, 1997.

김규, <방송 미디어>, 나남, 1996.

김성문, <방송·영상의 실제적 이해>, 커뮤니케이션북스, 1998.

김영임, <스피치 커뮤니케이션>, 나남, 1998.

김우룡, 정인숙 공저, <현대 매스미디어의 이해>, 제2판, 나남, 1999.

김정탁, <미디어와 인간>, 커뮤니케이션북스, 1998.

김환열 "한국의 선거 TV토론과 투표행태 연구", 경북대학교 박사학위논문, 1998.

나은영, <사회심리학적 관점에서 본 인간 커뮤니케이션과 미디어>, 한나래, 2002.

닐 포스트만 지음, 정탁영, 정준영 공역, <죽도록 즐기기>, 참미디어, 1997.

라도삼, <비트의 문명, 네트의 사회>, 커뮤니케이션북스, 1999.

로스 벅 지음, 전환성·조전근 공역, <감성과 커뮤니케이션>, 나남, 2000.

로널드 아들러 지음, 김인자 역, <인간관계와 자기 표현>, 한국심리상담연구소, 1990.

이상회, <텔레비전 인간론>, 배영사, 1976.

마샬 맥루한 지음, 박정규 옮김, <미디어의 이해; 인간의 확장>, 커뮤니케이션북스, 1997.

박기순, <대인 커뮤니케이션>, 세영사, 1998

소니아 리빙스턴, 피터 런트 지음, 김응숙 옮김, <텔레비전과 공중>, 커뮤니케이션북스, 2000.

손 용, <현대 방송이론>, 나남, 1989.

오명환, <텔레비전 영상론>, 나남, 1998.
오카다 스스무 지음, 강상욱 역, <미디어 영상학>, 이진출판사, 1997.
여훈근, <현대 논리학>, 민영사, 1995.
이강수, <매스커뮤니케이션 사회학>, 나남, 1987.
이규행 감역, <제3의 물결>, 한국경제신문사, 1981.
이동신·박기순 편저, <정치 커뮤니케이션 원론>, 법문사, 1996.
이상회, <TV방송과 대중문화>, 전예원, 1983.
______, <매스커뮤니케이션과 사회화>, 평민서당, 1978.
이일로, <방송기술의 이해>, 우진출판사, 1992.
이정춘, <매스커뮤니케이션 효과이론>, 나남, 1986.
______, <미디어사회학>, 이진출판사, 2000.
이준일, 금동호, 김영식, <영상매체학 개론>, 커뮤니케이션북스, 2000.
이효성, <대통령선거와 텔레비전 토론>, 나남, 1997.
임태섭, <스피치 커뮤니케이션>, 연암사, 1997.
장 보드리야르 지음, 하태완 역, <시뮬라시옹>, 민음사, 1990.
정일준 옮김, <탈현대의 사회이론>, 현대미학사, 1995.
조명한, <언어심리학-언어와 사고의 인지심리학>, 민음사, 1991.
주창윤, "영상언어의 이해", 한국언론정보학회 엮음, <현대사회와 매스 커뮤
      니케이션>, 개정 2판, 한울 아카데미, 2000.
차배근, <커뮤니케이션학개론상>, 세영사, 1976.
최윤희, <비언어 커뮤니케이션>, 커뮤니케이션북스, 2000.
최창섭, <미디어교육론>, 나남, 1986.
팽원순, <매스커뮤니케이션 법제이론>, 법문사, 1988.
황인선, <프로 영상제작 실무>, 미진사, 1998.
황인성, "텔레비전 영상 저널리즘 재현장치와 소외집단", <텔레비전 문화연
      구>, 한나래, 1999.

2) 연구논문 및 학위논문

강태완, 장해순, "대학생들의 토론학습 동기와 인지욕구가 토론능력, 상호작
      용 관여 및 논쟁성에 미치는 영향", <한국언론학보> 47권 6호, 2003.

김상환, "매체와 공간의 형이상학", <언론과 사회> 제9호, 성곡언론문화재단, 1995.

김인영, "TV토론에 나타난 후보자의 논증에 관한 연구 - 제 15, 16대 대통령 선거 TV토론을 중심으로 -", 2003년 한국스피치커뮤니케이션학회 가을 정기학술대회 발표논문.

박세환과 허경호, "토론능력의 구성개념 및 척도의 타당성 연구", <한국언론학보>, 46권 1호, 2001.

백지숙, "텔레비전이 나를 본다", <TV 가까이 보기 멀리서 읽기>, 현실문화연구, 1995.

성동규, 라도삼, "사이버네틱 영상 미디어의 발전에 따른 사회적 '거리'(距離) 변화에 관한 연구", 2000.

양승찬, <미디어 정치시대 선거보도>, 한국언론연구원 연구보고서 98-02.

이종수, <선거 TV토론과 시민저널리즘>, 한국언론연구원 연구보고서 97-01.

이준웅, "후보 이미지의 정치적 영향력에 대한 사회인지론적 설명", <한국언론학보>, 43권 2호, 1998.

장해순, "갈등관리 전략에 대한 상호인식과 커뮤니케이션 능력이 상호관계에 미치는 영향", 경희대 박사학위 논문, 2003.

호현찬, "시청자 참여 프로그램의 개발", 방송위원회, 방송연구 1986년 가을호.

홍기선, "비언어 커뮤니케이션 분류에 대한 연구", <커뮤니케이션 과학> 13, 통권 제15호, 1995.

3) 기타 자료

국어국문학회 감수, <밀레니엄 국어사전>, 민중서관, 2000.

이기문, <동아 새 국어사전>, 동아출판사, 1995.

임학송, "텔레비전 드라마의 어제와 오늘", <영상포럼>, 한국방송촬영인연합회, 1990

최영묵, "영상 이미지의 세계-영상과 기호", 인터넷 강의 2001. 10
http://www.videoacademy.com/html/image-institude.html

<97 제15대 대통령 선거투표 형태>, 한국갤럽, 1998.

2. 외국 문헌

1) 단행본

Alger, D., *The media and politics, 2nd ed.*(NY:Wadsworth, 1996).

Allen, R., & Brown, K., *Developing communication competence in children*(IL: National Textbook Co., 1976).

Allwright, R., "Language Learning through Communciation Practice," *ELT Documents* (British Council, 1977).

Argyle, M., & Kendon, A., "The Experimental Analysis of Social Performance," in Berkowitz, L. (ed.), *Advances in Experimental Social Psychology : Volume 3*(NY : Academic Press, 1967).

Argyle, M., *The Psychology of Interpersonal Behaviour,* 5th ed.(Penguin : London, 1994).

Bachmair, B., *Fernsehkultur*(Opladen 1996).

Bachman, L., *Fundamental Considerations in Language Testing Reading*(MA: Addison-Wesley Publishing Company, 1990).

Bazin, A., "The Evolution of the Language of Cinema," in *What is Cinema?* by Bazin, A. (ed.) and trans. Hugh Gray (Berkeley : University of California Press, 1967)

Bell, H., *Social Linguistics*(NY : S. T. Martin's, 1976).

Beniger, J., *The Control Revolution : Technological and Economic Orgins of the Information Society*(Cambridge : MA, Harvard University Press, 1986).

Berger, C., "Interpersonal communication theory and research: An overview," in Ruben, B. (ed.) *Communication yearbook 1*(New Brunswick : Transaction Books, 1977).

Berkowitz, L. (ed.) *Advances in experimental social psychology, vol. 11*(NY: Academic Press, 1978).

Bostrom, R.(ed.), *Communication - A Multidisciplinary Approach*(Beverly Hills : Sage, 1984).

Branham, R., *Debate and Critical Analysis: The Harmony of Conflict*(Hillsdale, N.J. : Lawrence Erlbaum Associates Publishers, 1991).

Bryson, T. (ed.), *The Communication of ideas*(New York: Harper, 1948)

Burnett, R., *Cultures of Vision : Image, Media, and the Imaginary*(Cambridge : Indiana University Press, 1995).

Carlin, D., & Mckinney, M. (Eds.), The 1992 *presidential debates in focus*(Westpot, CT : Praeger, 1994).

Chomsky, N., *Aspects of the Theory of Syntex*, (Cambridge : Mass, MIT Press, 1965).

Cushman, D., & Craig, R., "Communication systems, Interpersonal implications," in Miller, G. (ed.) *Exploration in interpersonal communication* (Beverly Hills: Sage, 1976).

Delia, J., O'Keefe, B., & O'Keefe, D., "The constuctivist approach to communication. in Dance, F. (ed.) *Communication theory*(NY : Harper & Row, 1982).

Ellis, J., *Visible Ficture: Cinema, Television, and Video*(London : Routledge & Kegan Paul, 1982).

Ellis, R., & Whittington, D., *A Guide to Social Skill Training*(Croom Helm, London, 1981).

Ellul, J., *Propaganda: The Formation of Men's Attitudes*(NY : Random House, 1965).

Enzensberger, H., *The Consciousness Industry*(NY : The Seabury Press, 1974).

Fiske, J., *Television Culture*(London: Methuen, 1987).

______, & Hartley, J., *Reading Television*(London: Methuen, 1978).

Fitts, P., & Posner, M., *Human Performance*(Brooks-Cole, Belmont, 1967).

Freeley, A., *Argumentation and debate, 9th ed.*(Belmont, C.A. :Wadworth, 1996).

Goffman, E., *The Presentation of Self in Everyday Life*(New York : Anchor, 1958).

Gumpert, G. & Cathcart, R. (eds.), *Inter Media*, 3rd edn.(NY : Oxford University Press, 1986).

Hall, E., *The Silent Language*(NY : Doubleday, 1959).

Hall, J., "Gender, gender roles, and nonverbal communication skill," in R. Rosenthal(ed.), *Skill in nonverbal communication: Individual differences*(Cambridge, MA : Oelgeschlager, Gunn, & Hain).

Halliday, M., "Toward a Sociolinguistic Semantics," *Explorations in the Functions of Language*(London: Edward Arnold, 1973).

Hargie, O., (ed.), *The Handbook of Communication Skills 2nd edn.*, 1997.

Harper, N., *Human Communication Theory: The history of paradigm*(NJ : Hayden, 1979).

Hellweg, S., Pfau, M., & Brydon, S. *Televised Presidential debate: Advocacy in contemporary America*(NY : Praeger, 1992).

Hinde, R., *Towards understanding relationship*(NY : Academic Press, 1979).

Hischberg, S., *Essential strategies of argument*(Boston, MA : Allyn & Bacon, 1996).

Hymes, D., "On Communicative Competence," in Pride & Holes(eds.), *Socialinguistics*(Harmonds-Worth, Middlesex : Penguin, 1972).

Ittelson, W., *Visual Space Perception*(NY : Springfield, 1960).

Jacobs, L. (ed.), *The Movies as Medium*(New York : Farrar, Straus and Giroux, 1970).

Jamieson, K., & Birdsell, D. *Presidential Debates: The Challenges of Creating an Informed Electorate*, (NY: Oxford University Press, 1988).

-----------------, & Cambell, K., *The Interplay of Influence: News, Advertising, Politics, and the Mass Media*(Belmont, California: Wadsworth, 1992).

Jensen, J., *Argumentation: Reasoning in communication*(NY: D. Van. Nostrand, 1981).

Knapp, B., *Skill in Sport*(Routledge & Kegan Paul, London, 1963).

Knapp, M., Nonverbal Communication in Human Interaction(NY: Holt, Rinehart & Winston Inc., 1972).

Konskey, C., & Murdock, J., "Interpersonal Communication", in J. Cragan, J., & Wright, D. (eds.), *Introduction to Speech Communication*(Waveland Press, Prospect Heights: Illinois, 1980).

Kornhauser, W., "Mass Society", in D. Sills(eds.), *The Encyclopedia of the Social Science*(New York: Free Press, 1978).

Kraus, S. (ed.) *The Great Debates: Carter vs. Ford*, 1976(Bloomington: Indiana University Press, 1979).

Larson, C., *Persuasion: reception and responsibility*(Belmont, CA: Wadsworth, 1998).

Libert, R., Sparafkin, J., *The Early Windows: Effect of Television on Children and Youth*, 3th edition(New York, Peraganon Press, 1988)

Lichtenberg, J., *Democracy and Mass Media*(New York: Cambridge University

Press, 1990).

Limsky, M., *Television and the presidential election: Self interest and the public interest*(Lexington, MA: Lexington Books. 1983).

Magill, R., *Motor Learning: Concepts and Applications, 3rd edn.* (W. C. Brown, Iowa, 1989).

Marteniuk, R., *Information Processing in Motor Skills*(NY: Holt, Rinehart & Winston, 1970).

McLuan, M., *Understanding Media: The Extension of Man*(New York: McGraw-Hill, 1964)

Meyrowitz, J., *No sense of place: The impact of electronic media on social behavior*(NY: Oxford University Press, 1985).

Morris, D., *Intimate Behaviour*(London: Cape, 1971).

Myron, R., *preaching as Communication*(Nashville: Ablingdon, 1981).

Parks, M., "Communication Competence and Interpersonal Control", in Knapp, M., & Miller, G. (eds.), *Handbook of Interpersonal Communication 2nd edn.*(Sage, Thousand Oaks).

Proctor, R., & Dutta, A., *Skill Acquisition and Human Performance*(Sage, Thousand Oaks, 1995).

Ridge, A., "A Perspective of Listening Skills", in A. Wolvon, A., and Coakley, C. (eds.), *Perspectives on Listening*(Ablex, Norwood: NJ, 1993)

Riggio, R., "Social Interaction Skills and Nonverbal Behavior" in Feldman, R. (ed) *Applications of Nonverbal Behavioral Theories and Research*(Lawrence Erlbaum Associates publishers, 1992).

Roloff, M., & Berger, C., (eds.) *Social cognition and communication*(Beverly Hills: Sage, 1982).

Rosenthal, R. (ed.), *Skill in nonverbal communication: Indivisual differences* (Cambridge, MA: Oelgeschlager, Gunn & Hain).

Savignon, S., *Communicative Competence: An Experiment in Foreign-Language Teaching*(Philadelphia: The Center for Curriculum Development, 1972).

Schramm, W., & Porter, W., "Men, Women, message and media", *Understanding human communication, 2nd edn.*(New York: Harper & Publications, 1982).

Severin, W., & Tankard, J. *Communication Theories: Origins, Methods, and Uses in the Mass Media*(Addison Wesley Longman, 2001).

Spitzberg, G., & Cupach, W., *Handbook of interpersonal competence research*(NY: Springer-Verlag, 1989).

Summers, J., "Motor Programs", in D. Holdings (ed.), *Human Skills* (NY: John Wiley, 1981).

Swanson, D., & Mancini, P. (eds.), *Politics, Media, and Modern Democracy* (London: Praeger, 1996).

Wallis, R., & Baran, S., *The Known of Broadcast News*(Routledge, 1990).

Welford, A., *Ageing and Human Skill*(London : Oxford University Press, 1958).

______, *Skilled Performance : Perceptual and Motor Skills*(Scott, Foresman & Co., Glenview, Illinois, 1976).

Whiting, H., *Concepts in Skill Learning*(London : Lepus Books, 1975).

Widdowson, H., *Teaching language as communication*(Oxford : Oxford University Press, 1978).

Wiemann, J., & Harrison, R. (eds.), *Nonverbal interaction*(Beverly Hills, CA: Sage, 1983).

Williams, F., *The Communications Revolution*(Beverly Hills : Sage, 1982).

2) 연구논문

Bassett, R., Whittington, N., & Staton-Spicer, A., "The basics in speaking and listening for high school graduate : What should be assessed?," *Communication Education* vol. 27, 1978.

Benoit, W., Webber, D., & Berman Jr. Effects of ideology and presidential debate watching and ideology on attitudes and knowledge, *Argumentation and Advocacy*, 34, 1998.

Best, S., & Hubbard, C. Maximizing "Minimal Effects" The Impact of Early Primary Season Debates on Voter Preferences, *American Politics Quarterly*, Vol. 27 No .4, 1999 October.

Bienvenu, M., "An interpersonal communication inventory," *Journal of Communication* vol 21, 1971.

Bochner, A., & Kelly, C., "Interpersonal competence : Rationale, philosophy and implementation of a conceptual framework," *Speech Teacher* vol 23,

1974.

Brandt, D., "On linking social performance with social competence : Some relations between communicative style and attributions of interpersonal attractiveness and effectiveness," *Human Communication Research* vol 5, 1979.

Canale, M., "Communicative competence to communicative language pedagogy" in Richards, J. & Schmidt, R. (eds.). *Language and Communication,* 1983.

_____, & Swain, M., "Theoretical bases of communicative approaches to second language teaching and testing," *Applied Linguistics,* 1980.

Daly, J., McCroskey, J., & Richmond, V., "Relationships between vocal activity and perception of communicators in small group interaction," *Western Journal of Speech Communication, 41*

Delia, J., & Clark, R., "A constructivist approach to the development of rhetoric competence," Speech Communication Association 연례보고서. Houston, 1975.

Delia, J., & Clark, R., "Cognitive complexity, social perception, and listener-adapted communication in six-, eight-, ten-, and twelve-year-old boys," *Communication Monographs* vol. 44, 1977.

Delia, J., & O'Keefe, B., "Construct comprehensiveness and cognitive complexity as predictors of the number and strategic adaptation of arguments and appeals in a persuasive message," *Communication Monographs* vol 46, 1979.

Dumont Jr., R., & Wax, M., "Cherokee school society and the intercultural classroom," *Human Organization*, 1969.

Dymond, R., "Personality and empathy", *Journal of Consulting Psychology* vol. 14, 1950.

Feingold, P., "Toward a paradigm of effective communication : An empirical study of perceived communicative effectiveness, " 퍼듀대학 박사학위 논문, 1976.

Friedman, H., Prince, L., Riggio, R., & DiMatteo, M. "Understanding and assessing nonverbal expressiveness : The Affective Communication Test," *Journal of Personality and Social Psychology*, 39.

Hawkins, R., "The Dimensional structure of children's perceptions of television reality," *Communication Research 32,* 1977.

Hodgins, H., & Zuckerman, M., "The effect of nonverbal sensitivity on social interaction," *Journal of Nonverbal Behavior,* 14, 1990.

Kelly, C., Chase, J., & Weimann, J., "Interpersonal competence : Conceptualization, measurement and future considerations,' Speech Communication Association 연례보고서. San Antonio, 1979.

Larson, C., Backlund, P., Redmond, M., & Barbour, A., Assissing functional communication(ERIC : Ed 153275), March 1978.

Lippa, R., "Expressive control and the leakage of dispositional introversion-extroversion during role-played teaching," *Journal of Personality, 44,* 1976.

Livinger, G., "Toward the analysis of close relationships," *Journal of Experimental Social Psychology, 16,* 1980.

Miller, G., & Steinberg, M., *Between people : A new analysis of interpersonal communication.* Chicago : Science Research Associates, 1975.

Norton, R., "Foundation of a communicator style construct," *Human Communication Research,* 1978.

Norton, R., & Pettegrew, L., "Attentiveness as a style of communication: A structural analysis," *Communication monographs* vol. 46, 1979.

Parks, M., *Communication competency,* Speech Communication Association 연례보고서. San Francisco, 1976.

Paulston, C., Linguistic and communicative competence, *TESOL, Quarterly,* 1974.

Pfau, M. & Kang, J., The impact of relational messages on candidate influence in televised political debates, *Communication Studies,* 42, 1991.

Riggio, R., "Assessment of basic social skills," *Journal of Personality and Social Psychology, 51,* 1986.

Ruben, B., "Assessing communication competence for intercultural adaptation," *Group and Organization Studies*(vol 1, 1976).

Schudson, M., "The ideal of Conversation in the Study of Mass Media," *Communication Research,* July 1978.

Sieburg, E., & Larson, C., "Dimensions of interpersonal response," International Communication Association 연례보고서. Phoenix, 1971.

Sullins, E., "Perceptual salienceas a function of nonverbal expressiveness,"

Personality and Social Psychology Bulletin, 15.

Tan, A., "Why TV Is Missed," *Journal of Broadcasting* 21, 1977 Summer.

Wiemann, J., "Explication and test of a model communication competence," *Human Communication Research* vol. 3, 1977.

Wiemann, J., "Explication and test of a model communication competence." *Human Communication Research,* 1977.

Wiemann, J., & Backlund, P., "Current theory and research in communicative competence", *Review of Educational Research* vol. 50, 1980.

Yawn, M., Ellsworth, K., & Kahn, K. How a presidential primary debate changed attitudes of audience members, *Political Behavior,* 20, 1998.

부 록

Ⅰ. 토론 주최 및 제작을 위한 실무지침

(Guide to Debate Production and Sponsorship[230])

토론 주최를 생각하십니까?

토론은 투표자에게 정치적 과정에 대한 정보를 주고, 관심을 갖게 하는 효과적인 방법이다. 정치토론을 주최하고, 정치경선, 이슈 포럼 그리고 학생 토론을 포함한 다양한 토론을 스폰서하는데 필요한 가이드라인은 다음과 같다.

토론이란 무엇인가?

토론은 설득에 관한 것이다. 당신이 당신의 통행금지시간 이후에 집에 들어가지 않아도 된다는 것을 부모에게 납득시키려고 노력했다면 또는 친구에게 '터미네이터' 대신에 '타이타닉'을 보도록 설득했다면 당신은 하나의 유형으로 토론한 것이다. 토론은 미국 선거에서 중요한 요소가 되었으며 시민들에게 후보자와 이슈를 알려주는 효과적인 방법이다. 토론의 수가 증가함에 따라 더 많은 스폰서가 토론을 주최하는데 관심을 갖게 되었다. 이 가이드라인은 토론을 주최하는 교육기관, 시민단체, 미디어 조직이 가장 일반적으로 제기하는 질문에 대한 답변을 제공해 준다. 이 가이드라인은 행사를 조직하는데 필요한 단계를 소개하며 계획을 위한 체크리스트의 역할을 할 것이다. 하지만 오직 한 가지 옳은 진행방법이 있는 것은 아니라는 것을 명심하라. 이 가이드라인은 단순히 선택을 위한 그려줄 뿐이다.

예산

---

230) 미국 대통령토론위원회(Commission on Presidential Debates)가 지방방송 등에서 TV토론을 주최하거나 제작하는 것을 돕기 위해 작성한 내용임. www.debates.org 참조.

토론의 비용은 얼마나 들 것인가?

그 대답은 제작, 홍보, 보안, 토론장소의 대여 비용 그리고 다른 변수에 달려 있다. 예산과 행사의 재정조달에 관해서 미리 생각해 보라. 토론회 주최비용을 제공해 주고 후원을 약속한 기관의 이름을 서면화 하고 웹사이트를 통해 밝히는 것도 좋다.

● 토론장소

제공될 설비를 무료로 사용할 수 있거나 그것을 빌릴 수 있습니까?

많은 비용을 들이지 않고 사용할 수 있는 많은 장소 - 예를 들면, 학교 강당이나, 시민, 구민회관 - 가 있습니다. 청중의 수뿐 아니라 행사의 가장 좋은 장치마련을 위해 조명과 음향상태도 고려해야 한다. 행사가 텔레비전과 라디오로 방송될 것이라면 프로덕션 스튜디오에서 행사를 개최하는 것이 하나의 방법이 될 수 있다. 그런 장소는 토론회 진행상 편리하나, 광범위한 청중들의 참여를 한정한다. 가능한 중립적인 장소를 선택하라.

● 장비/무대

발언자를 위한 연단과 연설대, 사회자와 패널리스트를 위한 책상과 탁자, 더 나은 음향을 위한 양탄자 그리고 청중을 위한 의자를 제공할 필요가 있습니까?

● 전기시설

당신은 마이크, 추가적인 조명장치, 여분의 전력을 유지할 필요가 있습니까?

● 인쇄물

프로그램, 포스터, 언론사 출입증, 또는 방청권을 인쇄할 것입니까?

이러한 아이템은 토론을 촉진시키는데 도움이 될 뿐만 아니라 출입증과 티켓은 보안과 진행에 도움이 된다. 그것들은 또한 일종의 기념품으로 행사를 개최한 조직에 신뢰감을 갖게 만들 것이다.

● 인력

당신은 특별한 방송·전기 장비를 다룰 수 있는 전문가를 요구합니까?

대부분의 경우, 지원자가 무상으로 매우 귀중한 도움을 제공해 준다. 토론 전, 토론 도중 그리고 토론 후에 도움을 주는 많은 일꾼을 확보하는 것을 기억하라. 정부, 미디어, 정치적 커뮤니케이션을 공부하고 있는 관련된 학생을 고려하라. 당신의 웹사이트를 통해 지원자를 모집하는 방법을 고려하라.

● 보안

만약 일반적인 운영시간 이후에 공공시설을 사용하거나 행사가 널리 공공에게 알려져 있다면 당신은 보안유지에 신경을 써야 한다. 토론과 관련된 장비와 시설이 보관된 장소가 잠겨져 있는지를 확인하라.

● 카세트/ 녹취록

만약 비디오 테이프나 오디오 테이프 또는 토론의 녹취록을 제공할 계획이 있다면, 비용에 계산해 넣어라. 필요하다면 당신은 그것들을 생산하는데 필요한 비용을 보상하기 위해 테이프와 녹취록의 요금을 요구할 수 있다. 이러한 아이템은 매우 유용하기 때문에 토론이 끝난 후 가능한 빨리 그것들은 사용해야 한다. 당신의 웹사이트에 녹취록을 게시할 수도 있다.

● 인터넷

토론을 계획할 때 인터넷에 대해 고려하라.

사이트는 토론의 시간과 장소를 알려 주고 자원봉사자와 기부자를 모집하고, 방청권을 주문하고, 스폰서를 알려주고, 토론 후의 피드백을 받는 데 이용된다.

당신의 정보를 대학, 사업체 또는 시민단체의 웹사이트에 게시하게 함으로써 비용을 절약할 수 있다. 당신의 기관 홈페이지에 직접 토론을 웹케스팅하거나 인터넷 토론을 호스팅하는 것을 고려해 볼 수 있다.

토론장소

당신은 어디에서 토론을 개최하시겠습니까?

토론이 텔레비전이나 라디오로 방송될 것이라면 프로덕션 스튜디오에서 토론을 여는 것이 한 방법이 될 수 있다. 그것은 진행상 여러 문제를 해결해 주지만, 청중의 크기를 제한한다. 그 대안으로 시민회관, 극장, 학교 또는 호텔이 장소가 될 수 있다. 장소를 선택할 때 고려되는 몇몇 요소는 여기에 있다.

● 방송

만약 토론이 텔레비전으로 방송될 예정이라면 필요한 기술적 설비에 적합한 장소를 발견하라. 프로덕션이 얼마나 복잡한가에 따라 프리랜서 프로듀서나 지역방송국의 누군가로부터 조언을 구할 수 있다. 미리 전문가에게 충고를 얻는 것은 당신의 두통과 비용을 줄여줄 것이다.

● 청중 크기

장소를 결정할 때 후보자를 위한 무대와, 방송장비 그리고 기자들을 위한 방이 꽤 많은 공간을 차지하게 될 것이라는 것을 기억하라. 예를 들면 1996년 클린턴 대통령과 밥 돌 상원의원 사이의 공회당식 토론에는 무대, 계단, 카메라 그리고 미디어 플랫폼이 너무 많은 장소를 차지하여 사용가능한 좌석의 50% 이상이 감소되었다.

● 미디어센터

토론의 크기에 따라서 당신은 근처에 분리된 미디어센터를 제공하는 토론 장소를 선택하는 것을 고려할 수 있다. 이러한 센터는 토론 전후에 기자들을 위한 장소를 제공해 준다. 토론장에 들어갈 수 없는 기자들을 위해 미디어센터는 참관장소(viewing area)를 제공해 줄 수 있다. 또한 미디어센터는 토론 후에 인터뷰와 방송해설을 위한 장소를 제공해 준다. 과거에는 토론위원회(CPD)에 의해 지원된 토론은 미디어센터를 필수적으로 만들어서 2,000명 이상의 기자를 수용했다.

● 교통

가능하다면 교통 왕래가 정지되지 않고, 증가된 교통량을 감당할 수 있는 장소를 선택하라. 지역 경찰서는 이러한 문제에 도움이 된다. 주차장에서 토론 장소까지 버스 운동을 제공하는 것을 고려해라. 토론 장소는 참여자, 공중 그리고 언론이 쉽게 접근할 수 있어야 한다는 것을 명심해라.

● 중립

중립적인 토론 장소를 선택하라. 후보자, 공중 그리고 언론이 쉽게 접근할 수 있는지를 확인하라.

후보자 교섭

토론의 주최자와 참가자는 토론의 세부사항과 조건에 동의해야 한다. 당신이 정치 토론을 후원하고 있다면 각각의 후보자에게 대변인을 지명할 것을 요청하라. 대변인이 이동중이라도 그들과 빨리 접촉하는 수단을 갖고 있어야 한다. 후보자 교섭에 있어서 당신은 확고하고 공정해야 한다. 후보자들은 특히 포맷, 이슈에 관심을 가지고 있다. 다음 세부사항은 포맷 섹션에서 더 자세하게 다루어질 것이다.

- 질문자의 선택
- 토론의 주제
- 토론의 길이
- 시작과 마무리 연설
- 토론시간의 배분과 타이머(timer)의 선택
- 발언자의 순서

포맷

수년동안 대통령 토론에서 다양한 포맷이 사용되어 왔다. 공회당 형식(townhall meeting; 청중들이 질문하는 것), 패널 형식(몇몇 패널리스트가 토론참가자에게 질문하는 것), 단독사회자 형식(single moderator) 등이 그것이다. 단독사회자는 패널리스트보다 토론 당사자에게 청중들의 주의를 집중시키는 효과가 있다. 당신이 어떤 포맷을 선택하든간에 당신은 다음의 이슈를 고려해야 한다.

● 사회자와 질문자의 선택

선거의 후보자와 이슈에 대해 잘 아는 사람을 선택하라. 기자들은 많은 경험이 있고 방송에 마련된 기술적인 장비들을 다루는 데 있어서 편안하다. 특히 당신과 토론 참가자들이 전문적이고 공정하다고 믿는 사람을 사회자나 패널리스트로 선택하라.

당신이 타운홀미팅과 같은 토론을 조직하기로 결정했다면 편견이 없는 청중을 선택하라. 중립적이고 독립적인 기관, 예를 들면, 여론기관이나 연구기관에 의뢰하여 중립적 견해를 가진 유권자를 방청객으로 선택하라.

● 토픽

토론은 무엇에 관한 것인가? 그것은 광범위한 것이거나 단지 몇 가지 이슈로 제한될 수도 있다. 당신이 일련의 토론을 후원하고 있다면 특별한 주제와 토픽으로 각각의 토론을 조직하는 것을 고려할 수 있다.

● 길이

토론이 얼마나 길어질 것인가? 이 질문에 대한 대답은 토론이 방송될 것인가 여부, 참가자의 수, 얼마나 많은 토론이 있을 것인지 등을 다양한 요소에 달려 있다. 토론위원회(CPD)에 의해 진행되는 대통령 토론은 한 회당 90분간 진행된다.

● 시작과 마무리 연설

후보자는 시작 연설과 마무리 연설을 하는가? 준비된 연설은 질문의 수를 감소시켜준다. 따라서 2~3분 정도의 연설을 고려하라.

● 질문과 답변

질문과 답변 모두 시간을 제한하는 것을 고려하라. 1996년 대통령 토론에서 질문은 20초 길이로 제한되었다. 1992년과 1996년 공회당 형식 토론에서 시민 질문자는 그들의 질문을 한 토픽으로 제한할 것을 요청받았다. 대통령 토론에서 후보자에게는 질문에 대한 답변 2분, 반론을 위해서 1분간의 시간이 주어졌다. 질문과 답변의 길이는 토론 중에 얼마나 많은 주제가 언급되었는가에 의해 결정된다는 것을 기억하라.

● 타이밍

적당한 시작/마무리 연설과 답변 그리고 반론시간을 재는 것은 특별히 방송 토론에서 매우 중요하다. 그것은 다른 많은 책임을 지고 있는 사회자에게 주어진 일이 아니다. 시간을 유지하고 사회자와 참가자들이 그들의 시간이 다 되었음을 알려 주게 하는 쉬운 시스템을 만들기 위해 책임 있는 사람을 선택하라. 대통령선거는 얼마나 많은 시간이 남았는지 알려주기 위해 후보자가 잘 보이는 시야에 교통신호등을 사용한다. 시간 측정의 실수는 토론회 이후 토론주최자가 직면해서는 절대로 안 되는 사안인 불공정 시비를 불러오기도 한다는 것을 기억하라.

● 발언 순서

누가 먼저 발언하고 누가 마무리를 하는가? 스포츠 이벤트를 참조할 수 있다. 동전 던지기. 만약 참가자가 두 명 이상이라면 제비뽑기 또는 다른 선택방법이 있다.

청중

만약 당신이 토론을 위해 라이브 청중이 있기를 원한다면 토론에 관심을 가지는 사람을 결정하는 것이 중요하다. 방청권 정책을 일찍 세우고, 토론 중의 청중의 행동에 관한 규칙을 발표하라. 청중의 반응에 의해 소비된 시간은 토론 참가자와 그들의 견해를 들을 시간을 감소시킨다.

● 잡음

토론 장소의 특성은 얼마나 많은 잡음이 발생하는가에 영향을 미친다. 예를 들면, 카펫이 깔리지 않은 시멘트 바닥은 박수 갈채, 재채기 등 청중들의 소리를 확산시킬 것이다. 청중의 크기가 커질수록 잡음의 가능성은 더 커진다. 만약 야유와 다른 방해행동이 예상된다면 적당한 보안을 고려하라.

● 지역사회의 관심

토론이 있을 것이라고 발표되자마자 많은 사람들은 방청권을 구하려고 할 것이다. 천중 규모와 방청권 분배방식은 일찍 결정하고 그 가이드 라인을 충실히 이행하라. 지역사회와 학생들의 참여를 증가시키는 한 가지 방법은 안내인 또는 티켓 판매원으로 봉사하는 자원봉사자를 두는 것이다. 토론이 텔레비전으로 방송된다면 격리된 지역에서 시청할 수 있는 토론을 주최 할 수 있다.

● 카메라

미리 방청권 소지자에게 카메라 또는 다른 전자장비를 가져올 것인지를 명확히 하라. 카메라 플레쉬는 후보자와 TV카메라 스텝(crews)을 산만하게 할 수 있다.

● 안전

청중의 크기와 무대장치 계획은 장소의 안전한 사용과 일치하고, 화재 예방과 건물 안전수칙에 따라야 한다.

● 미디어

정치 토론은 이벤트이다. 토론계획에 미디어를 고려해야 한다. 토론을 취재하기를 원하는 기자들에게 증명서를 발급할 필요가 있는가? 이것은 토론 장소와 다른 장소에서 접근하는 기자의 수를 확인하고 통제할 수 있으며, 공정한 공간을 할당하게 할 수 있다.

다른 종류의 미디어의 필요에 대해서 고려하라. 토론이 텔레비전으로 방송되는가? 카메라 위치, 조명, 전원과 같은 문제에 대해서는 도움을 줄 수 있는 TV 프로듀서의 도움을 고려하라.

토론 후 많은 기자들은 토론 참가자들에게 질문하기를 원할 것이다. 앞서 설명한 미디어센터는 이러는 교환이 이루어지는 장소가 될 것이다. 토론에 대한 사후 논평은 장황할 수 있다. 그래서 장소를 청소하는데 방해가 되지 않는 장소를 구하는 것이 중요하다.

● 사후활동

토론이 끝났을 때, 토론 장소를 일반적인 배치로 되돌리고 차용하거나 임대한 장비를 되돌려주는 것을 확실히 하라. 만약 녹취록이나 테이프를 만들기로 결정했다면, 유포방법을 세워라. 그 토론의 장점과 약점에 관한 피드백을 요청하는 것을 고려하라. 마지막으로 도움을 준 지지자와 자원봉사자에게 감사하라.

체크리스트

다가올 토론을 준비하는 데 다음의 체크리스트를 사용하라.
- 예산
- 토론 장소
- 토론 세트 : 연단, 탁자, 기타
- 음향
- 조명
- 인쇄물

- 인력
- 보안
- 녹취록
- 인터넷의 이용
- 미디어의 보도
- 청중
- 형식
- 참가자의 선택
- 사회자의 선택
- 지역사회의 역할

Ⅱ. TV토론자의 커뮤니케이션 능력 평가 요인분석

제Ⅰ절 분석 과정

1. 설문지 구성

본 연구의 목적은 TV가 매개하는 커뮤니케이션 능력을 평가하고 어떤 요인이 중요하게 작용하며, 특히 이 가운데 비언어적 요소가 차지하는 비중을 알아보기 위한 것이다. 설문지는 토론 전 이미지 조사와 토론 내용 조사, 토론 후 조사 설문의 3단계로 작성하였다. 토론 전 이미지는 토론이 시작되기 전 응답자가 출연자들에 대해 가질 수 있는 이미지 관련 부분만을 따로 설문으로 구성한 것이다. 토론 내용 조사는 토론 진행 과정에서 평가가 가능한 항목들로 구성되었으며, 토론 후 조사는 종합적인 평가 항목으로 토론 전이나 토론 도중에 응답한 내용과 어떤 차이를 보이는지 살펴볼 수 있게 하였다. 각 단계별 조사내용을 살펴보면 다음과 같다.

1) 토론 전 이미지 조사

토론에 들어가기 전 출연자들이 리허설에 임하는 자연스러운 장면을 관찰하게 하여 각자에 대해 느껴지는 이미지를 물었다. 평가 항목은 체격과 첫인상, 외모에 대한 질문과 사교적일 것 같은지, 호감이 가는지, 친근감이 있는지, 근엄해 보이는지, 매력적인지, 편안해 보이는지, 진실되어 보이는지, 카리스마가 있어 보이는지 등에 대한 것으로 출연자별로 긍정적 문장에 대해 리커트 척도에 따라 응답하도록 하였다.

이 가운데 사교성과 근엄성, 카리스마에 관한 것은 분석 대상이 토론 프로그램 출연자라는 점을 고려한 항목이다. 근엄성과 카리스마는 일반 시청자들이 TV 출연자에 대해 .범접하기 어려운 느낌을 가질 때의 대표적 이미지로, 사교성은 다수가 한 자리에서 의견을 교환하는 토론에서 목격되기 쉬운 개인 성격에 대한 이미지로 각각 설정하였다.

또한 단순히 보여지는 이미지를 근거로 '가장 마음에 드는 사람은 누구인가'에 대한 것과, '토론을 가장 잘 할 것 같다고 생각되어지는 사람은 누구인가'라는 질문에 1인을 선택해 답하고 그 이유를 자유롭게 적도록 하여 총 14개 항목으로 구성했다.

시청자 그룹에게는 현장에서 평가하는 방청객 그룹과 최대한 유사한 환경을 제공하기 위해 리허설 현장을 따로 녹화, 시청하도록 한 뒤 설문에 답하도록 했다. 이 때 녹화 화면에 담긴 출연자 모습은 동등한 샷으로 처리했으며 시간 배분 역시 공정하게 하였다.

2) 토론 내용 조사

토론 내용 조사는 언어적 커뮤니케이션 능력과 비언어적 커뮤니케이션 능력, 그리고 전략적 커뮤니케이션 능력을 평가하는 것이되 토론 전의 이미지가 지속되는가를 살펴보기 위한 몇 개의 이미지 관련 항목을 포함시켰다. 평가 항목은 모두 34개로 구성되었으며 마찬가지로 긍정적 문장에 대해 출연자별로 리커트 척도에 따라 응답하도록 하였다.

분석 대상인 토론 프로그램 출연자들의 언어적 커뮤니케이션 능력 평가에는 유창성과 논리성, 호소력, 타당성, 설득력, 유머 감각과 함께 이해하기 쉽게 이야기하기, 자연스럽게 이야기하기를 포함하였다. 유창성과 논리성, 호소력, 타당성, 설득력은 토론 프로그램에서 일반적으로 요구되는 언어적 커뮤니케이션 표현능력이라는 측면에서, 자연스럽고 쉽게 이야기 하기는 TV 출연자에게 항상 제작진들이 요구하는 수칙이라는 점에서 변인으로 선정하였다. 또한 유머감각은 최근 화용적 기술을 중시하는

스피치 커뮤니케이션 분야에서 매우 중시되는 요소이기에 변인으로 역시 선정하였다.231)

진실성, 침착성, 남의 의견에 귀기울이기, 전문성, 열정, 단호함에 대한 것을 비롯해 상황 대처, 감정조절, 발언 기회 포착, 토론 주도, 눈에 띄는 행동과 갑작스런 발언 등의 항목은 사회적 인지 연구자들의 언급에 따라 전략적 커뮤니케이션 능력에 포함하도록 했다.

비언어 커뮤니케이션 능력 평가 항목은 유사언어와 신체언어 및 의상에 대한 것으로서 유사언어는 말의 속도와 크기, 톤, 억양으로 나누어 평가하도록 하였다. 즉 말의 속도와 크기가 적당한지, 톤이 안정되었는지, 억양은 적절한지를 묻는 것이다. 또한 신체언어는 얼굴 표정과 자세, 제스처를 통해 평가하도록 했다. 이는 토론 프로그램 출연자의 경우 발언 시 모습이 상반신 위주인 바스트 샷 크기로 카메라에 잡힌다는 점을 고려해 설정한 항목으로 얼굴 표정이 풍부한지, 자세가 바른지, 설명을 위한 제스처를 많이 사용하는지에 대해 물은 것이다. 비언어 커뮤니케이션은 이를 연구한 학자들에 의해 여러 가지 영역으로 나뉘지만232) 역시 TV 시청자 집단의 시청 환경을 고려해 평가가 가능한 신체언어와 유사언어, 의상으로 한정하였다.

이미지 관련 항목은 매력, 편안함, 카리스마에 대한 질문과 자기 중심적으로 느껴지는가에 대한 질문으로 구성하였다.

3) 토론 후 조사

토론 후 설문은 개인에 대한 종합적인 평가를 묻는 것으로 가장 마음

---

231) 스피치 커뮤니케이션과 관련, 유머감각의 중요성을 논의한 실용서적들은 매우 많다. 일례로 CNN의 명사회자인 래리 킹은 그의 최근 저서 '대화의 법칙(How to talk to anyone, anytime, anywhere)'을 통해 "유머는 대화의 성패를 결정할 만큼 정말 중요하다."고 말하고 있다. 청년정신, 2001, pp. 91-93.

232) 대표적 비언어 커뮤니케이션 연구자인 냅(M. Knapp)의 경우, 7차원 분류를 통해 신체언어와 유사언어, 장식품 외에 공간 사용과 접촉, 신체 특성, 환경적 요인을 포함하여 논의하고 있다.

에 드는 사람, 토론을 가장 잘했다고 생각하는 사람(토론 우수자), 토론을 가장 주도했다고 생각하는 사람(토론 주도자), 가장 기억에 남는 사람, 나중에 개인적으로 만나보고 싶은 사람에 대해 묻고 출연자 가운데 1인을 선택하도록 하였으며 그 이유를 자유롭게 적을 수 있게 하였다. 또한 토론을 방청하거나 시청한 후 주제에 대한 기존의 생각이 바뀌었는지, 바뀌었다면 누가 가장 많은 영향을 주었는지 응답하고 이유를 말하도록 하였다.

이는 토론 우수자나 토론 주도자 순위 선정을 통해 개인의 커뮤니케이션 능력을 평가함과 동시에 좋은 인상을 남기는 것(impression leaving)[233]은 어떤 요인 때문인가를 살펴보고, 토론의 목적(goal-directed)[234]에 가장 부합하게 수용자를 설득하여 의견변화를 일으키는 요인이 무엇인가를 알아보기 위한 것이다.

마지막으로는 응답자의 인구 통계적 문항을 첨가하였다.

2. 사전조사 실시

본 조사에 앞서 설문 문항에 대한 신뢰도를 측정하고 설문의 구성요소가 시청자와 방청객 집단에게 유의미한 차이를 나타내는지를 알아보기 위해 사전조사를 실시했다. 실시 일자는 2001년 6월 18일 '시사난타 세상보기' 생방송 현장에서의 방청객 대상 조사와, 2001년 6월 19일 시청자 집단 대상 조사로 이틀에 걸쳐 진행되었다. 시청자 집단은 실제 조사에 참여한 방청객 숫자에 준해 40명을 선정했다.

사전조사 실시 결과 신뢰도가 검증되고 구성요소에 대한 방청객-시청자 집단간 차이가 유의미한 것으로 밝혀졌다. 그러나 토론 내용을 평가

---

233) 노튼(Norton)의 커뮤니케이터 스타일 10개 차원 분류 가운데 하나인 요소이다.
234) 사회적 행동 및 인지 차원에서의 커뮤니케이션 능력을 중시하는 학자들이 언급하는 주요 요소 가운데 하나이다.

하는 항목의 숫자가 너무 많다는 응답자들의 건의 사항과 함께 유의도가 적은 항목은 제외시키기로 하여 당초 45개에 달했던 항목이 34개로 줄었다.

3. 본조사 실시

1) 방청객 조사

그림 1 프로그램 좌석 배치도

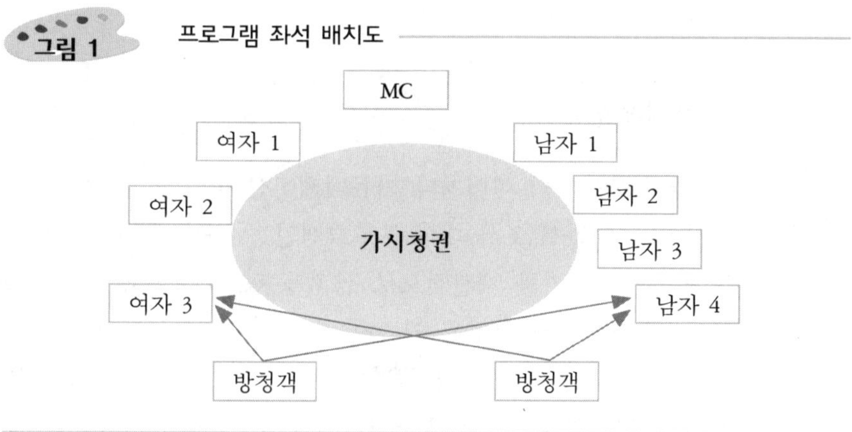

조사 프로그램인 KBS2 TV의 '시사난타 세상보기'가 생방송으로 진행되는 2001년 7월 23일, 참여 방청객 41인을 대상으로 프로그램 제작진의 협조 하에 설문지를 배부하고 응답토록 하였다.

① 조사일시 : 2001년 7월 23일 밤 11 : 00~12 : 10시

② 조사장소 : KBS 공개홀

③ 토론주제 : "남자를 말하다. '흔들리는 남성다움'."

④ 출연자 : 7인

2) 시청자 조사

조사 프로그램인 KBS 2TV의 '시사난타 세상보기' 2001년 7월 23일 방영분과 리허설 장면을 VHS 테이프에 함께 녹화하여 일주일 뒤인 7월 30일 시청자 조사를 실시하였다. 설문지 구성은 방청객 조사 설문지와 동일하게 하였으며, 이미지 조사를 위한 리허설 장면부터 시청하도록 하고 설문지 응답을 유도하였다. 조사 대상자는 서울 소재 D 대학의 대학생 40명이며 대학 내 멀티 미디어 강의실을 사용하였다. 한편 평소 가정에서의 TV 시청과 유사한 상황을 재현하는 의미에서 자연스러운 분위기를 조성토록 하고 얼마간의 잡담을 허용하였으며 휴대전화 사용 또한 제한하지 않았다.

3) 프로그램 녹화분석

시청자 집단이 출연자의 이미지나 커뮤니케이션 능력을 접하는 것은 화면을 통해서이다. 따라서 조사 대상 프로그램인 '시사난타 세상보기'의 화면이 어떻게 구성되는가를 객관적으로 살펴볼 필요가 있다. 일반적으로 토론 프로그램은 안정된 환경을 연출하는 스튜디오에서 진행되고 카메라 움직임이 거의 없는 정적인 화면을 제공함으로써 발언 내용에 대한 집중을 유도한다. TV 영상언어의 호소력이 카메라 샷의 크기와 앵글에 의해 좌우되는 경향을 배제하기 위해 각 출연자들에게 동일한 조건의 카메라 워킹을 구사하기도 한다. 즉 몇 가지 고정된 카메라 샷과 표준 앵글 (standard angle)로 공평한 분배 원칙을 지키고 있는 것이다.

그러나 생방송으로 진행되는 토론 프로그램에서 아무리 공평한 분배 원칙을 적용한다 해도 출연자별 화면 노출 횟수가 동일할 수는 없다. 발언 기회를 많이 갖는 출연자는 그만큼 화면에 많이 등장할 것이며, 반응 샷(reaction shot : 듣고 있는 모습이 담기는 샷)의 선택은 제작진의 고유 권한으로 반드시 출연자별로 횟수나 크기가 동일하게 적용되지는 않기 때문이다.

이러한 측면을 참작하고 검증하기 위해 프로그램 녹화 자료에 대한 화면 분석을 실시하였다. 각 출연자들이 화면에 등장하는 횟수를 샷의 종류별로 나누어 측정하였는데 설정한 샷의 종류는 토론 프로그램에서 주로 사용되는 바스트 샷(BS)[235], 오버 숄더 샷(OS)[236], 그룹 샷(GS)[237]이다. 실제 토론 프로그램에 자주 등장하는 풀샷(FS)[238]은 전체 분위기를 전달하는 것 이상의 의미가 없으므로 제외하였고, MC는 본 논문의 커뮤니케이션 능력 평가 대상이 아니므로 MC가 등장하는 화면(주로 바스트 샷) 역시 제외하였다.

시청자 그룹은 TV 화면을 통해서만 출연자를 대할 수 있기 때문에 화면에 등장하는 횟수는 곧 인위적인 면대면 상황을 조성하며, 이 가운데 가장 효과가 높은 것은 바스트 샷이라 할 수 있다.[239] 바스트 샷은 듣고 있을 때의 모습, 즉 반응샷(reaction shot)으로도 제공되므로 반응샷 가운데 바스트 샷의 횟수를 따로 측정하도록 하였다. 영상만으로 커뮤니케이션이 가능한 TV의 특성으로 미루어 비록 발언을 하지 않더라도 강력한 이미지를 전달할 수 있는 화면이 된다는 판단에서이다. 반응샷의 지속 시간은 프로그램 성격에 따라 조금씩 다르지만 전반적으로 안정된 화면을 추구하는 토론 프로그램에서는 3초 이상 지속되어 시청자가 편안하게 대하면서 출연자에 대한 이미지를 형성할 수 있는 여유를 충분히 제

---

235) 인물의 가슴에서 위를 찍는 크기로 텔레비전에서 가장 많이 사용되며 인물을 촬영하는데 있어 기본이 되는 샷.
236) 카메라가 피사체의 어깨 뒤쪽과 옆모습을 함께 담는 샷을 말한다.
237) 여러 사람의 인물을 촬영하는 샷. 토론 프로그램에서는 주로 일렬로 앉은 출연자들을 보여줄 때 사용된다. '시사난타 세상보기'에서는 2인이 한 화면에 잡힌 경우가 많았다.
238) 장소의 설명, 정감, 무드, 출연자의 위치 관계를 표시하며 전경(全景)을 의미한다. 토론 프로그램의 전경은 스튜디오 자리 배치도를 한 눈에 볼 수 있게 한다.
239) 카메라 움직임이 없는 바스트 샷은 발언자의 힘을 확고하게 하는데 크게 기여한다. 심리학적 관점에서 볼 때 일반적으로 이러한 샷은 개인적으로 친근감을 줄 수 있는 거리에서 촬영되기 때문에 가장 차분하고 편안한 환경을 조성하고 정서적 동요를 일으키지 않는다. 결국 시청자는 샷이 주는 편안함과 안정감으로 인해 발언 내용을 이성적이며 객관적인 것으로 받아들이게 된다. 뉴스 앵커에 대한 일반인들의 정서 상태가 바로 좋은 예가 된다.

공한다고 보여진다.

프로그램 화면분석을 위해 출연자들이 화면에 등장하는 횟수, 샷의 종류 등으로 이루어진 코딩지를 마련하고 2001년 8월 29일 신문방송을 전공하는 D대학 100명의 학생들로 하여금 프로그램이 녹화된 비디오테이프를 보면서 분석과 코딩을 동시에 하도록 하였다. 물론 출연자들이 화면에 노출된 횟수 못지 않게 화면에 등장한 시간의 양도 중요하겠지만 본 조사에는 횟수로 제한하였다. 토론 프로그램에서 화면 노출이 많다는 것은 곧 발언 기회가 많았고 그만큼 등장하는 시간이 길었다고 보아도 무방하기 때문이다.

한편 워낙 짧은 시간에 전환되는 화면을 분석해야 하는 어려움을 덜기 위해 응답자를 28개 그룹으로 나누어 각 그룹이 담당 영역만을 점검토록 하였다. 즉 7인의 출연자별로 4개 유형의 샷을 나누어 한 가지 씩만 측정하도록 한 것이다. 예를 들면 남자 1에 대한 측정은 BS1(발언하는 샷)과 BS2(반응샷), OS, GS 담당 그룹으로 각각 나뉜다. 응답자들의 이해를 돕기 위해 먼저 분석유목에 대한 구체적인 설명을 하였으며 더불어 각 유목에 대해 적절한 합의점을 도출하게 하였다. 분석결과는 다음과 같다.

<표 1> 출연자별 샷 분석

구분	BS		OS	GS	계	자신이 말할 때 다른 사람이 나온 횟수		다른 사람이 말할 때 자신이 나온 횟수
	BS1	BS2/소계						
남자1 (A)	20	7/27	0	25	52	B	-	18
						C	2	
						D	-	
						E	2	
						F	1	
						G	1	
남자2 (B)	19	10/29	0	21	50	A	-	23
						C	1	
						D	-	

토론자						요인	빈도	계
						E	1	
						F	2	
						G	2	
남자3 (C)	28	9/37	0	27	64	A	-	41
						B	1	
						C	1	
						D	3	
						E	5	
						F	2	
						G	-	
남자4 (D)	30	4*/34	1	33	68	A	-	5
						B	-	
						C	-	2
						E	2	
						F	3	22
						G	6	
여자1 (E)	31	5/36	2	11	49	A	1	7
						B	3	
						C	1	
						D	2	
						E	-	20
						G	-	
여자2 (F)	34	13/47	1	11	59	A	3	9
						B	1	
						C	5	
						D	5	
						E	2	10
						G	-	
여자3 (G)	24	9/33	1	11	45	A	-	9
						B	-	
						C	2	
						D	1	
						E	-	12
						F	-	

						A	4	18
						B	5	23
						C	11	41
계	186	57/243	5	139	387	D	9	29
						E	10	27
						F	11	19
						G	5	21

* 클로즈업(CU)이 2회 포함되어 있음.

분석결과 '시사난타 세상보기' 방송 프로그램에서 시청자가 자주 볼 수 있었던 출연자는 남자 3과 남자 4, 그리고 여자 2였던 것으로 나타났다. 반면에 남자 1과 남자 2, 여자 1, 여자 3은 상대적으로 화면 노출 횟수가 적었다. 시청자에게 전달 효과가 큰 바스트 샷 출연만을 따로 측정해보면 여자 2에 대한 집중도가 19%로 다른 출연자들에 비해 최저4%에서 8%까지 높게 나타나고 있음을 볼 수 있다. 여자1과 여자 3의 경우 전체 노출 횟수는 상대적으로 적지만 바스트 샷이 차지하는 비율은 각각 15%와 14%로 노출 횟수가 많은 집단에 속하는 남자 3, 남자 4와 차이가 없는 것으로 나타났다. 특이한 점은 클로즈업과 관련한 것이다. 남자 4의 경우 다른 출연자들에게는 시도되지 않은 클로즈업이 두 차례나 있었다는 것이 눈길을 끈다.

본 논문은 보다 선명한 분석 결과를 얻기 위해 집단을 단순화하기로 한다. 즉 전체적으로 화면 노출이 많은 집단(C, D, F)과 적은 집단(A, B, E, G)의 2개 집단으로 나누어 그 차이를 분석해보기로 하는 것이다.

4. 분석방법

시청자와 방청객을 대상으로 실시한 설문조사 내용을 분석하기 위해 통계 패키지 프로그램인 SPSS for Windows를 이용하였다.

텔레비전 매개 커뮤니케이션 능력의 평가와 관련해서는 oblique 회전 방식을 이용하여 요인분석(factor analysis)을 실시했으며 상관관계분석(correlation coefficients analysis), 회귀분석(logistic regression analysis), t-test 등을 통해 연구문제를 분석하였다.

제 2 절 분석 대상

1. 분석 대상 선정

본 논문은 텔레비전 매개 커뮤니케이션 능력을 평가하고자 하는 목적을 수행하기 위해 분석대상을 토론 프로그램 출연자로 삼기로 했다. 토론 프로그램은 출연자들의 커뮤니케이션 능력이 중요하게 부각되는 TV 장르로서 동일한 주제 하에 여러 명이 의견을 개진하는 모습을 충실하게 담아냄으로써 응답자로 하여금 충분한 시간 동안 분석 대상을 비교·관찰할 수 있도록 하기 때문이다.

다음으로 어떤 프로그램 출연자들을 대상으로 선정하는가의 문제를 놓고 여러 가지 측면을 검토하는 가운데 KBS 2TV의 '시사난타 세상보기'를 주목하게 되었다. 2001년 봄 개편 이후 신설된 이 프로그램은 토론 프로그램을 부드럽게 변화시키는 기폭제 역할을 했다는 평가를 받고 있으며 기존의 프로그램들이 정치, 경제, 안보 등 딱딱한 주제를 다뤄온 것과 달리 성전환, 미스코리아, 중·장년층의 사랑 문제라든가 얼마 전 논란이 된 중학교 미술교사의 인터넷 누드 공개 파문 등 사회·문화적 이슈를 주로 다뤄 시선을 끌어왔다. 시청률 또한 5%대로 같은 방송사의 '심야토론'에 이어 가장 높은 것으로 나타났다.(조선일보 2001년 6월 11일자, 방송·연예면 참조) 한편 출연자 집단이 다양해 이미지 조사를 실시하기에 적절한 것으로 판단되었다. 즉 얼굴이 알려지지 않은 일반 전문가 외 대중적 인지도가 있는 인기인들이 포함되기 때문에 응답자들에게 기존에 사전 이미지를 형성한 그룹과 그렇지 않은 그룹을 나누어 비교할 수 있다.

이 밖에 첫째, 프로그램의 주제나 내용이 본 논문의 설문조사 응답자 그룹인 20대 초반의 관심을 보다 적극적으로 유발하여 설문에 대한 적극적인 참여를 기대할 수 있다는 점 둘째, 자유로운 토론 분위기 속에서 출연자들의 비언어적 행동이 다양하게 나타날 것으로 기대된다는 점 셋째, 여타 토론 프로그램과 달리 방청석이 출연자 정면을 향하도록 전면에 배치됨으로써 방청객들이 분석 대상의 비언어적 커뮤니케이션 능력을 관찰하기가 용이하다는 점을 감안해 '시사난타 세상보기' 출연자들을 본 논문의 분석 대상으로 삼았다.

〈표 2〉 KBS 2TV '시사난타 세상보기'의 주제

회 차	방영 날짜	주 제
1회	4/30	잠 못 이루는 밤, 속 타는 30대
2회	5/7	둘째, 낳을까? 말까?
3회	5/14	병원에서 여자, 법원에선 남자
4회	5/21	34-24-35 미인의 코드인가?
5회	5/28	40대의 사랑
6회	6/4	선생님의 누드사진
7회	6/11	엽기발랄? 엽기광란?
8회	6/18	매춘 10대 처벌해야 하나?
9회	6/25	종아리에서 눈썹까지 그녀의 몸은 공사 중
10회	7/2	박진영의 노래, 대중가요 성적 표현의 한계는?
11회	7/9	벼랑 끝에 선 흡연권
12회	7/23	남자를 말하다

2. 조사 대상 및 조사 방법

조사 대상자는 두 집단으로 구분하여 선정하였는데 첫째, 방청객 집단으로 KBS 2TV '시사난타 세상보기' 의 생방송에 직접 방청객으로 참여한 사람들이다. 통상 '시사난타 세상보기'프로그램의 방청객은 제작진이 인터넷을 통해 직접 신청을 받거나 전문 업체에 의뢰, 참여 희망자를 모집하는 형태로 구성되며 대학생 위주이고 숫자는 최소 35명에서 최대 40명이다.

둘째, KBS 2TV의 '시사난타 세상보기' 프로그램을 녹화한 후 시청하게 하는 시청자 집단으로 서울 소재 D대학의 신문방송 과목을 수강하는 학생 40명을 대상으로 하였다. 조사 방법은 다음과 같다:

1) 방청객 대상 : 생방송 리허설 시 설문지를 배부하고 설문에 대한 소개와 상세한 작성방법을 제시하였으며 방송 종료 후 수거하였다.
2) 시청자 대상 : 멀티 미디어 강의실에서 조사 목적과 방법에 대해 자세히 설명한 후 설문지를 배부하고 녹화한 해당 프로그램을 시청하게 하였다. 단, 해당 프로그램을 시청한 적이 없는 사람들만을 대상으로 삼았다.

제 3 절 분석 결과

1. 조사응답자와 패널별 특성 분석

본 연구결과에서는 먼저 응답자 특성과 분석 대상이 되는 패널의 특성에 대해 살펴보고, 이어 커뮤니케이션 능력 평가 요인분석을 통해 연구가설을 검증하도록 한다.

1) 조사 응답자

본 조사의 응답자는 다음과 같은 특성을 가진다.

〈표 3〉 응답자 특성

구 분		빈 도	%
성별	남	32	39.5
	여	49	60.5
연령	20세 미만	18	22.5
	20-25세미만	50	62.5
	25-30세미만	11	13.5
	30세 이상	1	1.3
학력	고졸이하	3	3.7
	대학교 재학	63	77.8
	대졸	14	17.3
	대학원재학이상	1	1.2
유형구분	시청자	40	50.6
	방청객	41	49.4
계		81	100

본 조사의 응답자는 두 가지 집단, 즉 시청자 집단(50.6%)과 방청객 집단(49.4%)으로 이루어져 있다. 성별로 볼 때에는 남자가 39.5%, 여자가 60.5%로 여자가 많았으며 연령으로 볼 때, 20세 미만 22.5%, 20-25세 미만이 62.5%로 가장 많았으며, 25세 이상도 14.8%였다. 학력별로는 대학교 재학이 77.89%로 가장 많았고 대졸이 17.3%였다. 본 조사의 조사 응답자는 주로 25세 미만의 대학생들이다. 시청자 집단은 전원 대학생집단이며, 응답자 가운데 대졸 이상의 응답자는 모두 방청객이었다.

2) 패널별 특성

참여패널은 남성 4인 여성 3인으로 구성되어 있다. 자세히 살펴보면 다음과 같다.

<표 4>　출연 패널

구　분		직　업	연　령
남성패널	패널 A	정신과 전문의	50대 초반
	패널 B	변호사	40대 중반
	패널 C	방송인(음악인)	30대 후반
	패널 D	방송인(아나운서)	30대 초반
여성패널	패널 E	정신과 전문의	30대 후반
	패널 F	신문기자	40대 초반
	패널 G	방송인(전문 MC)	20대 중반

<표 4>를 통해 볼 수 있듯이 패널의 연령대는 30, 40대가 주류를 이루며 직업의 분포는 의사, 변호사, 신문기자, 방송인으로 크게 방송인 그룹과 비방송인 그룹으로 나뉜다. 출연자 선정은 프로그램 제작진의 고유권한으로 본 조사는 이에 대한 통제권을 가질 수 없었다. 방송인 그룹의 경우 이미 텔레비전 화면을 통해 친숙해진 얼굴의 소유자들로 생방송 현장에 참여한 방청객들이나 시청자 응답 집단 모두 이름과 얼굴을 정확히 인지하고 있었다.

2. 커뮤니케이션 능력 평가의 요인 분석

1) 신뢰성 검증 및 요인 결정

(1) 토론 전 평가

토론전 평가는 주로 이미지를 중심적으로 이루어졌다. 그 이유는 토론을 시작하기 전 각 패널들을 평가할 수 있는 것은 이미지임으로 이미지에 대한 평가를 중심적으로 실시하였다. 먼저, 평가항목의 측정결과가 어느 정도 일관성 있는지를 알아보는 신뢰성계수인 Cronbach's α값은 0.8462로 높은 편이었다. 그리고 이미지에 관한 11개의 변인 사이에 존재하는 공통요인을 뽑아 단순화시키기 위해 요인분석을 실시하였다.

주어진 요인에 가깝도록 인자를 나타내는 선을 회전시키는 인자회전방식으로는 Oblique방식을 이용하였다. Oblique회전방식은 요인을 회전시킬 때 요인들이 서로 직각을 유지하지 않고서 변인의 인자 적재치를 극대화하는 회전방식으로 Varimax 등의 직각회전방식에 비해서 높은 요인부하량은 더 높아지고, 낮은 요인부하량은 더 낮아지는 요인회전 방식이다.[240] 먼저, 평가항목의 11개 요인의 적합도인 Kaiser-Meyer-Olkin측도값은 .901로 매우 높았으며, 또한 Barlett의 구형성검정치(test of sphericity)의 chi-square값이 2835.65(p=.000)로 요인분석에 적합한 것으로 나타났다. 요인분석 결과, 고유치(eigenvalue)가 1이상인 요인은 모두 2개로 전체 61.64%의 설명력을 갖고 있었다. 요인 선정에 명확성을 기하기 위해 소속요인에는 요인적재치가 0.5이상이면서 다른 요인에는 요인적재치가 0.4 미만인 것으로 요인을 결정하였다.

요인 I 과 요인 II에 해당되기는 하였지만, communality가 0.4 미만인 체격은 변수에서 제외시켰다. 이에 요인 I 은 호감(.889), 친근감(.851), 외모(.825), 첫인상(.805), 사교성(.794), 매력(.786), 편안함(.753)을 포함하는 것으로 '이미지'로 명명하였다. 요인 II는 근엄(.809), 카리스마(.774), 진실성(.500)을 통합해 '카리스마'로 명명하였다.

---

240) 노형진, <한국 SPSS 10.0에 의한 조사방법 및 통계분석>, 형설출판사, 2001, p. 441.

〈표 5〉 토론 전 평가 요인 분석

질 문 항 목	요인 I	요인 II	communality
호 감	.889		
친 근 감	.851		.797
외 모	.825		.712
첫 인 상	.805		.687
사 교 적	.794		.658
매 력 적	.786		.614
편 안 함	.753		.614
근 엄		.809	.703
카리스마		.774	.611
진 실 성		.500	.487
체 격		.426	.292
Eigenvalue	5.126	1.654	계
총설명변량(%)	46.60	15.03	61.637

(2) 토론 내용 커뮤니케이션 능력 평가

토론이 진행되는 도중 커뮤니케이션 능력에 대한 평가를 구성하는 34 개 변인을 놓고 그 사이에 존재하는 공통요인을 뽑아 단순화시키기 위해 요인분석을 실시하였다. 먼저 평가항목의 측정결과가 어느 정도 일관성 있는지를 알아본 결과 신뢰성계수인 Cronbach's α 값은 0.9325로 매우 높은 편이었다.

마찬가지로 회전방법으로는 Oblique방식을 이용하였다. 평가항목 34 개 요인의 적합도인 Kaiser-Meyer-Olkin 측도값은 .949로 매우 높았으며, 또한 Barlett의 구형성검정치(test of sphericity)의 chi-square값이 6945.79 (p=.000)로 요인분석에 적합한 것으로 나타났다. 요인분석 결과, 고유치 (eigenvalue)가 1이상인 요인은 모두 5개로 전체 56.00%의 설명력을 갖고 있었다. 요인을 명확히 하기 위해 역시 소속요인에는 요인적재치가 0.5이 상이면서 다른 요인에는 요인적재치가 0.4 미만인 것으로 요인을 결정하 였다.

<표 6> 토론 내용 관련 요인분석결과

질문항목	요인 I	요인 II	요인 III	요인IV	요인V	communality
설득력	.825					.730
호소력	.776					.714
타당성	.734					.643
전문성	.725					.599
카리스마	.715					.581
단호하게 말함	.678					.513
논리성	.652					.564
발언기회 포착력	.629					.440
상황대처력	.585					.641
유창성	.573					.489
열 정	.551					.551
이해하기 쉽게 말함	.533					.524
자연스러움	.460					.606
감정조절		-.613				.559
갑작스러운 발언		.537				.465
눈에 띄는 행동		.492				.455
침착함		-.464				.422
말의 크기			.756			.608
말의 억양			.733			.563
말의 톤			.702			.689
말의 속도			.688			.656
얼굴표정				-.563		.563
설명 제스처				-.543		.674
시선처리				-.524		.319
바른 자세				-.508		.548
의 상					-.733	.474
편안한 인상					-.629	.685
매 력					-.513	.675
Eigenvalue	12.296	3.011	1.764	1.189	1.122	계
총설명량	35.871	8.856	5.189	3.498	3.299	56.712

　　요인분석 결과, 요인 I 은 설득력(.825), 호소력(.776), 타당성(.734), 전문성(.725), 카리스마(.715), 단호하게 말함(.678), 논리성(.652), 발언기회 포착력(.629), 상황대처력(.585), 유창성(.573), 열정(.551), 이해하기 쉽게 말함(.533), 자연스러움(.460)으로 이루어져 있다. 이러한 요인은 언어적

요소와 비언어적 요소가 혼재하는 것으로 토론이라는 상황에 적합한 전반적 특성을 말하므로 '적합성(situationally appropriate)'이라고 볼 수 있다.

요인 Ⅱ는 감정조절(-.613), 갑작스러운 발언(.537), 눈에 띄는 행동(.492), 침착함(-.464)의 요인으로 이루어져 있으며 이러한 요인은 목적 달성을 위한 의도성이 개입될 때 보다 효율적으로 수행될 수 있으므로 '전략성(strategic management)'이라고 칭할 수 있겠다.

요인 Ⅲ은 말의 크기(.756), 말의 억양(.733), 말의 톤(.702), 말의 속도(.688)로 구성되어 '유사언어 능력(vocal management)'이라 할 수 있다.

요인 Ⅳ는 얼굴표정(-.563), 설명 제스처(-.543), 시선처리(.524), 바른 자세(-.508)로 이루어져 '신체언어(body language)'라 볼 수 있다.

요인 Ⅴ는 의상(-.733), 편안한 인상(-.629), 매력(-.513)으로 구성되어 '인상관리(impression management)'라고 볼 수 있겠다.

이로써 <연구문제 1>과 <연구가설 1-1>에 대한 검증 결과, 토론 전 조사에서 나타난 2가지 요인과 토론 도중 능력 평가에 대한 5가지 요인인 '이미지', '카리스마', '적합성', '전략성', '유사언어', '신체언어, '인상관리'의 총 7가지 요인으로 구성됨을 알 수 있다.

2) 패널별 요인 평가

전체 패널별로 각 요인에 대한 평가치를 살펴보면 다음과 같다.

〈표 7〉 패널별 각 요인치 평균

	이미지	카리스마	적합성	전　략	유사언어	신체언어	인상관리
패널 A	-74234	.43667	-1.07043	-.52487	-.44534	-.67147	-.94054
패널 B	-.87032	.01457	-.33540	.00054	-.13876	.04281	-.44347
패널 C	.76556	.22740	.36991	.24881	.18646	-.20359	.84615
패널 D	1.15696	-.19700	.01458	.42640	.50196	.15367	.77202
패널 E	-.28096	.38725	.63156	-1.06750	.51055	-.31190	-.11252
패널 F	-.06096	.33731	.76553	.67856	-.27978	.68038	-.02160
패널 G	.00110	-1.21024	-.60989	.31144	-.40976	.29088	-.17358

Oblique 회전방식을 이용해 얻은 각 패널별 요인의 평균치를 살펴보면, '이미지'는 패널 D가 가장 높으며, 패널 A, B가 낮은 평가를 얻었다. '카리스마'의 평가가 가장 높은 패널은 패널 A였으며, 가장 낮은 평가를 얻은 것은 패널 G였다.

'적합성' 측면에서 가장 좋은 평가를 받은 패널은 패널 E와 F였으며, 패널 A가 가장 낮은 평가를 받았다.

'전략성 측면에서는 패널 F, '유사언어' 측면에서는 패널 D와 패널 E의 평가가 높게 나왔다.

'신체언어' 측면에서 높은 점수를 얻은 패널은 패널 F였으며, 패널 A는 가장 낮은 평가를 얻은 것으로 나타났다. '인상관리'에서 높은 평가를 얻은 패널은 패널 C와 패널 D였으며, 패널 A가 가장 낮은 평가를 얻을 것으로 나타났다.

각 패널별 특성을 정리해보면 패널 A는 '카리스마'는 있지만 다른 요인에 대해서는 전체적으로 낮은 평가를 받았으며, 특히 '인상관리'가 모자란 것으로 나타났다. 패널 B도 전반적으로 평가가 낮았지만, 특히 '이미지'가 나빴던 것으로 나타났다. 패널 C와 패널 D는 '이미지'와 '인상관리'에서 높은 평가를 받았으며, 패널 E는 '적합성', '유사언어', 패널 F는 '적합성'과 '전략성'에서 높은 평가를 받았다. 그러나 패널 G는 전체적으로 낮은 평가를 얻었으며, 특히 '카리스마'에서 낮은 평가를 얻었다.

각 항목별 평가를 기반으로 좀더 구체적으로 살펴보면 다음과 같다.

패널 A : 정신과 전문의로 50대 초반의 남성인 패널 A는 카리스마가 가장 높고 첫인상과 외모, 친근감, 호감 등의 이미지에서는 전체 평균에 비해 낮은 점수를 얻었으며 자기 중심적일 것 같다는 항목에서 부정적 평가를 받음으로써 범접하기 힘든 인상임을 보여주고 있다. 근엄하고 카리스마가 있을 것 같다는 '이미지' 평가를 제외하고는 '신체언어', '인상관리', 그리고 '적합성' 평가에서도 낮은 점수를 얻었다.

그러나 패널 A의 카리스마에 대한 평가는 토론 전과 후에 변화하는 것으로 나타났다. 토론이 시작되기 전 카리스마가 평균 점수인 3.14점 이상으로 나타난 다른 패널(패널 C, 패널 E, 패널 F)은 여전히 토론 도중에도 카리스마에 있어 평균 이상 점수를 받고 있었지만, 패널 A는 평균 이하로 감소했다. 이는 일반적으로 전문성이 강조되는 직업(의사 및 기자)과 관련이 있을 것으로 보여진다. 즉, 전문직 종사자임에도 불구하고 토론 도중 전문성에 대한 평가를 평균 이하로 얻게되자 카리스마에 대한 평가가 동반 하락한 것이다. 그러나 연예활동을 통해 외모(삭발형 헤어스타일)로써 카리스마적 이미지를 형성해온 패널 C의 경우에는 전문성 평가와 무관하게 카리스마를 유지하는 것으로 나타나고 있다. 이를 표로 나타내면 다음과 같다. 수치는 토론 도중에 얻은 개인 점수이며, 괄호 안의 수치는 평균 점수 대비를 나타낸다.

〈표 8〉 패널별 '이미지' 및 '카리스마' 요인에 대한 세부 평가(5점 척도 기준)

구 분	패널 A	패널 B	패널 C	패널 D	패널 E	패널 F	패널 G
호 감	3.54	2.37	4.07	4.33	2.93	3.11	3.29
친 근 감	2.52	2.41	4.24	4.46	2.79	3.20	3.32
외 모	2.67	2.36	3.85	4.29	3.00	2.85	3.18
첫 인 상	2.78	2.64	4.06	4.51	3.10	3.28	3.18
사 교 적	2.48	2.37	4.14	4.50	3.07	3.56	3.74
매 력	2.35	2.11	3.80	3.94	2.74	2.65	3.25
편 안 함	2.76	2.67	3.92	4.35	3.01	3.32	2.93
근 엄	4.19	3.74	3.01	2.28	3.58	3.12	1.93
카리스마	3.22	2.96	3.61	2.86	3.37	3.51	2.39
진 실 성	3.11	3.05	3.71	3.74	3.40	3.45	2.75
체 격	3.01	2.47	2.93	3.40	3.11	3.58	2.08

〈표 9〉 토론 전후의 카리스마와 전문성 평가 비교

구 분	패널 A(의사)	패널 C(연예인)	패널 E(의사)	패널 F(기자)
카리스마	2.66(-0.56)	3.78(+0.17)	3.84(+0.47)	3.85(+0.34)
전 문 성	3.34(-0.08)	3.25(-0.17)	4.25(+0.83)	3.65(+0.23)

패널 B : 40대 중반의 남성 변호사로 이미지 조사에서 근엄성 부분에

서만 평균(3.12)보다 약간 높은 점수를 얻었을 뿐 그리 좋은 인상을 주지 못한 것으로 나타냈다. 토론이 이루어지고 나서의 평가에서는 말의 크기, 설명 제스처 항목에서만 평균 이상의 점수를 얻었을 뿐 특이점을 거의 찾을 수 없었다.

패널 C : 30대 후반의 남성으로 음악인이며 방송인인 패널 C는 근엄성을 제외한 모든 세부 '이미지' 요인에서 높은 점수를 얻었다. 특히, 첫인상, 사교성, 친근감, 호감에서 4점 이상의 높은 점수를 받아 좋은 이미지로 평가되었다. '적합성' 요인에서는 유창성과 유머감각, 자연스러움에서 높은 점수를 얻었다.

패널 D : 30대 초반의 남성 아나운서인 패널 D는 근엄성과 카리스마에서는 점수가 그리 높지 않지만, 첫인상, 외모, 사교성, 친근감, 호감, 편안함의 6개 항목에서 높은 점수를 얻어 좋은 이미지로 어필하였다. 토론 내용에 대한 '적합성' 요인에서는 유창성, 유머감각, 자연스러움의 항목에서 높은 점수를 얻었으며, '유사언어'에서는 말하는 톤과 억양은 높은 점수를 얻었다.

〈표 10〉 패널별 '적합성' 요인 항목에 대한 세부 평가(5점 척도 기준)

구 분	패널 A	패널 B	패널 C	패널 D	패널 E	패널 F	패널 G
설 득 력	2.73	3.21	3.88	3.48	4.22	4.12	2.93
호 소 력	2.50	3.19	3.83	3.52	4.14	3.96	3.00
타 당 성	2.89	3.36	3.84	3.64	4.16	3.92	2.96
전 문 성	3.34	3.36	3.25	3.11	4.24	3.65	2.90
카리스마	2.66	3.01	3.77	3.06	3.83	3.85	2.61
단 호 함	3.09	3.29	3.81	3.52	3.69	4.01	3.22
논 리 성	2.94	3.44	3.82	3.70	4.32	3.73	3.27
발언기회포착력	2.45	3.37	3.67	3.67	3.85	4.02	3.01
상황대처력	2.56	3.28	3.55	3.68	3.87	4.00	3.07
유 창 성	2.71	3.64	4.02	4.07	4.18	4.13	3.71
열 정	2.48	3.31	3.88	3.81	3.42	4.27	3.41
이해하기쉬움	2.85	3.64	3.90	3.85	3.98	4.11	3.44
자연스러움	2.75	3.35	4.14	4.06	4.03	4.06	3.24

패널 E : 30대 후반의 여의사인 패널 E의 경우 체격과 근엄성, 진실성, 카리스마 항목에서만 평균보다 좋은 평가를 받았을 뿐, 첫인상, 외모 친근감 등 인상을 묻는 항목에서 평균 이하 점수를 얻음으로써 그다지 주목할 수 있는 이미지로 평가되지는 않았다. 그러나 토론 내용 평가 시엔 대부분 항목에서 평균 이상의 점수를 얻음으로써 커다란 차이를 보였다. 특히 유창성, 논리성, 전문성, 호소력, 설득력의 '적합성' 측면에서 높은 점수를 얻었으며, 경청(남의 의견에 귀를 기울임), 침착성 등의 주로 '전략성' 측면, 그리고 말의 속도, 크기, 톤, 억양 등의 '유사언어' 측면에 대한 평가에서 높은 점수를 얻었다. 특히 이 가운데 침착성에 대한 점수는 패널 가운데 가장 높았으며 평균 점수에 비해서도 눈에 띄게 높았다.

패널 F : 40대 초반의 여기자인 패널 F는 이미지 조사에서 체격, 사교성, 근엄, 편안함, 진실성, 카리스마의 항목에서만 평균보다 좋은 점수를 얻었다. 첫인상을 포함한 외모, 친근감, 호감, 매력을 묻는 항목에서는 평균 이하의 점수를 얻어 전반적으로 그리 긍정적인 반응을 얻지 못했음을 알 수 있다.

그러나 토론이 이루어지고 나서의 평가에서는 대체로 평균 이상의 점수를 얻었다. 평균 이하로 나타난 항목은 감정조절과 편안한 인상, 침착함, 말의 속도, 크기, 톤, 억양, 의상 부분뿐이다. 높은 점수를 얻은 부분은 유머감각, 설득력, 열정적, 자연스러움 등의 '적합성' 측면이며 특히 유머감각과 열정은 패널 중에 가장 높은 점수를 얻었다. 그리고 '전략성' 측면에서는 상황대처력에 있어 높은 평가를 얻었다.

패널 G : 20대 중반의 여성 방송인인 패널 G는 외모, 사교성, 친근감, 호감, 매력의 항목에서 평균 이상 점수를 얻었다. 전체 패널 가운데 매력에 대한 평가 순위가 패널 D, 패널 C에 이어 3위를 차지함으로써 사람들은 화면을 통해 만난 적이 있는 방송 출연자들에게 매력을 느낀다는 것을 확인시켜주고 있다. 그러나 같은 방송인인 패널 C, 패널 D와 달리 편안함에 대한 평가가 평균 이하이면서 첫인상 역시 평균 이하인 점이 발견된다. 토론이 이루어지면서 대부분 평균 이하의 점수를 얻는데 그쳤으나 눈에 띄는 행동, 얼굴 표정, 시선 처리, 설명 제스처의 '신체언어' 점수가 높았다.

자세한 평가 내용은 다음의 <표 11-1>에서 <표 11-4>를 참조하면 된다.

〈표 11-1〉 패널별 '전략성' 요인 항목에 대한 세부 평가(5점 척도 기준)

구　분	패널 A	패널 B	패널 C	패널 D	패널 E	패널 F	패널 G
감정조절	3.23	3.17	3.42	3.17	3.96	3.00	2.97
갑작스런 발언	2.75	2.85	2.94	3.22	2.47	3.56	2.90
눈에 띄는 행동	2.30	2.72	3.15	3.20	2.56	3.34	3.02
침　착　함	3.52	3.33	3.67	3.39	4.31	3.20	3.01

〈표 11-2〉 패널별 '유사언어' 요인 항목에 대한 세부 평가(5점 척도 기준)

구　분	패널 A	패널 B	패널 C	패널 D	패널 E	패널 F	패널 G
말의 속도	3.11	3.42	3.78	3.81	4.02	2.98	3.11
말의 크기	3.31	3.55	3.81	3.79	3.74	3.42	3.07
말의 억양	3.36	3.48	3.87	4.02	4.15	3.21	3.37
말의 톤	3.01	3.44	3.86	4.08	4.05	3.48	3.37

〈표 11-3〉 패널별 '신체언어' 요인 항목에 대한 세부 평가(5점 척도 기준)

구　분	패널A	패널 B	패널 C	패널 D	패널 E	패널 F	패널 G
얼굴표정	2.27	3.18	3.55	3.94	3.07	3.75	3.59
설명제스처	2.86	3.37	3.55	3.33	3.35	3.63	3.49
시선처리	3.01	3.36	3.94	3.91	3.58	3.93	3.70
바른자세	3.67	3.62	3.12	3.78	3.93	3.78	3.47

〈표 11-4〉 패널별 '인상관리' 요인 항목

구　분	패널A	패널 B	패널 C	패널 D	패널 E	패널 F	패널 G
의　　상	3.10	2.82	3.82	3.83	3.55	2.89	2.75
편안한 인상	2.16	3.00	3.88	4.37	3.39	3.32	2.90
매　　력	2.22	2.68	3.95	3.54	3.60	3.65	2.93

여기서 또 하나 살펴볼 것은 토론 전의 이미지 관련 요소에 대한 평가와 토론 도중의 평가가 유의미한 차이를 나타내고 있다는 점이다. 분석 결과에 따르면 토론 전에 비해 토론 도중에 실시된 이미지 요소에 대한 평가가 보다 긍정적으로 나타남으로써 유의미한 차이를 보이고 있다.

〈표 12〉 토론 전과 토론 도중에 나타난 이미지 관련 요소 평가(paired t-test)

		카리스마	매 력	편 안 함	진 실 성
시청자	토론전	3.19	2.93	3.28	3.24
	토론후	3.18	3.29	3.33	3.56
	t 값	.047	-4.944[***]	-.620	-4.193[***]
방청객	토론전	3.10	3.05	3.28	3.41
	토론후	3.34	3.22	3.43	3.75
	t 값	-3.432[**]	-2.337[*]	-2.322[*]	-5.485[***]
전 체	토론전	3.14	2.99	3.28	3.32
	토론후	3.26	3.26	3.38	3.65
	t 값	-2.186[*]	-5.154[***]	-1.969[*]	-6.658[***]

방청객들의 경우 이미지 관련 요소에 대해 토론이 시작된 후 토론 전보다 훨씬 더 긍정적으로 평가하고 있는 것을 볼 수 있다. 그러나 시청자들의 경우에는 토론이 시작된 이후에도 카리스마와 편안함의 항목에서는 변화가 없었고, 매력과 진실성에 대해서는 보다 긍정적으로 변화함으로써 유의미한 차이를 나타냈다. 시청자들은 방청객들에 비해 상대방에 대해 처음 지녔던 이미지를 적게 바꾸는 것을 알 수 있다.

다음으로 패널의 인구통계학적 특성 가운데 성별 및 직업별로 구분해 요인 평가 결과를 살펴보면 다음과 같다.

(1) 패널의 성별에 따른 분석 결과

<연구가설 1-2> TV 토론 프로그램 출연자의 인구통계학적 요인, 특

히 성별과 직업에 따라 요인 평가치는 다르게 나타
날 것이다.

본 가설에 대한 검증결과는 다음과 같다.

〈표 13〉 패널의 성별 각 요인 평가치 비교

구 분	이미지	카리스마	적합성	전 략	유사언어	신체언어	인상관리
t-값	2.835	-2.779	-.9522	2.159	-.879	-3.062	1.458
자유도	419.7	445	344	190.5	344	344	318.1
유의도	.005	.006	.000	.032	.380	.002	.148

패널 A, B, C, D는 남성이며, 패널 E, F, G는 여성이었다. 이에 여성
패널과 남성패널들간의 각 요인에 대한 평가의 차이를 살펴본 분석 결
과, '유사언어'와 '인상관리' 측면에서는 통계적으로 유의미한 차이를 나
타내지 않았다.

통계적으로 유의미한 차이를 나타낸 요인은 '이미지', '카리스마', '적
합성', '전략성', '신체언어' 측면으로서 '이미지'와 '전략성', '인상관리'
측면에서는 남성패널이 높은 평가를 얻었으며, '적합성'과 '신체언어' 측
면에서는 여성 패널이 높은 평가를 얻어 유의미한 차이를 나타내고 있
다.

(2) 패널의 직업에 따른 분석결과

〈표 14〉 패널의 직업별 각 요인 평가치 비교

구 분	이미지	카리스마	적합성	전 략	유사언어	신체언어	인상관리
t-값	15.040	-8.326	-1.128	5.817	1.552	1.250	9.179
자유도	521	521	400	400	400	400	400
유의도	p=.000	p=.000	p=.260	p=.000	p=.121	p=.212	p=.000

직업별로 나누어볼 때 패널 C, D, G가 방송인, 패널 A, B, E, F가 전문직 종사자로 비방송인에 속한다. 두 개 집단간 요인에 대한 평가 차이를 분석해본 결과 통계적으로 유의미한 차이를 나타낸 요인은 '이미지'와 '카리스마', '전략성', '인상관리' 측면의 네 가지이다. 이 가운데 '이미지'와 '전략성', '자기 연출력' 요인에 대해서는 방송인 집단이, '카리스마' 요인에 대해서는 비방송인 집단이 높은 평가를 얻어 유의미한 차이를 보이고 있다.

3. TV 매개 상황 커뮤니케이션 능력 요인 평가

앞에서 살펴보았듯이 커뮤니케이션 능력을 평가하는데 필요한 요인으로는 '이미지', '카리스마', 그리고 '적합성', '전략성', '유사언어', '신체언어', '인상관리'의 총 7가지 요인이 있다. 이 각각의 요인별로 텔레비전 매개 상황과 실제 공간 공유 상황간 차이를 다음의 연구 문제와 연구가설을 설정하여 살펴본다.

1) 시청자와 방청객간의 커뮤니케이션 능력 요인 평가

<연구문제 2> 커뮤니케이션 능력 요인 평가에 대한 상황별 응답의
차이는 어떻게 나타나는가?

실제 공간을 공유하는 상태에서의 커뮤니케이션 능력평가와 TV가 매개된 상황에서 파악된 커뮤니케이션 능력 구성요인 평가는 어떠한 차이를 가지는지를 분석하기 위해 설정한 연구가설은 다음과 같다.

<연구가설 2-1> 방청객 집단이 시청자 집단에 비해 커뮤니케이션 능
력 요인에 더 긍정적으로 평가할 것이다.

시청자들은 TV 화면을 매개로 하는 간접적인 방법으로 커뮤니케이션 능력을 평가하고 방청객들은 같은 공간을 공유하면서 직접적으로 평가한다고 볼 때 방청객 집단에서의 커뮤니케이션 능력 평가가 보다 긍정적일 수 있다는 전제 하에 검증을 실시하였다. 분석 결과는 다음과 같다.

〈표 15〉 시청자와 방청객간의 각 요인 평가 분석

구 분	이미지	카리스마	적합성	전 략	유사언어	신체언어	인상관리
t-값	.489	1.188	2.520	-2.859	1.728	2.152	.541
자유도	520.4	521	392.4	400	399.9	400	400
유의도	.640	.235	.012	.004	.085	.032	.589

두 집단 간 유의미한 차이를 나타내는 요인은 적합성 측면과 전략성, 그리고 신체언어의 세 가지였다. 이 가운데 방청객들이 시청자보다 더 높게 평가하는 요인은 적합성과 신체언어로 나타났으며, 반대로 시청자들이 방청객보다 높이 평가하는 요인은 전략성인 것을 알 수 있다.

이를 좀더 구체적으로 알아보기 위해 패널별로 살펴보면 다음과 같다.

〈표 16〉 패널별 시청자와 방청객간 커뮤니케이션 능력 요인 평가

		패널 A	패널 B	패널 C	패널 D	패널 E	패널 F	패널 G
이미지	방청객	-.64(.84)	-.77(.73)	.59(.66)	1.18(.60)	-.27(.54)	-.16(.77)	.20(.81)
	시청자	-.83(.81)	-.95(.78)	.91(.45)	1.13(.57)	-.29(.90)	.04(.72)	-.20(.84)
	t값	1.005	1.013	-2.433[*]	.410	.117	-1.230	2.165[*]
카리스마	방청객	.32(.89)	-.04(.76)	.44(.79)	.19(.58)	.23(.85)	.21(.87)	-.96(.85)
	시청자	.54(.95)	.06(.75)	.02(.83)	-.54(.71)	.53(.92)	.45(.74)	-1.45(.89)
	t값	-.992	-.616	2.259[*]	4.710[***]	-1.447	-1.354	2.456[*]
적합성	방청객	-.63(.64)	-.14(.58)	.41(.58)	.20(.60)	.38(.65)	.69(.69)	-.19(.73)
	시청자	-1.38(1.05)	-.46(.99)	.33(.70)	-.10(.68)	.88(.62)	.82(.75)	-.97(.90)
	t값	3.189[**]	1.473	.477	1.744	-3.144[**]	-.646	3.495[**]

전략성	방청객	-.78(.81)	-.19(.55)	.19(.59)	.40(.75)	-.93(.87)	.48(.56)	-.11(.71)
	시청자	-.34(.88)	.13(.68)	.28(.79)	.44(.93)	-1.19(.88)	.83(1.00)	.67(.84)
	t값	-1.827	-1.863	-.491	-.175	1.171	-1.645	-3.752***
유사 언어	방청객	-.22(.95)	.07(.84)	.25(.80)	.59(.57)	.22(.86)	.04(.81)	-.27(.74)
	시청자	-.59(.92)	-.28(.95)	.13(.87)	.44(.86)	.79(.90)	-.54(1.13)	-.52(1.26)
	t값	1.416	1.444	.523	.708	-2.608*	2.244*	.874
신체 언어	방청객	-.48(.81)	.17(1.02)	-.09(.99)	.29(1.02)	-.39(.97)	.67(.78)	.70(1.01)
	시청자	-.80(.86)	-.04(1.03)	-.28(.85)	.06(.72)	-.23(.88)	.68(.82)	-.07(.90)
	t값	1.382	.759	.793	.920	-.680	-.004	3.044**
인상 관리	방청객	-.58(.58)	-.50(.98)	.75(.73)	.95(.72)	-.19(.75)	-.35(.65)	.23(1.02)
	시청자	-1.19(.76)	-.40(.75)	.90(.84)	.65(.62)	-.03(.99)	.25(.68)	-.52(.78)
	t값	2.896**	- .443	-.721	1.548	-.713	-3.488**	3.177**

* p< .05, ** p< .01 *** p< .001

전체 패널에 대한 시청자와 방청객간의 '이미지' 차이에 대한 분석결과는 <표 16>을 통해 볼 수 있듯이 전반적으로 그리 큰 차이를 나타내지는 않는다. 이는 TV 모니터로 본 패널들의 이미지와 방청객들이 공개홀에서 본 패널들의 이미지가 그다지 큰 차이가 나지 않는다는 것을 말한다. 단, 이 가운데 유의미한 차이를 나타낸 패널은 패널 C와 패널 G로 패널 C에 대해서는 시청자들이 방청객보다, 패널 G에 대해서는 방청객들이 시청자보다 이미지를 더욱 좋게 평가함으로써 시청자와 방청객간의 평가 차이를 드러내고 있다.

'카리스마'에서 시청자 집단과 방청객 집단 간의 유의미한 차이가 나타난 것은 패널 C, D, 그리고 G로 모두 시청자보다는 방청객들이 더 긍정적으로 평가하고 있다. 텔레비전 화면을 통해 대하는 것보다 직접 같은 공간을 함께 하는 토론자들에 대해 보다 카리스마를 느낀다는 평가로 볼 수 있다.

설득력, 호소력, 타당한 주장, 자연스러움, 유창성, 열정성, 전문성, 단호함 등으로 살펴본 '적합성'에 대한 평가에서는 다음과 같은 분석 결과를 얻었다. 방청객과 시청자들간에 '적합성'에 있어 유의미한 차이를 얻은 패널은 패널 A, E, 그리고 G였다. 이 가운데 패널 A와 패널 G에 대해서는 방청객들이 '적합성'을 보다 긍정적으로 평가하고 있으며, 패널 E의 경우는 시청자들이 방청객보다 더 긍정적으로 평가하고 있어 차이를 나타낸다.

'유사언어' 요인에 대해 유의미한 차이를 나타낸 것은 패널 E와 패널 F였다. 패널 E의 경우는 시청자들이 방청객들보다 훨씬 유사언어 능력을 긍정적으로 평가하고 있으나, 패널 F의 경우에는 방청객들이 더욱 긍정적으로 평가하고 있어 시청자와 방청객들간의 유의미한 차이를 보여준다.

각 패널들의 얼굴표정, 시선처리, 설명을 위한 제스처, 자세 등의 신체언어에 대한 방청객과 시청자들의 평가는 대부분의 패널에게 있어 유의미한 차이를 나타내지 않았다. 그러나 패널 G의 경우만 방청객들이 훨씬 신체언어를 잘 사용하고 있는 것으로 평가하고 있어 유의미한 차이를 보였다.

각 패널들의 발언기회 포착력, 감정조절력 등의 '전략성'에 대한 방청객과 시청자간의 유의미한 차이를 나타내는 것은 역시 패널 G로 나타났다. 전체적으로 볼 때, 방청객들보다는 시청자들이 각 패널들에 대해 전략측면에서 더 긍정적으로 평가하고 있는 것으로 나타났는데 특히 패널 G의 경우에 있어서는 시청자들의 긍정적인 평가 정도가 높아 방청객 집단과 유의미한 차이를 나타냈다.

의상, 편안한 인상, 그리고 매력적으로 보이는 인상관리 요인에 대해서 시청자와 방청객 집단간의 유의미한 차이를 나타내는 패널은 패널 A, F, G였다. 패널 F는 시청자들이 더 긍정적으로 평가하고 있으며, 패널 A와 G의 경우는 반대로 방청객들의 평가가 더 긍정적으로 나타나 두 집단간에 유의미한 차이를 드러냈다.

2) 화면노출도에 따른 각 요인별 평가

<연구가설 2-2> 시청자 집단의 경우, 화면노출이 많은 패널에 대해 더욱 긍정적으로 평가할 것이다.

이에 시청자 집단의 응답이 각 패널의 화면 노출 정도에 따라서 유의
미한 차이가 보이는지 살펴보았다.

화면노출이 많았던 패널집단과 화면노출이 적었던 패널집단간의 각
요인에 대한 평가를 분석한 결과 모든 요인에 대해 유의미한 차이가 나
타나고 있음을 볼 수 있다. 즉 화면 노출이 많은 패널들에 대해 보다 긍
정적인 '이미지'를 부여하였고 '카리스마' 또한 높게 평가하고 있으며,
'인상관리', '유사언어' 및 '신체언어'에 대해서도 높이 평가하였다. 분석
결과는 다음 <표 17>과 같다. 여기서 多노출집단은 제4장에서 화면 분
석 결과를 바탕으로 제시한 바대로 패널 C, D, F이며 小노출집단은 패널
A, B, E, G를 말한다.

〈표 17〉 화면 노출도에 따른 요인 평가 비교

구　　　분		Mean	SD	t값	p
이 미 지	多노출집단	.60	.82	14.282	.000
	小노출집단	-.46	.86		
카리스마	多노출집단	.13	.83	2.658	.000
	小노출집단	-.10	1.10		
적 합 성	多노출집단	.39	.74	7.386	.000
	小노출집단	-.30	1.06		
전 략 성	多노출집단	.45	.82	8.611	.000
	小노출집단	-.34	.98		
유사언어	多노출집단	.12	.94	2.175	.000
	小노출집단	-.09	1.03		
신체언어	多노출집단	.21	.93	3.776	.000
	小노출집단	-.16	1.01		
인상관리	多노출집단	.52	.83	10.312	.000
	小노출집단	-.39	.92		

화면 노출이 많은 패널과 화면 노출이 적은 패널간의 차이를 살펴보
면 시청자들은 화면노출이 많은 패널들에게 더 큰 점수를 주었다는 것을

알 수 있다. 즉 화면노출이 많을수록 각 요인에 대해 긍정적인 평가를 하여 화면 노출이 적은 패널들에 대한 평가와 유의미한 차이를 나타냈다.

이러한 점은 분명히 시청자들의 경우 TV 화면에 많이 노출되는 패널에 대해서 더욱 커뮤니케이션 능력이 있는 것으로 평가하고 있음을 보여준다. 단, 상대적으로 값이 낮게 나타난 카리스마나 유사언어의 경우 화면을 통해 파악하기가 쉽지 않다는 측면이 작용한 것으로 보인다. 이미지와 인상관리는 값이 매우 높게 나타남으로써 '화면을 통해 만들어지는 모습'에 대해 화면 노출의 정도가 분명히 영향을 미치고 있음을 알 수 있다.

4. 커뮤니케이션 능력 결정요인 분석

1) 커뮤니케이션 능력 결정 요인간의 상관관계

<연구문제 3-1> TV 토론 프로그램 출연자의 커뮤니케이션 능력과 구성 요인들 간에는 상관관계가 존재하는가?

<연구가설 3-1> 커뮤니케이션 능력 결정 요인은 모두 양의 상관관계를 가질 것이다

<연구가설 3-1>을 검증하기 위해 시청자 집단과 방청객 집단 각각의 '이미지', '카리스마', '적합성', '전략성', '유사언어', '신체언어', '인상관리'의 7가지 요인들의 상관관계를 분석한 결과는 다음과 같다. 먼저 시청자들의 경우에 있어 유의미한 관계를 나타내는 것을 살펴보면 '이미지'와 '인상관리'(r= .664)이 가장 높았고, '유사언어'와 '적합성'도 상관관계(r=.441)를 나타냈다. '적합성'은 '전략성', '유사언어', '신체언어', '인상관리' 등 거의 모든 요인들과 높은 상관관계를 가지는 것으로 나타났다.

〈표 18〉　시청자들의 각 요인간의 상관관계 분석

	이 미 지	카리스마	적 합 성	전　　　략	유사언어	신체언어	인상관리
이 미 지	-	.031	.319**	.120	.264**	.175**	.664**
카리스마		-	.328**	-.329**	.216**	.015	.109
적 합 성			-	.168*	.441**	.296**	.403**
전　　략				-	.328**	.153*	.049
유사언어					-	.004	.229**
신체언어						-	.174**
인상관리							-

　다음으로 방청객들의 각 요인간 상관관계 분석 결과는 다음과 같다. 방청객의 경우도 역시 '이미지'와 '인상관리'이 높은 상관관계(r=.668)을 나타내고 있으며, '이미지'와 '카리스마'도 '적합성'과 상관관계를 나타내고 있다.

〈표 19〉　방청객들의 각 요인간의 상관관계 분석

	이 미 지	카리스마	적 합 성	전　　　략	유사언어	신체언어	인상관리
이 미 지	-	.331**	.371**	.264**	.394**	.220**	.668**
카리스마		-	.372**	.090	.280**	.004	.321
적 합 성			-	.163*	.363**	.256**	.321
전　　략				-	.049	.135	.030
유사언어					-	.256	.272
신체언어						-	.158**
인상관리							-

　<연구가설 3-2> 커뮤니케이션 능력 평가와 커뮤니케이션 능력 결정 요인은 모두 양의 상관관계를 가질 것이다.

　<연구가설 3-2>의 가설검증 결과는 다음 <표 20>과 같다. 시청자

와 방청객 집단 모두에게 있어 커뮤니케이션 능력 평가는 커뮤니케이션 능력 구성요인과 양의 상관관계를 나타내었다. 커뮤니케이션 능력 평가와 각 요인별 상관관계를 살펴보면, 가장 유의미한 상관관계를 나타내는 것은 방청객(r=.687)과 시청자(r=.869) 모두 '적합성'이었다. 그리고 '이미지', '카리스마', '유사언어', '신체언어', '인상관리'도 방청객과 시청자 집단에서 공히 낮은 상관관계를 나타내고 있다. 그러나 '전략성'은 커뮤니케이션을 잘 한다는 평가와 유의미한 상관관계를 나타내지 않았다. 결국, '이미지', '카리스마', '유사언어', '신체언어', '인상관리'에 대한 평가가 높을수록 토론을 잘한다고 평가하고 있다.

〈표 20〉 토론 능력 평가와의 각 요인별 상관관계

구 분	방 청 객	시 청 자
이 미 지	.275**	.343**
카리스마	.218**	.261**
적 합 성	.687**	.869**
전 략 성	.100	-.080
유사언어	.290**	.375**
신체언어	.218**	.313**
인상관리	.274**	.424**

2) 상황별 커뮤니케이션 능력 결정요인 분석

<연구문제 4> TV 매개 상황 하에서 텔레비전 토론 프로그램 출연의 커뮤니케이션 능력을 결정하는 요인은 무엇인가?

<연구가설 4-1> 토론 진행 전·후 패널에 대한 선호도를 결정하는 요인은 차이가 있을 것이다.

<연구가설 4-2> 토론 진행 전·후 커뮤니케이션 능력을 결정짓는 요인은 차이가 있을 것이다.

(1) 토론 전 평가(이미지 중심)

① 선호도

본 연구문제를 해결하기 위해 설정한 <연구가설 4-1>을 검증하기 위해 선호도에 대한 평가결과를 먼저 살펴보면, 패널 D가 가장 응답이 많았다. 그 다음으로는 패널 C였다.

토론 전 평가항목은 이미 살펴보았듯이 '이미지'와 '카리스마'로 이루어져 있다. 이 두 가지 요인에 속하는 어떠한 세부 항목이 선호도를 결정하는지를 알아보았다. 이를 위해서 단지 두 개의 값만을 가지는 목적변수와 설명변수들 사이의 인과관계를 분석하는 통계기법인 로지스틱 회귀분석(logistic regression)을 실시하였다. 먼저 명명척도로 된 것을 바이너리 변수로 변경하였으며, 추정된 계수의 통계적 유의성 판단은 Forward Stepwise(Wald)를 채택하였다.

<표 21> 패널에 대한 선호도 결정요인(로지스틱 회귀분석 결과)

구 분	B	S.E	Wald	df	sig.	exp(B)
호 감	.535	.219	5.946	1	.015	1.707
친근감	.463	.203	5.202	1	.023	1.590
외 모	.460	.238	3.737	1	.053	1.584
진실성	.377	.165	5.226	1	.022	1.458
상 수	-8.722	.955	83.382	1	.000	.000

모형의 적합도 검정 결과 모형이 적합하다고 볼 수 있으며(p=.000) 선호도를 결정하는데 있어 호감, 친근감, 외모, 진실성이 모형에 포함되었다. 먼저 호감의 경우 회귀계수는 .535로 통계적으로 유의미하였고(sig=.015), 친근감의 회귀계수는 .463으로 이 역시 통계적으로 유의미하였다.(sig=.023) 그러나 외모의 회귀계수는 .460으로 통계적으로 유의미하지 않았다. 마지막으로 진실성은 회귀계수 .377로 통계적으로 유의미하였다.(sig=.022) 호감도의 Exp(B)는 1.707로 가장 높아 선호도를 결정하는

데에는 호감이 가장 결정력이 큰 것으로 나타났다.

<표 22> 선호도에 대한 패널별 평가

구 분	빈 도	퍼센트
패널 A	3	3.7%
패널 B	1	1.2%
패널 C	24	29.6%
패널 D	37	45.7%
패널 E	3	3.7%
패널 F	8	9.9.%
패널 G	2	2.5%
없 다	3	3.7%
계	81	100.0%

* 무응답 4명

토론 전 이미지 조사에서 가장 선호도가 높은 사람은 패널 D이다. 전체 응답자 가운데 45% 가량이 '가장 마음에 든다'고 답했다. 두 번째 순위는 역시 방송인인 패널 C로 30% 가까이 차지해 이들 두 명에게 선호도가 편중되어 있음을 알 수 있다.

② 커뮤니케이션 능력

그 다음으로 커뮤니케이션 능력을 결정하는 이미지가 무엇인지를 알아보기 위해 로지스틱 회귀분석을 실시한 결과, 결정 요인은 카리스마와 사교성으로 나타났다. 카리스마의 경우 회귀계수 .440으로 통계적으로 유의미하고(sig=.000) 사교적일 것 같다는 이미지도 회귀계수 .617로 통계적으로 유의미한 결과를 나타냈다.

<표 23> 커뮤니케이션 능력 결정 이미지 분석(로지스틱 회귀분석 결과)

구 분	B	S.E	Wald	df	sig.	exp(B)
카리스마	.440	.121	13.188	1	.000	1.553
사 교 성	.617	.129	23.005	1	.000	1.853
상 수	-5.517	.664	68.989	1	.000	.004

(2) 토론 후 평가(토론 내용 중심)

① 선호도

〈표 24〉 선호도에 대한 패널별 평가

구 분	빈 도	퍼센트
패널 A	-	-
패널 B	4	5.2%
패널 C	12	15.6%
패널 D	16	20.8%
패널 E	22	28.6%
패널 F	19	24.7%
패널 G	2	2.6%
없 다	2	2.6%
계	77[*]	100.0%

* 무응답 4명

토론 전 가장 선호되었던 사람은 패널 D였으나 토론 후에는 패널 E로 변화된 것을 볼 수 있다. 패널 F 또한 선호도가 크게 상승하였으며 반면 패널 C와 D는 상대적으로 하락했다. 이러한 토론 후 선호도 결정에 영향을 미치는 요인이 어디 있는가를 알아보기 위해 토론 내용 평가 항목에 대한 분석을 실시, 다음의 <표 25>와 같은 결과를 얻었다.

〈표 25〉 선호도 결정요인 분석

구 분	B	S.E	Wald	df	sig.	exp(B)
매 력	.775	.190	16.609	1	.000	2.170
설득력	.917	.220	17.372	1	.000	2.502
상 수	-8.328	1.061	60.945	1	.000	.000

즉 토론 후 선호도가 높은 사람을 결정하는 요인으로는 토론 도중 전체적으로 매력적이라는 평가가 Wald값이 16.609(p= .000), Exp(B)가 2.170

로 설명력을 가지고 있으며, 설득력의 경우 Wald 값이 17.372(p=.000), Exp(B)가 2.502로 가장 높은 설명력을 보여주었다. 그러므로 매력적이고 설득력이 있는 사람에 대한 선호도가 높다고 볼 수 있다.

선호도가 가장 높은 패널 E의 경우, 실제로 설득력 항목에 대한 평가가 패널 가운데 가장 높게 나타났으며 토론 후 커뮤니케이션 능력 평가에서 가장 우수한 토론자로 꼽혔다.

한편 선호도가 높은 사람과는 별개로 기억에 남는 사람에 대해 질문한 결과 응답자의 40% 이상이 패널 F를 꼽았다. F는 토론 후 선호도 평가에서 2위를 차지한 패널이다. 기억에 남는 정도에 대한 패널별 평가 및 결정요인은 다음과 같다.

〈표 26〉 기억에 남는 정도에 대한 패널별 평가

구 분	빈 도	퍼센트
패널 A	5	6.5%
패널 B	9	11.7%
패널 C	12	15.6%
패널 D	10	13.0%
패널 E	32	41.6%
패널 F	6	7.8%
패널 G	3	3.9%
없 다	-	-
계	77[*]	100.0%

〈표 27〉 기억에 남는 정도에 대한 결정요인 분석

구 분	B	S.E	Wald	df	sig.	exp(B)
상황대처력	.499	.191	6.846	1	.009	1.647
말의 속도	-.448	.159	7.914	1	.005	.639
호 소 력	.402	.179	5.057	1	.025	1.494
상 수	-3.526	.757	21.719	1	.000	.029

기억에 남는 정도를 결정하는 요인을 알아보기 위한 로지스틱 회귀분

석 결과 상황대처력, 말의 속도, 호소력이 모형에 포함되었다. 상황대처력은 Wald값이 6.846(p= .009), Exp(B)가 1.647로 설명력이 있는 것으로 나타났다. 다음 말의 속도는 wald값 7.914, Exp(B)= .639, p= .005)로, 호소력은 wald값 5.057, Exp(B)=1.494, p=.025)로 각각 설명력을 갖는 것으로 나타났다.

그러므로 기억에 남는 정도를 결정짓는 요인은 상황대처력, 말의 속도 같은 주로 비언어적 커뮤니케이션 요인임을 알 수 있다.

② 커뮤니케이션 능력

토론 후 커뮤니케이션 능력을 평가하게 하는 토론 우수자와 토론 주도자에 대한 분석결과는 다음과 같다.

<표 28> 커뮤니케이션 능력에 대한 패널별 평가

구 분	토론 우수		토론 주도	
패널 A	4	5.2	2	2.6
패널 B	8	10.4	5	6.5
패널 C	7	9.1	14	18.2
패널 D	27	35.1	5	6.5
패널 E	26	33.8	8	10.4
패널 F	2	2.6	32	41.6
패널 G	3	3.9	11	14.3
없 다	-	-	-	-
계	77[*]	100.0	77	100.0

* 무응답 4명

토론 우수자로는 패널 E(35.1%)와 패널 F(33,8%)라고 응답한 숫자가 많았으며, 토론주도자로는 패널 F(41.6%)가 가장 많이 꼽혔다. 이러한 토론 우수자, 토론 주도자를 결정에 미치는 요인이 무엇인지를 알아보기 위한 로지스틱 회귀분석 결과는 다음과 같다.

<표 29〉 토론 우수자 결정요인 분석

구　　분	B	S.E	Wald	df	sig.	exp(B)
타 탕 성	.973	.270	13.014	1	.000	2.646
토론주도력	.614	.233	6.937	1	.008	1.848
유머감각	-.383	.167	5.275	1	.022	.682
편안한 인상	-.468	.183	6.522	1	.011	.682
매　　력	.420	.213	3.906	1	.048	1.522
상　　수	-8.477	1.240	46.730	1	.000	.000

토론 우수자 결정에 영향을 미치는 요인을 살펴보기 위해서 명명척도를 바이너리 변수로 변경하였으며, 추정된 계수의 통계적 유의성 판단은 Forward Stepwise(Wald)를 채택하였다. 먼저 모형의 적합도 검정결과 모형이 적합하다고 볼 수 있으며(p=.000) 요인으로는 타당성, 토론주도력, 유머감각, 편안한 인상, 매력이 모형에 포함되었다. 먼저 타탕성의 경우 Wald값이 13.014(p= .000), Exp(B)가 2.646으로 높은 설명력을 가지고 있으며, 토론 주도력은 Wald 값 6.937(p=.008), Exp(B)가 1.848, 유머감각 Wald 값 5.275(p=.022), Exp(B)가 .682, 편안한 인상은 Wald 값 6.522 (p=.011), Exp(B)가 .682, 매력은 Wald 값 3.906(p=.048), Exp(B)가 1.522로 설명력이 있는 것으로 나타났다. 결국 타당성, 토론주도력이라는 측면뿐 아니라, 유머감각과 함께 편안한 인상, 매력이라는 비언어적 요인이 중요한 설명력을 갖고 있음을 알 수 있다.

한편 토론 우수자로 꼽힌 패널 E는 앞서 선호도가 가장 높은 패널로도 선정된 바 있다. 이로써 선호도와 토론 능력은 관련성이 있음을 알게 하는데, 토론 능력 우수자 2위에 오른 여자 2의 선호도 역시 사전 이미지 조사시에 비해 토론 후 급상승, 2위를 기록한 사실로도 뒷받침된다.

토론 주도자를 결정하는 요인으로는 설득력, 단호함, 말의 속도, 그리고 갑작스러운 발언력이 모형에 포함되었다. 먼저 설득력의 경우 Wald값이 18.095(p= .000), Exp(B)가 3.194로 가장 높은 설명력을 가지고 있으며, 단호함의 경우 Wald 값 7.383(p=.007), Exp(B)가 2.060, 그리고 말의 속도가 Wald 값 5.570(p=.018), Exp(B)가 1.753으로 나타났다. 그러나 갑작스런 발언력이 Wald 값 4.422(p=.035), Exp(B)이 .657이었지만 통계적으로는 유의미하지 않았다.

〈표 30〉 토론 주도자 결정요인 분석

구 분	B	S.E	Wald	df	sig.	exp(B)
설득력	.723	.266	7.382	1	.007	2.060
단호함	.562	.238	5.570	1	.018	1.753
말의 속도	-.420	.200	4.422	1	.035	.657
갑작스런 발언	.352	.180	3.805	1	.051	1.422
상 수	-10.931	1.531	50.950	1	.000	.000

그러므로 토론주도자를 결정하는 요인은 설득력, 단호함, 말의 속도로 나타났으며 이는 토론을 가장 주도한 사람으로 평가받은 패널 F의 특성과 대부분 일치하는 것임을 확인할 수 있다.

3) TV 매개 커뮤니케이션 능력 결정요인분석

<연구문제 4> TV 매개 상황 하에서 텔레비전 토론 프로그램 출연자의 커뮤니케이션 능력을 결정하는 요인은 무엇인가?

<연구가설 4-3> TV 매개 상황과 실제 공간을 공유하는 상태에서 파악되는 커뮤니케이션 능력 결정 요인은 차이가 있을 것이다.

위의 <연구가설 4-3>의 검증을 위한 결과분석은 다음과 같다.

(1) 커뮤니케이션 능력

<표 31> 방청객과 시청자의 토론 우수자 의견

구 분	방청객	시청자
패널 A	-	-
패널 B	3(8.10)	1(0.25)
패널 C	4(10.80)	4(10.00)
패널 D	3(8.10)	4(10.00)
패널 E	9(24.30)	18(45.00)
패널 F	16(43.20)	10(25.00)
패널 G	1(2.75)	1(0.25)
없 다	1(2.75)	2(0.50)
계	37(100.00)	40(100.00)

7가지 요인을 중심으로 살펴보면 다음과 같다.

<표 32> 시청자와 방청객들의 토론 우수자 결정 요인분석

구분	결정요인	B	S.E	Wald	df	sig.	exp(B)
시청자	적합성	1.553	.306	25.785	1	.000	4.727
	상 수	-2.505	.331	57.137	1	.000	.082
방청객	적합성	1.917	.447	18.430	1	.000	6.800
	이미지	-.683	.323	4.462	1	.035	.505
	상 수	-2.721	.385	50.016	1	.000	.066
전체	적합성	1.543	.236	42.818	1	.000	4.679
	상 수	-2.501	.237	111.230	1	.000	.082

먼저 모형의 적합도 검정결과 모형이 적합하다고 볼 수 있으며 (p=.000) 시청자들의 경우 '적합성'의 Wald값이 25.785(p= .000), Exp(B)가 4.727로 높은 설명력을 가지고 있으며, 방청객의 경우는 '적합성'과 '이미지'가 높은 설명력을 갖고 있는 것으로 나타났다. 먼저 '적합성'은 Wald 값 18.430(p=.000), Exp(B)가 6.800, '이미지'는 Wald값 4.462, Exp(B) .505로 실제적으로 토론 우수 능력을 결정하는 요인은 토론 전에 평가한 '이미지'와 '적합성'임을 알 수 있다.

다음으로 토론 주도자에 대한 평가를 살펴보면, 각 패널 중 토론을 가장 주도했다는 평가를 얻은 패널은 패널 F로 방청객과 시청자들간에 의견의 차이를 보이지 않았다. 또한 방청객과 시청자 집단 모두 패널 F에 이어 패널 C가 토론을 주도했다고 유사한 수치를 들어 응답하고 있다.

〈표 33〉 방청객과 시청자의 토론 주도자 의견

구 분	방청객	시청자
패널 A	2(5.4)	-
패널 B	4(10.8)	1(2.5)
패널 C	6(16.2)	8(20.0)
패널 D	2(5.4)	3(7.5)
패널 E	4(10.8)	4(10.0)
패널 F	15(40.5)	17(42.5)
패널 G	-	-
없 다	4(10.8)	7(17.5)
계	37(100.0)	40(100.0)

〈표 34〉 시청자와 방청객들의 토론 주도자 결정 요인분석

구분	결정요인	B	S.E	Wald	df	sig.	exp(B)
시청자	적합성	1.897	.367	26.774	1	.000	6.667
	전략성	.714	.219	10.681	1	.001	2.043
	상수	-3.044	.423	51.855	1	.000	.048
방청객	이미지	-1.361	.421	10.454	1	.000	.256
	적합성	2.578	.577	19.984	1	.000	13.164
	카리스마	.715	.348	4.219	1	.040	2.044
	상수	-3.435	.531	41.914	1	.000	.032
전체	이미지	1.801	.273	43.600	1	.000	6.057
	카리스마	.648	.177	13.334	1	.000	1.912
	상수	-2.915	.287	103.360	1	.000	.054

먼저 모형의 적합도 검정결과 모형이 적합하다고 볼 수 있으며(p=.000)

시청자들의 경우 '적합성'의 Wald값이 26.774(p= .000), Exp(B)가 6.667로 높은 설명력을 보여주고 있으며, '전략성'이 Wald값 10.681(p=.001), Exp(B) 2.043으로 나타나 '적합성'과 '전략성'이 토론 주도자를 결정하는 요인이었으며, 방청객의 경우에는 여기에 '이미지' 관련 요인이 첨가되어 있다. 즉 '적합성' Wald 값 19.984(p=.000), Exp(B)가 13.164, '카리스마' Wald값 4.219, Exp(B) 2.044, '이미지' wald 값 10.454(p=.001), Exp(B) .256으로 토론 주도자를 결정하는 요인은 '적합성', '카리스마', '이미지'였다.

<표 35> 커뮤니케이션 능력 평가와 각 요인별 상관관계

구 분	방청객	시청자
이 미 지	.275**	.343**
카리스마	.218**	.261**
적 합 성	.687**	.869**
전 략	.100	-.080
유사언어	.290**	.375**
신체언어	-.218**	.313**
인상관리	-.274**	-.424**

커뮤니케이션 능력 평가와 각 요인별 상관관계를 살펴보면, 가장 유의미한 상관관계를 나타내는 것은 방청객(r=.687)과 시청자(r=.869) 모두 '적합성'이었다. 그리고 '이미지', '카리스마', '유사언어', '신체언어', '인상관리'도 방청객과 시청자 모두에게 있어 낮은 상관관계를 나타내고 있다. 그러나 '전략성'은 토론을 잘한다는 평가와 유의미한 상관관계를 나타내지 않았다. 결국, '이미지', '카리스마', '유사언어', '신체언어', '인상관리'에 대한 평가가 높을수록 토론을 잘한다고 평가하고 있으나 전략은 영향을 끼치지 않음을 알 수 있다.

(2) 선호도

패널에 대한 선호도는 우선 방청객의 경우는 패널 D, 시청자들의 경우는 패널 E로 나타났다.

〈표 36〉 선호도가 높은 패널

구 분	방청객	시청자
패널 A	-	-
패널 B	1(2.7)	3(7.5)
패널 C	8(21.6)	4(10.0)
패널 D	12(32.4)	4(10.0)
패널 E	7(18.9)	15(37.5)
패널 F	7(18.9)	12(10.0)
패널 G	1(2.7)	1(2.5)
없 다	1(2.7)	1(2.5)
계	37(100.0)	40(100.0)

〈표 37〉 시청자와 방청객들의 선호도 결정요인 분석

구 분	결정요인	B	S.E	Wald	df	sig.	exp(B)
시청자	적 합 성	1.384	.284	23.660	1	.000	3.990
	상 수	-2.371	.305	60.445	1	.000	.093
방청객	적 합 성	.801	.378	4.495	1	.034	2.229
	인상관리	-.562	.278	4.077	1	.043	.570
	상 수	-2.467	.334	54.548	1	.000	.085
전 체	적 합 성	1.235	.217	32.448	1	.000	3.438
	상 수	-2.366	.216	120.356	1	.000	.094

먼저 모형의 적합도 검정결과 모형이 적합하다고 볼 수 있으며(p=.000) 시청자들의 경우 선호도 높은 사람을 결정하는 요인은 각 패널들이 가지는 '적합성'이었다. 시청자들의 경우 '적합성' Wald값이 23.660(p= .000), Exp(B)가 3.990으로 높은 설명력을 가지고 있으며, 방청객의 경우에는 '적합성'과 '인상관리'이 결정요인이었다. 즉 '적합성'은 Wald 값 4.495 (p=.035), Exp(B)가 2.229, '인상관리'은 Wald값 4.077, Exp(B) .570으로 선호도를 결정하는 요인이 되는 것으로 나타났다.

　다음으로 기억에 남는 정도에 대해서 살펴보면, 가장 기억에 남는 패널에 대한 의견으로는 방청객의 경우 패널 D와 패널 F였으며, 시청자들은 패널 F라는 의견이 60.0%로 압도적으로 많았다.

〈표 38〉　가장 기억에 남는 패널

구 분	방청객	시청자
패널 A	-	-
패널 B	3(8.1)	2(5.0)
패널 C	7(18.9)	2(5.0)
패널 D	10(27.0)	2(5.0)
패널 E	5(13.5)	5(12.5)
패널 F	8(21.6)	24(60.0)
패널 G	1(2.7)	5(12.5)
없 다	3(8.1)	-
계	37(100.0)	40(100.0)

〈표 39〉　시청자와 방청객들의 기억에 남는 사람을 결정하는 요인분석

구 분	결정요인	B	S.E	Wald	df	sig.	exp(B)
시청자	이미지	-.487	.214	5.188	1	.023	.615
	적합성	.783	.215	13.201	1	.000	2.188
	전략	.820	.214	14.738	1	.000	2.271
	상수	-2.243	.264	72.123	1	.000	.106
방청객	유의미한 요인없음	-	-	-	-	-	-
	상수	-1.827	.225	66.161	1	.000	.161
전 체	적합성	.580	.170	11.591	1	.001	1.785
	전략	.350	.153	5.258	1	.022	1.419
	상수	-1.964	.166	140.529	1	.000	.140

　먼저 모형의 적합도 검정결과 모형이 적합하다고 볼 수 있으며(p=.000) 시청자들의 경우 기억에 남는 사람을 결정하는 요인은 각 패널들이 가지는 '이미지', '적합성', 그리고 '전략성'이었다. '이미지'는 Wald값 5.188

(p= .023), Exp(B)가 .615, '적합성'은 Wald 값 13.201(p=.000), Exp(B)가 2.288, '전략성'은 Wald값 14.738, Exp(B) 2.271였다. 반면에 방청객의 경우에는 기억에 남는 사람을 결정하는 유의미한 요인이 없었다.

한편 가장 기억에 남는 패널로 꼽힌 F가 지니고 있는 특징적인 면모를 따로 살펴보면 '전략성' 요인에 속하는 눈에 띄는 행동, 갑작스런 발언 항목과 '적합성'에 속하는 유머감각에 있어 패널들 가운데 가장 높은 점수를 받아 위의 결과와 대체로 일치하는 것을 알 수 있다.

(3) 의견전환력

토론 프로그램 출연자의 목적에는 자신의 의견을 펼치는 것뿐만 아니라 토론을 통해 시청자의 의견전환을 이루는 것이 포함될 것이다. 그러나 토론 후 의견이 변화되었다는 응답보다는 그렇지 않다는 응답이 훨씬 많아 사람들은 자신의 의견을 좀처럼 바꾸지 않는다는 사실을 알게 한다. 그러나 만약 변화되었다면 무엇이 영향을 미치는가에 대해 알아본 결과는 다음과 같다. 한편 의견전환에 가장 영향을 미친 사람이 누구인가에 대한 응답을 분석한 결과 패널 F로 나타났다.

〈표 40〉 의견전환에 영향을 미치게 한 사람

구 분	방청객	시청자
패널 A	1(6.3)	1(9.1)
패널 B	1(6.3)	1(9.1)
패널 C	3(18.8)	2(18.2)
패널 D	1(6.8)	2(18.2)
패널 E	2(12.5)	-
패널 F	3(18.8)	5(45.5)
패널 G	-	-
없 다	5(31.3)	-
계	16(100.0)	11(100.0)

〈표 41〉 시청자와 방청객들의 의견전환에 영향을 미친 사람을 결정하는 요인분석

구 분	결정요인	B	S.E	Wald	df	sig.	exp(B)
시청자	신체언어	-1.156	.416	7.716	1	.005	.315
	상 수	-3.454	.449	59.202	1	.000	.032
방청객	유의미한 요인없음	-	-	-	-	-	-
	상 수	-3.472	.454	58.459	1	.000	.031
전 체	유의미한 요인없음	-	-	-	-	-	-
	상 수	-3.208	.263	148.385	1	.000	.040

먼저 모형의 적합도 검정결과 모형이 적합하다고 볼 수 있으며(p=.000) 시청자들의 경우 의견변화에 영향을 미치는 사람을 결정하는 요인은 '신체언어'로 Wald값 7.716(p= .005), Exp(B)가 .315이었으며, 방청객의 경우에는 기억에 남는 사람을 결정하는 유의미한 요인이 없었다.

한편 의견전환에 영향을 미치는 요인을 분석한 결과는 다음과 같다

〈표 42〉 의견전환에 영향을 미치는 요인 분석

구 분	B	S.E	Wald	df	sig.	exp(B)
진실성	.805	.307	6.882	1	.009	2.246
상 수	-6.306	1.315	22.982	1	.000	.002

의견변화에 영향을 미치는 변인은 바로 진실성이다. 진실성에 따라 의견변화가 이루어지는 것으로 나타났다.

제 4 절 결 론

1. 연구결과의 요약

본 논문은 커뮤니케이션 능력이란 무엇이며 TV가 매개된 상황에서는 그것에 대한 평가가 어떻게 달리 나타나는가를 중점적으로 밝히는데 목적을 두었다. TV 영상미디어를 통한 커뮤니케이션은 분명히 면대면 상황에서의 커뮤니케이션과 다르며, 그로 인해 요구되는 커뮤니케이션 능력은 물론 그것을 평가하는 데에도 차이가 존재할 것이라는 점을 인식하여 TV 토론 프로그램 출연자를 대상으로 커뮤니케이션 능력에 대한 구성 요인과 결정 요인을 분석하였다.

연구 과정에서 영상 미디어인 TV의 특성이 언어적 요소와 비언어적 요소가 동시에 작용하는데 있으며, 따라서 언어적 커뮤니케이션 능력과 비언어적 커뮤니케이션 능력이 함께 중요하게 다뤄져야 한다는 문제가 대두되었다. 그러나 언어적 커뮤니케이션 능력 연구에 일차적으로 포함되어야 하는 문법적이고 구문론적인 연구 등은 커뮤니케이션학의 관심 분야가 아니라는 점과, 다음의 이유들을 바탕으로 본 논문은 비언어적 커뮤니케이션 능력에 초점을 맞추게 되었다.

첫째, 오늘날 TV는 특히 비언어적 커뮤니케이션 측면에서 놀라운 파급효과를 일으키고 있음을 볼 수 있기 때문이다. TV 영상이 제공하는 이미지는 이 시대 문화적 코드의 중심에서 작동하고 있다.

둘째, TV의 기술적 메커니즘에서 비롯되는 특수성 때문에 커뮤니케이션 능력이 왜곡되거나 변형되어 전달될 수 있기 때문이다. TV 영상이 지니는 메커니즘적 특수성은 인간의 심리적, 감성적 정서와 어우러져 신비성, 예술성, 대중성, 권위적 이미지를 창출하여 일례로 인간은 직접적인 경험에 의한 것보다 영상을 통해 접하는 대상에 더 큰 의미와 가치를 부여하는 경향이 있다.

셋째, 실제 현실과는 괴리가 존재하는 TV 영상 속의 현실이 경험의 탈유형화와 탈의미화를 촉진함으로써 커뮤니케이션 능력 평가에 영향을 미칠 수 있기 때문이다. 즉 면대면 커뮤니케이션의 물리적 거리감이 TV 매개 커뮤니케이션으로 이전함에 따라 실제감이 작용하며 상대방에 대한 평가 또한 이러한 의사현실의 인식 하에 이뤄질 수 있다.

연구 과정에서 대두된 또 다른 문제는 TV 매개 커뮤니케이션 능력을 평가함에 있어 분석 대상과 조사 대상을 누구로 삼아야 하는가에 대한 것이었다. 이에 본 연구자는 연구의 주제인 커뮤니케이션 능력 평가라는 측면이 충분히 고려될 수 있도록 여러 명의 출연자들을 동시에 비교할 수 있는 토론 프로그램을 선정하여 등장 패널들을 분석 대상으로 삼기로 하였다. 그리고 조사 대상은 면대면 커뮤니케이션 상황에 최대한 가까운 방청객 그룹과 TV 매개 커뮤니케이션 상황을 체험하는 시청자 그룹으로 나누어 실시하기로 하였다.

이러한 전제 과정을 거쳐 본 논문은 커뮤니케이션 능력에 대한 이론적 고찰을 하게 되었다. 커뮤니케이션 능력에 대한 연구는 당초 언어학자들의 관심에서 출발되었다는 점을 중시, 먼저 언어학 입장에서 본 커뮤니케이션 능력을 의사소통능력이라는 전통적인 용어를 그대로 사용하여 설명하였다. 이 부분은 의사소통능력을 문법적 기능과 언어의 능력으로 정의한 촘스키의 변형생성문법에 관한 설명을 시작으로 하여 인간이 한 사회의 일원으로 기능을 발휘하기 위해 필요로 하는 언어 능력은 적절한 상황에서의 적절한 언어사용에 대한 지식, 즉 언어사용의 사회적 규칙이 요구된다는 하임의 사회언어학적 의사소통능력과 그 이론을 뒷받침하는 연구들을 위주로 구성되어 있다.

이어 커뮤니케이션학 입장에서 다루어온 커뮤니케이션 능력에 대해 알아보았다. 지금까지 논의되어온 다양한 정의가 의미하는 바와 함께 행동을 기반으로 하는 커뮤니케이션 학문의 특성을 주로 알아보았다. 또한 주어진 상황 하에서 적절한 수행으로 나타날 수 있는 능력이 되기 위한 조건으로서의 커뮤니케이션 기술에 대해 기본적인 기술의 의미부터 파악하고자 했으며, 커뮤니케이션 능력을 판단하게 하는 중요한 요소에 비언어적 커뮤니케이션 능력을 포함시켜 설명하였다. 단, 이에 대한 이론적 배경이 되는 학자들의 연구가 대인 커뮤니케이션 상황에 대한 관심으로 한정되어 있으므로 본 연구의 주제인 TV 매개 커뮤니케이션 상황으로 확장시키기 위해 또 다른 이론적 근거가 필요하게 되었다.

이에 본 연구는 영상미디어로서의 TV와 커뮤니케이션 능력을 연관지어 알아보기로 하고 영상을 통한 이미지 확산과 사회적 변화에 주목하였다. 이를 위해 TV를 통한 사회화 및 현실과 허구의 인식에 대해 설명하였으며, 사회적 기능을 담당하는 TV 토론 프로그램의 역할을 알아봄으로써 분석 대상의 성격을 명확히 규명하고자 하였다. 그리고 TV 영상언어의 어떠한 특성이 커뮤니케이션 능력에 영향을 미치는가에 대해 구체적으로 기술적 코드와 비언어 커뮤니케이션 측면에서 다루었다.

이러한 일련의 이론적 논의를 거쳐 본 연구는 커뮤니케이션 능력의 평가가 어떠한 요인으로 구성되며 무엇이 그 요인을 결정하는가를 알아보고, 특히 TV 매개 상황에서의 커뮤니케이션 능력의 특성이 어디서 드러나는가를 살피기 위한 실증적 분석을 실시했다. 구체적인 연구 결과는 다음과 같다.

1) 커뮤니케이션 능력의 구성 요인 및 특성 분석

<연구문제 1> TV 토론 프로그램 출연자의 커뮤니케이션 능력 구성 요인과 특성은 무엇인가?

<연구가설 1-1> TV 토론 프로그램 출연자의 커뮤니케이션 능력을 결정하는 구성요소는 이미지와 언어 및 비언어, 전략 등 최소한 4개 이상의 요인으로 이루어질 것이다.

본 연구는 위의 연구문제와 연구가설에 따라 커뮤니케이션 능력을 평가하기 위해 3단계로 이루어진 설문을 실시하였다. 1단계로 오늘날 영상 미디어 시대가 양산하고 있는 이미지의 중요성을 인식하여 토론 전 조사 항목에 이미지 관련 변인들을 따로 설정하였으며 2단계 토론 도중 내용 평가를 위해 언어적 메시지 전달력과 관련한 변인들과 함께 이미지를 포함하는 비언어적 커뮤니케이션 관련 변인들을 배치하였다. 또한 3단계에서는 전반적인 커뮤니케이션 능력 평가와 관계지어 설명할 수 있는 설문 문항을 구성, 응답을 유도하였다.

분석 결과 토론 전 이미지 평가를 통해서는 2개의 요인이, 토론 내용 평가에서는 5개의 요인이 추출되어 커뮤니케이션 능력을 결정하는 요소는 모두 7개로 나타났다. 본 연구자는 이들 각각의 구성 요인을 '이미지', '카리스마', '적합성', '전략성', '유사언어', '신체언어', '인상관리'로 명명하였다.

<연구가설 1-2> TV 토론 프로그램 출연자의 인구통계학적 요인, 특히 성별과 직업에 따라 요인 평가치는 다르게 나타날 것이다.

이를 검증하기 위해 요인별로 패널들에 대한 평가를 분석한 결과 주목할만한 특성은 다음과 같이 요약된다.

첫째, '카리스마' 요인은 직업에 대한 선입견에 좌우되는 경향을 나타내 전통적인 전문 직종으로 인식되는 의사, 변호사, 신문기자에게 높게 평가되었다. '카리스마' 요인과 전문성 평가 항목은 대체로 관계성이 있는 것으로 파악되어 이를 뒷받침한다. 그러나 연예인의 외모를 통해 느끼는 카리스마의 경우, 전문성과 관계없이 형성되고 유지될 수 있음을 볼 수 있다.

둘째, 출연자의 직업을 방송인과 비방송인으로 나누어 분석했을 때

방송인들이 이미지 평가에서 두드러지게 좋은 점수를 받는 것으로 나타났다. 전반적으로 방송인은 '이미지'와 '전략성', '인상관리'의 세 가지 요인에서 높은 평가를 얻었으나 비방송인이 높은 평가를 얻은 요인은 '카리스마' 1개에 불과했다. 이러한 분석 결과로 미루어 볼 때 일단 방송 출연으로 얼굴이 알려진 사람의 경우 상대방에게 좋은 이미지를 주며, 텔레비전 특성에 보다 잘 맞는 사람으로 평가받는다는 것을 알 수 있다. 뿐만 아니라 방송인들은 대체로 토론 내용에 대해서도 관대하고 긍정적인 평가를 얻은 것으로 나타났다.

그러나 같은 방송인 집단에서 성별에 따른 평가 차이가 나타나는 대목이 있다. 토론이 시작되기 전 이미지 조사에서 여성 방송인은 남성 방송인과 비슷하게 좋은 평가를 얻었지만 이어진 토론 내용에 대한 평가 점수는 평균 이하를 획득하는데 그친 것이다. 이 같은 결과는 물론 개인의 능력과 특성에 기인한 것이겠지만 우리 사회에서 젊은 여성 방송인을 '꽃'으로 대하는 시각과 일맥상통하는 것은 아닌지, 또한 전문성 평가에 있어 패널 가운데 최하위를 차지한 결과가 이로써 나타난 것은 아닌지 의구심을 갖게 한다. 방송인 집단에서 나타나는 성별에 따른 능력 평가 차이 문제와 관련해서는 차후 다른 연구를 통해 검증할 필요가 있다고 본다.

셋째, 전반적으로 볼 때 패널의 성별에 따른 요인 평가 차이가 존재하는 것으로 드러났다. 응답자들은 남성에 대해 '이미지'와 '전략성', '인상관리' 요인을 높이 평가한 반면 여성에게는 '적합성'과 '신체언어' 요인을 높이 평가함으로써 성별에 따라 평가를 달리 하고 있음을 보여주고 있다.

넷째, 토론 전의 이미지 평가와 토론 후 이미지 평가에 차이가 있음을 보여주었다. 전반적으로 시간이 흐를수록 패널에 대한 이미지를 좋게 평가하는 쪽으로 변화되었기 때문이다. 그러나 이를 방청객/시청자 집단으로 나누어 살펴보면 차이가 발견된다. 방청객 집단에서는 토론 전보다 토론 후 이미지 평가를 훨씬 긍정적으로 하고 있지만 시청자 집단에서는 평가의 변화가 일부 항목에서만 일어났을 뿐 전반적으로 나타나지는 않았다. 이로써 시청자들은 방청객에 비해 처음 가진 이미지를 덜 바꾸는 경향을 가진 것을 알 수 있다. 한번 고정된 이미지가 오래 갈 수 있다는 의미로 해석된다.

2) 커뮤니케이션 능력 요인 평가에 대한 상황별 응답 차이 분석

<연구문제 2> 커뮤니케이션 능력 요인 평가에 대한 상황별 응답의 차이는 어떻게 나타나는가?

<연구가설 2-1> 방청객 집단이 시청자 집단에 비해 커뮤니케이션 능력 요인에 더 긍정적으로 평가할 것이다.

위의 연구문제와 연구가설에 따라 실제 공간을 공유하고 커뮤니케이션 능력 평가에 임하는 방청객 집단과 TV를 매개로 평가하는 시청자 집단의 응답이 어떻게 달리 나타나는가를 분석한 결과 방청객 집단은 '적합성'과 '신체언어'에 대해, 시청자 집단은 '전략성'에 대해 더 높게 평가하는 경향을 보여주었다. 즉 같은 공간에서 관찰이 가능한 방청객 집단은 메시지 전달 내용과 방법을 평가하는데 있어 보다 긍정적이며 상대방의 제스처나 얼굴 표정, 자세 등을 보다 민감하게 받아 들인데 반해 시청자 집단은 어떤 한 순간 포착되는 인상적인 언행을 더 높게 평가한 것으로 나타난 것이다.

이 같은 결과는 면대면 상황과 TV 매개 상황에 있어 좋은 평가를 얻는 커뮤니케이션 행위가 반드시 일치하지 않는다는 것을 의미하며, 특히 TV 매개 상황에서는 전략적 측면이 중요하다는 사실을 일깨워준다.

좀더 구체적으로 들어가 평가에 있어 유의미한 차이가 나타난 항목들을 위주로 살펴볼 때에도 시청자 집단보다는 방청객 집단이 요인에 대해 더욱 긍정적인 성향을 보이고 있음을 알 수 있다. 이를 다른 말로 설명하자면 실제 공간을 공유한(혹은 면대면) 상황에서 커뮤니케이션 능력을 평가받을 때가, TV 매개 상황에서 평가받을 때에 비해 긍정적인 결과를 얻기 쉽다는 것을 의미한다.

> **<연구가설 2-2>** 시청자 집단의 경우, 화면노출이 많은 패널에 대해 더욱 긍정적으로 평가할 것이다.

시청자 집단의 응답을 통해 나타난 요인별 평가는 화면 노출도와 관계가 있는 것으로 확인되었다. 즉 TV를 보는 사람은 화면에 자주 등장하는 출연자에 대해 더욱 긍정적인 평가를 하고 있는 것이다. 더욱이 7개에 달하는 모든 요인에서 유의미한 차이를 보임으로써 화면 등장 횟수와 TV 매개 커뮤니케이션 능력간의 밀접한 관련성을 확인시켜주고 있다. 따라서 TV 매개 상황에서 커뮤니케이션 능력을 인정받는 데에는 화면에 등장하는 횟수가 중요하며, 많이 등장할수록 좋은 평가를 얻는다는 점이 강조된다고 할 수 있다.

3) 커뮤니케이션 능력과 구성 요인간 상관관계 분석

> **<연구문제 3>** TV 토론 프로그램 출연자의 커뮤니케이션 능력과 구성요인들간에는 상관관계가 존재하는가?
>
> **<연구가설 3-1>** 커뮤니케이션 능력 결정 요인은 모두 양의 상관관계를 가질 것이다.

위의 연구문제와 연구가설을 검증하기 위해 "커뮤니케이션 능력이 있다"는 평가와 7개 구성 요인들간의 상관관계를 살펴본 결과 거의 모든 요인과 양의 상관관계를 이루고 있음이 나타났다. 즉 커뮤니케이션 능력 구성 요인에 대한 평가가 높을수록 커뮤니케이션 능력이 있다는 평가를 받는 것이다. 이 가운데 방청객/시청자 집단 모두에게 있어 가장 높은 상관관계를 보이는 요인은 '적합성'으로 나타났다. 이로써 토론 내용을 중심으로 한 '적합성'에 대한 평가가 커뮤니케이션 능력 평가에 가장 많은 영향을 미친다는 것을 알 수 있다.

한편 7개 요인들간의 상관관계를 따로 살펴본 결과 요인들간에도 모두 양의 상관관계가 있음이 밝혀졌다. 이를 다시 방청객 및 시청자 집단으로 나누어 분석해보면 두 집단 모두 '이미지'와 '인상관리' 사이의 상관관계를 가장 높게 보고 있음을 알 수 있다. 결국 인상관리가 좋은 사람은 어떤 경우든 좋은 이미지를 줄 수 있다는 평범한 사실의 재확인이다.

'적합성' 요인은 특히 다른 요인들과의 상관관계가 높은 요인임을 알수 있는데 방청객 집단에서는 '이미지'와 '카리스마' 요인에 대한 평가가 좋을수록, 시청자 집단에서는 '유사언어' 요인에 대한 평가가 높을수록 '적합성'에 대한 평가를 높게 하고 있었다. 토론 내용 전달에 많은 영향을 미치는 요소들로 이루어진 '적합성' 요인을, 시청자 집단에서 말의 속도 및 크기, 억양, 톤과 상관관계가 높은 것으로 평가한 점은 언뜻 보아 다소 의외로 생각된다. 그러나 이 문제는 영상세대 혹은 리모콘 세대로 불리우는 현대인들의 시청 집중 시간이 불과 15분 정도라는 '쿼터리즘 (quarterism)' 논의에 따라 해석하는 것이 가능하다고 보여진다. 즉 TV 시청자들의 시청행위는 집중이 안된 상태에서 이루어짐으로써 TV 매개 커뮤니케이션은 결국 화자의 말하는 크기나 속도, 톤, 억양에 의해 파악되는 경향이 크다는 것이다.

4) 커뮤니케이션 능력 결정요인 분석

<연구문제 3> TV 토론 프로그램 출연자의 커뮤니케이션 능력과 구성요인들간에는 상관관계가 존재하는가?

<연구가설 3-2> 커뮤니케이션 능력 평가와 커뮤니케이션 능력 결정요인은 모두 양의 상관관계를 가질 것이다.

위의 연구문제와 연구가설에 따라 커뮤니케이션 능력을 결정하는 요

인으로 '토론 우수자' 및 '토론 주도자' 에 대한 평가 결과를 놓고 분석을 실시하였다. 토론 전 이미지를 통한 평가와 토론 후 평가를 따로 살펴보았는데 결과는 다음과 같다.

먼저 토론 전 이미지 평가에서 나타난 커뮤니케이션 능력 결정요인은 카리스마와 사교성이었다. 토론 내용을 바탕으로 한 커뮤니케이션 능력 결정 요인으로는 타당성과 설득력이 가장 큰 것으로 나타났으며 그 외 토론 주도력과 단호함, 유머감각, 편안한 인상, 매력, 말의 속도도 꼽혔다. 전체적으로 비언어적 요인이 중요한 설명력을 갖고 있음을 알 수 있다.

한편 커뮤니케이션 능력 우수자에 대한 평가가 이미지를 근거로 했을 때와 토론 내용을 근거로 했을 때 많이 바뀐 것으로 나타났으며, 특이한 점은 토론 후 커뮤니케이션 능력 우수자 2인에 대한 평가 순위와 마음에 드는 사람에 대한 평가인 '선호도' 순위가 일치한다는 점이다. 이에 따라 '선호도'를 따로 살펴본 결과 토론 전 평가에서 '선호도'를 결정짓는 요인은 호감, 친근감, 진실성이었고 토론 후 평가에서는 매력과 설득력이었다. 주로 비언어적인 요인과 관련이 깊은 것으로 보이는 '선호도'가 토론 후에는 설득력을 결정 요인으로 갖게 되는 것은 조사 대상 프로그램이 토론 프로그램이라는 점이 참작된 것으로 보인다.

5) TV 매개 상황 커뮤니케이션 능력 결정요인 분석

<연구문제 4> TV 매개 상황 하에서 토론 프로그램 출연자의 커뮤니케이션 능력을 결정하는 요인은 무엇인가?

<연구가설 4-1> 토론 진행 전·후 패널에 대한 선호도를 결정하는 요인은 차이가 있을 것이다.

위의 가설 검증을 위해 토론 전 이미지 조사와 토론 후 평가에 동일한 설문 항목을 배치하고 패널의 선호도를 조사하였다. 그 결과 토론 전

이미지 조사에서는 호감과 친근감이, 토론 후 평가에서는 매력과 설득력이 출연자에 대한 선호도 결정 요인으로 작용하는 것으로 나타나 차이를 보였다.

<연구가설 4-2> 토론 진행 전·후 커뮤니케이션 능력을 결정짓는 요인은 차이가 있을 것이다.

토론 전 이미지 조사에서 출연자의 커뮤니케이션 능력을 결정짓는 요인은 카리스마와 사교성으로 나타났으나 토론 후 평가에서는 타당성과 토론 주도력, 유머감각, 편안한 인상, 매력이 꼽혔다. 이로써 <연구가설 4-2>는 검증되었다.

<연구가설 4-3> TV 매개 상황과 실제 공간을 공유하는 상태에서 파악되는 커뮤니케이션 능력 결정 요인은 차이가 있을 것이다.

이를 검증하기 위해 시청자/방청객 집단의 응답을 나누어 '토론 우수자'와 '토론 주도자'에 대한 평가를 따로 분석한 결과 시청자 집단에서는 '적합성'과 '전략성' 요인이 높은 설명력을 갖는 것으로 파악되었다. 이는 '적합성'과 '이미지' 요인이 각각 높은 설명력을 갖는 것으로 파악된 방청객 집단의 응답 형태와 차이를 보이는 것이다.

또한 '커뮤니케이션 능력이 있는 사람'이라는 평가를 뜻하는 토론 우수자 선정에 있어서도 두 집단간에 각기 다른 결과를 도출함으로써 실제 상황을 공유하는 경우와 TV 매개 상황에서의 커뮤니케이션 능력 결정요인에는 분명한 차이가 있음을 보여주었다. 여기서 주목할 부분은 '전략성'이다. 실제 상황을 공유할 때와 달리, TV 매개 상황에서 '전략성' 요인이 갖는 의미가 두드러진 것을 볼 수 있다.

한편 의견 전환에 영향을 미친 사람을 평가하는데 있어 방청객 집단에게는 결정 요인이 발견되지 않았으나 시청자 집단의 경우 '신체언어'로 나타난 점이 이색적이다. 비언어 커뮤니케이션 요인이 시청자 집단에게 설명력을 갖는 또 하나의 사례가 될 것이다.

2. 결론적 논의

커뮤니케이션 능력은 특별한 능력을 말하는 것은 아니다. 하지만 우리들은 모두 자신도 모르는 사이 '커뮤니케이션 능력이 있는 사람'과 '커뮤니케이션 능력이 없는 사람'으로 구분되어 있기 쉽다. 그리고 누군가와 얼굴을 마주치고 대화를 나눌 때마다 커뮤니케이션 능력을 평가하고, 반대로 내 자신이 평가에 대한 근거를 제공하여 상대방으로 하여금 평가에 참여하게 만든다. 본 논문은 이렇게 실생활에서 빈번하게 사용되는 커뮤니케이션 능력 평가가 학문적으로는 어떤 의미를 지니고 있는지 알아보고 특히 TV 미디어를 통한 커뮤니케이션 행위의 능력 평가에는 무엇이 근거가 되고 어떠한 특성이 나타나는지 분석하고자 하였다.

본 연구자의 이 같은 관심은 시대적으로 유용하다고 할 수 있다. 어느덧 우리 사회에서는 커뮤니케이션 능력이 크게 강조되는 분위기가 조성되고 있고, TV 미디어를 둘러싼 많은 논의가 시대적 공감을 크게 얻고 있는 상황이다. 그 가운데 본 연구는 TV 매개 상황에서 요구되는 커뮤니케이션 능력과 그것을 평가하는 집단간 차이--분석 대상자와 실제 공간을 공유하는 집단과 TV를 매개로 만나는 집단의 차이--를 자세히 살펴봄으로써 영상미디어 특성에 한 걸음 가까이 다가서는 관찰을 시도하였다.

오늘날 TV 시대를 살아가고 있는 우리들은 현실세계와 TV가 제공하는 유사현실 세계에 대한 구분을 의식하지 못한 채 지낸다. 너무 익숙한 매체가 되어버린 탓에 TV는 영상미디어로서의 특성이 매우 강하고 그 때문에 현실 공간에서의 커뮤니케이션을 원형 그대로 받아들이지 않는다는 사실조차 간과할 때가 많다. 하지만 분명한 것은 **TV**가 우리에게 제공하는 커뮤니케이션은 카메라와 마이크라는 기계적 재현 장치와 더불어 조명 등 기술적 메커니즘 체제가 완벽하게 작동되어야 비로소 가능하다는 사실이다.

이러한 측면에 대한 이해를 바탕으로 본 연구가 진행되었고 분석 결과 결론적 논의는 다음의 사항들을 포함하게 되었다.

첫째, **TV** 매개 커뮤니케이션 능력은 친숙한 이미지를 가질 때 증대되는 경향을 띠며 화면에 등장하는 횟수가 많을수록 좋은 평가를 얻는다는 측면에서 현실적이 아닌 가상적(imaginary) 능력이라고 칭할 수 있겠다.

둘째, **TV** 매개 커뮤니케이션을 통해 한번 인지된 커뮤니케이션 능력은 쉽사리 평가가 바뀌지 않는 경향이 있다. 때문에 처음의 평가가 중요하며, 융통성이 부족한(inflexible) 능력이라고 할 수 있겠다.

셋째, **TV** 매개 커뮤니케이션 능력은 실제 커뮤니케이션 상황에서 인지되는 것에 비해 민감성이 떨어지므로 둔감한(insensitive) 능력이라 할 수 있겠다. 전달성을 높이기 위한 별도의 전략(strategy)이 중요한 것은 그 때문이다.

넷째, **TV** 매개 커뮤니케이션에 대한 집중도는 낮으며 따라서 올바른 커뮤니케이션 능력 평가가 이뤄질 가능성이 그 만큼 낮다고도 볼 수 있다. 불시의(contingent) 능력이라고 칭할 수 있겠다.

다섯째, **TV** 매개 커뮤니케이션 능력 평가는 선호도와 관계가 있다. 따라서 시청자의 호감을 사는 것은 능력에 대한 평가를 얻는 것만큼 중요하다. 시청자의 기호에 호응하는(flattery) 능력이라고 칭할 수 있겠다.

3. 연구의 한계점 및 제언

본 논문은 **TV** 매개 커뮤니케이션 능력 평가에 필요한 요인을 살피고 분석하기 위해 토론 프로그램 출연자들을 분석 대상으로 삼아 연구를 진행하였다. 그러나 본 연구는 연구의 진행과정에서 다음의 몇 가지 문제가 고려되어야 하는 한계를 지닌다.

첫째, 조사 집단의 크기가 작다는 문제가 있다. 이 문제는 본 연구의 조사 대상 프로그램인 TV 토론 프로그램의 진행 조건 상, 동일한 주제와 동일한 분석대상, 동일한 조사 대상을 여러 차례에 걸쳐 선정하는 것이 불가능했기 때문에 발생한 불가피한 문제였다. 따라서 본 조사 집단의 선정은 해당 프로그램이 선정한 방청객 수와 동일한 크기의 시청자 집단을 선정할 수 밖에 없었다.

둘째, 분석 대상의 성격을 자의적으로 결정할 수 없었으며 이로써 특성이 뚜렷이 대비되는 결과를 생산해내지 못했다. 분석 대상으로 삼은 토론 프로그램 출연자를 선정하는 것은 프로그램 제작진의 고유권한으로 본 연구자의 통제를 벗어나 있었다.

셋째, 커뮤니케이션 능력과 관련해서 국내에서 이뤄진 선행연구가 거의 없다보니 참고에 도움을 받지 못하여 유목 선정과 규정 자체가 다소 자의적으로 이루어진 경향이 있다. 이는 초기 연구에서 비롯되는 불가피한 문제점으로 생각되며 보다 진전된 후속 연구에 대한 기대를 갖게 한다.

넷째, 기존의 커뮤니케이션 능력 연구는 대인 커뮤니케이션 상황을 위주로 이뤄진 것들이어서 본 연구가 관심을 갖는 TV 매개 상황과는 차이가 있다. 그럼에도 불구하고 변인 선정에 대한 근거로 삼음으로써 적합성이 떨어질 수 있다. 그러나 본 연구의 또 다른 중요한 축을 이루는 조사 대상인 방청객 집단에게는 기존의 연구에서 사용된 변인들을 적용하는 일이 타당성이 있으며, 시청자 집단에게는 처음부터 방청객 집단과 동일한 설문을 제시하고 결과를 비교해야 하는 분석틀이 구성되어 있었다는 제한점을 밝혀둔다.

그러나 이러한 여러 가지 제한점에도 불구하고 본 연구는 지금까지 이론적 논의가 부족했던 커뮤니케이션 능력 부분, 특히 TV 매개 상황에

서의 커뮤니케이션 능력을 규명하고자 했다는 점에서 의의를 갖는다고
본다. 제작 현장에서는 본 연구의 TV 매개 커뮤니케이션 능력 결정요인
을 참고하여 출연자를 선정하는데 다소간 도움을 얻을 수 있을 것으로
기대되며, TV 매개 커뮤니케이션을 잘 이용해야 할 모든 출연자에게도
참고 사항이 될 것으로 보인다.

또한 본 연구가 제시한 커뮤니케이션 능력 평가 방법은 향후 전문 방
송인을 대상으로 하는 다양한 측면의 비교 연구나 정치 토론 참여자를
대상으로 하는 연구에 유용하게 변형, 적용될 수 있을 것으로 기대된다.

저 ■ 자 ■ 소 ■ 개

오미영(吳美榮)

KBS 아나운서와 한국일보 L.A. 지사 기자를 거쳤으며
중앙대학교에서 언론학으로 박사학위를 받았다.
단국대학교 언론·영상학부 초빙교수(2001~2003)에 이어
현재 경원대학교 신문방송학과 교수로 재직 중이다.

토론 vs. TV토론

인 쇄 2004년 02월 19일
발 행 2004년 02월 23일
저 자 오 미 영
펴낸이 이 대 현
편 집 박 윤 정
펴낸곳 도서출판 역락 / 서울 성동구 성수2가 3동 301-80
        (주)지시코별관 3층(우 133-835)
TEL 대표·영업 3409-2058 편집부 3409-2060 FAX 3409-2059
E-MAIL youkrack@hanmail.net / yk3888@kornet.net
등 록 1999년 4월 19일 제2-2803호
ISBN   89-5556-273-X-03070

정가 10,000원

* 잘못된 책은 교환해 드립니다.